DAXUESHENG TIYU YU JIANKANG

大学生体育与健康
（第二版）

主 编 钟元飞 雷 鸣

中国教育出版传媒集团
高等教育出版社·北京

内容提要

本书共十章，内容包括体育与健康概述，个人健康管理，人体基础知识和基本活动能力，健美操、健身健美、体育舞蹈，足球、篮球、排球、乒乓球、网球、羽毛球、游泳和轮滑，民族传统体育和跆拳道，户外和休闲运动，体育美学和欣赏。本次修订，融入了党和国家对健康中国建设、体育强国建设等方面的指导思想，更新了体育理论知识、体育竞赛知识等，使教材与时俱进，更适用、更实用。为利教便学，对于常见运动项目的部分重点难点技术动作，本书在相关内容旁提供了链接动作视频的二维码，供学生学习查阅。此外，本书还设有知识窗、科技前沿、名人名言等小栏目，以更符合学生的学习特点。

本书适合作为高等职业院校公共体育课教材。

图书在版编目(CIP)数据

大学生体育与健康 / 钟元飞,雷鸣主编. —2版. —北京：高等教育出版社, 2023.9（2024.8重印）
ISBN 978-7-04-061061-1

Ⅰ.①大… Ⅱ.①钟… ②雷… Ⅲ.①体育—高等职业教育—教材 ②健康教育—高等职业教育—教材 Ⅳ.①G807.4 ②G717.9

中国国家版本馆CIP数据核字(2023)第164688号

| 策划编辑 | 李光亮 雷 芳 | 责任编辑 | 雷 芳 | 封面设计 | 张文豪 | 责任印制 | 高忠富 |

出版发行	高等教育出版社	网 址	http://www.hep.edu.cn
社 址	北京市西城区德外大街4号		http://www.hep.com.cn
邮政编码	100120	网上订购	http://www.hepmall.com.cn
印 刷	上海当纳利印刷有限公司		http://www.hepmall.com
开 本	787mm×1092mm 1/16		http://www.hepmall.cn
印 张	16	版 次	2020年9月第1版
字 数	361千字		2023年9月第2版
购书热线	010-58581118	印 次	2024年8月第2次印刷
咨询电话	400-810-0598	定 价	35.00元

本书如有缺页、倒页、脱页等质量问题，请到所购图书销售部门联系调换

版权所有 侵权必究
物 料 号 61061-A0

编写委员会

主　编： 钟元飞　雷　鸣
副主编： 张　杰　周德恒　王　勇　郭庆荣
参　编： 黎治蔓　陈光高　邱业丰　彭　翔　沈　洪
　　　　　刘　耕　王　川　薛　斌　曾　骋

第二版前言

2020年4月27日中央全面深化改革委员会审议通过了《关于深化体教融合促进青少年健康发展的意见》,提出要树立健康第一的教育理念,推动青少年文化学习和体育锻炼协调发展,加强学校体育工作,完善青少年体育赛事体系,帮助学生在体育锻炼中享受乐趣、增强体质、健全人格、锻炼意志,培养德智体美劳全面发展的社会主义建设者和接班人。

党的二十大报告指出,要推进健康中国建设。人民健康是民族昌盛和国家强盛的重要标志,要把保障人民健康放在优先发展的战略位置,完善人民健康促进政策。二十大报告中还明确提出了到二〇三五年"建成教育强国、科技强国、人才强国、文化强国、体育强国、健康中国"的宏伟目标和任务。因此,本书在编写过程中着力体现以下特点。

1. 时代性强

本书的内容和国家体育的发展战略保持同步,时代性强,具有很强的适用性。

2. 指导思想明确

从传统的以运动技术为中心的教学理念,逐渐向"以人为本、健康体育、终身体育"的方向发展。

3. 学习资源立体化

本书注重提升体育教学的信息化水平,以二维码的形式实现线上线下、课内课外教学内容的拓展和延伸,构建课堂教学与课外实践相结合的体育健康教育模式,便于教师教学和学生自学、自练。

在编写本书的过程中,我们参阅和借鉴了大量资料,在此,特向相关作者表示真诚的

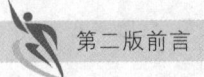

感谢。

由于编写人员水平有限,书中难免有不妥或不完善的地方,恳请广大读者批评指正,以便于我们在修订时改正和完善。

编 者

2023 年 6 月

目 录

001　**第一章　体育与健康概述**
001　　第一节　健康概述
011　　第二节　体育锻炼与健康
014　　第三节　健康锻炼
024　　第四节　职业健康
027　　第五节　运动损伤的处理方法
029　　第六节　运动性疾病的产生原因、处置及预防

033　**第二章　个人健康管理**
033　　第一节　健康管理概述
034　　第二节　科学饮食和适量运动
036　　第三节　预防保健和心理调适
041　　第四节　生活节奏和社会适应
043　　第五节　制订个人健康管理方案

045　**第三章　人体基础知识和基本活动能力**
045　　第一节　体育运动与身体各系统
047　　第二节　体育运动与能量代谢
049　　第三节　核心区训练法
053　　第四节　走、跑、跳、投

059　**第四章　健美操、健身健美、体育舞蹈**
059　　第一节　健美操
062　　第二节　健身健美

| 065 | 第三节　体育舞蹈 |

第五章　足球、篮球、排球

079	
079	第一节　足球运动
095	第二节　篮球运动
107	第三节　排球运动

第六章　乒乓球、网球、羽毛球

119	
119	第一节　乒乓球运动
130	第二节　网球运动
140	第三节　羽毛球运动

第七章　游泳和轮滑

150	
150	第一节　游泳
159	第二节　轮滑

第八章　民族传统体育和跆拳道

164	
164	第一节　武术
186	第二节　民族传统养生
206	第三节　跆拳道

第九章　户外和休闲运动

211	
211	第一节　跳绳
212	第二节　登山和攀岩
214	第三节　野外生存
215	第四节　瑜伽
217	第五节　拓展训练

第十章　体育美学和欣赏

220	
220	第一节　体育美学
221	第二节　体育欣赏

224　附录

| 224 | 附录一　国家学生体质健康标准 |
| 242 | 附录二　常见体质测试内容与方法 |

244　主要参考文献

第一章　体育与健康概述

健康问题已经成为当今中国乃至世界十分关注的重大问题。随着社会的发展与进步，工业化、城市化、老龄化生活方式与社会转型、环境恶化、自然灾害、全球化等因素，与人的健康呈现出越来越紧密的联系。联合国提出了"人人享有健康"的目标。党的十九大做出了实施健康中国战略的重大部署，充分体现了对维护人民健康的坚定决心。党的二十大进一步明确：要广泛开展全民健身活动，加强青少年体育工作，促进群众体育和竞技体育全面发展，加快建设体育强国，推进健康中国建设。

第一节　健康概述

一、健康的概念

随着社会的进步、物质和文化生活水平的不断提高，人们已解决基本的生存需求问题，转而开始关注生活的质量，对健康生活的追求也成为现代人的共同目标。人们对自身健康的日益关注促使人们对健康概念的认识不断深入。

传统观念认为，健康就是指机体处于正常运作的状态，没有疾病。然而随着人们对健康认识的不断深入，单纯的身体健康已经不能解释我们在日常生活中的一些非健康现象。1948年世界卫生组织成立时就在其宪章中明确指出了健康的概念：健康是一种在身体上、心理上和社会上的完满状态，而不仅仅是没有疾病和虚弱。此"三维健康观"的提出，使人们对健康的认识更为全面，对健康的评价也从身体领域扩展到了心理学和社会学领域。

1990年，世界卫生组织又对健康的概念做了进一步丰富，提出了生理、心理、社会适应能力和道德的四维健康观。现代健康观不仅在内容上包括多个层面的含义，而且已由单纯的"生物医学模式"发展为"生物-心理-社会医学模式"。

学者奥林斯提出了一种从生理、心理和社会三个方面来评价人的生命状态的三维健康模式。每个方面均包含着健康和疾病两项，由此得出有关人的健康状况的三维表象。根据这种表象所确定的方案，可以大致区分出普通人的8种健康模型（表1-1）。

表1-1　8种三维健康模型

类型	标志	生理方面	心理方面	社会方面
1	正常健康	健康	健康	健康
2	悲观	健康	不健康	健康
3	社会方面不健康	健康	健康	不健康
4	心理疾病	健康	不健康	不健康
5	身体不健康	不健康	健康	健康
6	长期受疾病折磨	不健康	不健康	健康
7	乐观	不健康	健康	不健康
8	严重疾病	不健康	不健康	不健康

什么是完全健康

完全健康指的是什么?

所谓的完全健康指的是一种能够不断和主动知晓个人健康问题、选择并采取适当措施以达到最佳健康状态的养生行为。这种养生行为包括参加体力活动、不吸烟、控制性生活、安全活动、压力管理、定期医疗体检、接受健康教育、合理营养、丰富精神生活、预防癌症、防止药物滥用等。

二、健康的标准

根据世界卫生组织所制定的健康标准,可以用"五快、三良、三要、四有"来分别归纳身体健康、心理健康、社会适应和道德健康的评价标准。

（一）身体健康的标准

身体健康的标准是"五快"。

(1) 吃得快:这是内脏功能正常的标志,表现为吃饭时胃口好,不挑食,吃得迅速。

(2) 走得快:这是下肢没有出现衰老和疾病的标志,表现为活动时动作敏捷、灵活自如。

(3) 睡得快:这是中枢神经系统机能协调的标志,表现为入睡快,睡眠质量好,第二天精神饱满,工作状态佳。

(4) 说得快:这是思路清晰、思维敏捷的标志,表现为说话连贯流畅,个人观点表达清晰准确。

(5) 便得快:这是消化功能良好的标志,表现为排泄顺畅,有规律。

（二）心理健康的标准

心理健康的标准是"三良"。

（1）良好的个性：与人相处时性格温和、胸怀坦荡；遇到困难时意志坚强，坚忍不拔；遇到烦恼时乐观豁达，心境平和。

（2）良好的处事能力：待人接物时具有敏锐的洞察力和良好的自控力，遇事沉着、冷静、不慌乱，做事细心、周到、有条理，对复杂的社会环境和多变的周边事物具有良好的适应力。

（3）良好的人际关系：拥有稳定的朋友圈，与人交往时助人为乐，不损人利己。

（三）社会适应的标准

社会适应的标准是"三要"。

（1）要为社会所接受：将社会规范作为行动准则，在复杂的社会环境中约束自己的一言一行。

（2）要为他人所理解：做好与周边其他人的沟通和交流，使自己被集体接受，适应集体生活并在集体中充分发挥个人才华。

（3）要符合社会身份：明确自己在社会中所扮演的角色，勇于承担社会责任。

（四）道德健康的标准

道德健康的标准是"四有"。

（1）有健康向上的信仰：在生活中树立正确的世界观、人生观和价值观。在良好信仰的引导下，形成为社会所接受的道德品质，进而促进个体精神世界的健康发展。

（2）有高尚的品德情操：在生活中表里如一，言必信，行必果，爱岗敬业，诚实守信，不存在精神上的空虚和道德上的危机。

（3）有完美的人格：待人处世要讲求原则，不损人利己、自私自利，不唯利是图、违反道德，以正直、诚信的态度面对生活和事业。

（4）有社会责任感：具有公民意识，以社会需求为己任，先天下之忧而忧，后天下之乐而乐，不做危害他人健康的不文明行为。

生活方式是健康的基石

保持健康的基本法则就是坚持健康的生活方式，包括合理膳食、良好的身体活动习惯、规律作息、心理平衡、远离不良嗜好等。

合理膳食，饮食多样化，才能满足人体各种营养需要，达到增进健康的目的。

要经常合理地科学健身，养成"少坐多动"的良好生活习惯。

要规律作息，按时进餐，有规律地进行学习和从事各种活动，保证充足睡眠。

心理平衡，是一种良好的心理状态。

远离不良嗜好，如不要吸烟、酗酒等。

三、健康测评

1988年,世界卫生组织总干事马勒博士指出:健康并不代表一切,但失去了健康,便丧失了一切。健康对我们的生活、事业和家庭具有不可替代的作用。定期健康检查,进行自我健康评价,可以了解自身生长发育与健康状况,及早发现身体的缺陷或疾病,及时矫正或治疗。健康检查的对象包括身体的形态、生理和心理机能的发育状况以及其他的健康状况等内容。为了便于大学生对自己的健康状况有正确的了解和认识,本书介绍一些健康检测指标及其临床意义、评价标准以供参考。

(一) 常用生理、生化指标

1. 常见化验检查指标及临床意义

(1) 血液一般检查。检查内容包括红细胞、血红蛋白、白细胞及血小板。

① 红细胞(RBC)。正常:男性$(4.0～5.5)\times 10^{12}/L$,女性$(3.5～5.0)\times 10^{12}/L$;增高:真性红细胞增多症、严重脱水、肺源性心脏病、先天性心脏病、高山地区的居民、严重烧伤、休克等;降低:贫血、出血。

② 血红蛋白(Hb)。正常:男性 120～160 g/L,女性 110～150 g/L;增高与降低:大致与红细胞相同,但变化幅度不一定与红细胞同步。

③ 白细胞(WBC)。正常:$(4～10)\times 10^9/L$;增高:细菌感染、严重烧伤、类白血病反应、白血病;降低:白细胞减少症、脾功能亢进、造血功能障碍、放射线、药物、化学毒素等引起的骨髓抑制、疟疾、伤寒、病毒感染等。

④ 血小板(BPC)。正常:$(100～300)\times 10^9/L$;增高:原发性血小板增多症、真性红细胞增多症、慢性白血病、骨髓纤维化、症状性血小板增多症、感染、炎症、恶性贫血、外伤手术切除后的脾静脉血栓形成、运动后;降低:原发性血小板减少性紫癜、播散性红斑狼疮、药物过敏性血小板减少症、弥漫性血管内凝血、血小板破坏增多、血小板生成减少、再生障碍性贫血、骨髓造血机能障碍、药物引起的骨髓抑制、脾功能亢进。

⑤ 血沉(ESR)。正常:男性 0～15 mm/h,女性 0～20 mm/h;增快:急性炎症、结缔组织病、严重贫血、恶性肿瘤、结核病;减慢:红细胞增多症、脱水;生理性改变:女性月经期、妊娠后 3 个月及老人可稍增快。

⑥ 血清甘油三酯(TG)。正常:0.22～1.65 mmol/L;增高:动脉粥样硬化、糖尿病肥胖症等;减少:重症肝实质病变、甲亢、阿狄森病等。

⑦ 血糖(GLU)。正常:3.9～6.1 mmol/L(全血),3.9～6.9 mmol/L(血浆);增高:糖尿病、垂体前叶及肾上腺皮质功能亢进、甲状腺功能亢进及颅内疾病如脑溢血等;减少:胰岛素过多,如胰岛细胞瘤、肾上腺皮质功能减退或长期营养不良、严重肝炎等。

(2) 大便检查。大便检查包括大便常规检查(包括大便的气味、颜色、性状,食物残渣等),显微镜检查化学检查,细菌学检查等。

① 气味:大便若呈酸臭味同时混有气泡,常见于淀粉或糖类消化不良。

② 颜色:正常为黄色至棕黄色。

③ 性状:正常为成形、柱状、质软。

④ 食物残渣：正常为肉眼不可见，出现时多见于消化不良症或肠道大部切除病人。

⑤ 显微镜检查：显微镜下正常偶见少数上皮细胞或白细胞；大量红细胞见于下消化道出血；少量红细胞、大量白细胞或脓球见于细菌性痢疾；大量上皮细胞见于慢性结肠炎。

⑥ 寄生虫：要查见寄生虫卵，如蛔虫、钩虫、鞭虫、姜片虫、日本血吸虫。

(3) 尿液一般检查。尿常规检查包括尿量、颜色、气味、尿蛋白、尿糖等。

① 尿量：成人24 h正常尿量在1 000～2 000 mL，平均为1 500 mL。

② 颜色：正常为淡黄色，随饮水及出汗多少，色泽深浅可有不同。

③ 气味：新排出的尿液无特别气味，放置较久后可出现氨臭味。

④ 尿糖：正常：定性阴性；增高：见于糖尿病、脑外伤、高血压、重症脑膜炎及某些肝病。可用于临床用药及饮食控制的效果监测。

⑤ 尿蛋白：正常：定性阴性，定量<150 mg/24 h；增高：见于肾小球性蛋白尿，如急慢性肾小球肾炎、肾盂肾炎、肾小管性蛋白尿。如果药物中毒、毒物中毒及某些肾病晚期，尿蛋白反而不增多。蛋白定量的多少，不能作为疾病类型和严重程度的诊断指标，仅供参考。

(4) 血型鉴定。血型鉴定除用于输血外，还可用于亲子关系的鉴定(表1-2)。

表1-2 血型鉴定表

配偶双方血型	孩子的可能血型	孩子的不可能血型
O×O	O	A、B、AB
O×A	O 或 A	B、AB
O×B	O 或 B	A、AB
O×AB	A 或 B	O、AB
A×A	O 或 A	B、AB
A×AB	A、B 或 AB	O
B×B	O 或 B	A、AB
B×AB	A、B 或 AB	O
AB×AB	A、B 或 AB	O

(二) 常用生理检查指标

1. 心率

心率是指每分钟心脏搏动的次数。安静时一般成人心率为60～100次/min。临床上安静时心率超过100次/min称心动过速，60次/min以下称心动过缓。经过较系统的体育锻炼或劳动锻炼的人，安静时心率明显减慢，有些训练水平较高的运动员可低于50

次/min。

2. 血压

血压是指血液在血管内流动时对动脉血管壁产生的侧压力,也称动脉血压。心室收缩时血液大量射入血管,主动脉压力急剧升高,这时的压力称为收缩压;心室舒张时压力降低称为舒张压;收缩压与舒张压之差称脉压差。血压在一定程度上反映心肌收缩力量的大小和血管弹性。我国成年人安静时收缩压为 13.3 kPa~16.0 kPa,舒张压为 8.0 kPa~10.7 kPa,脉压差为 4.0 kPa~5.3 kPa。世界卫生组织和使用的血压标准规定:凡舒张压超过 12 kPa 或收缩压大于 18.7 kPa,即视为血压高。如非药物状态下,两次或两次以上非同日多次重复测定的血压平均值较高,则可能患有高血压。

3. 呼吸

呼吸是指机体在新陈代谢过程中,不断地从外界环境中摄取氧气并呼出二氧化碳的气体交换过程。正常成人平静状态下呼吸频率为 12~20 次/min,但可随活动、情绪、疾病等因素而改变。

4. 肺活量

肺活量是指一个人全力吸气后所呼出的最大气量。肺活量是一种常用的反映呼吸机能的指标,与身高、体重、胸围呈正相关关系。一般情况下,体重和胸围大的人,肺活量也大。正常成年人肺活量,男性为 3 500~4 000 mL,女性为 2 500~3 000 mL。

5. 最大吸氧量

最大吸氧量是指运动中每分钟由人体呼吸系统吸入并由循环系统运输到肌肉而被肌肉所利用的最大氧量,是评定人体运动时有氧工作能力的重要指标。优秀的男女耐力项目运动员最大吸氧量分别可达 6 L/min 和 4 L/min,最高值男子可达 7.4 L/min、女子 4.3 L/min。

6. 心电图

用引导电极置于肢体或躯体的一定部位记录出来的心电变化的波形,叫作心电图。典型的心电图是由一组波形及各波之间的间期组成的。在每个心动周期中,由窦房结产生的兴奋依次传向心房和心室。这种兴奋在产生和传播时所伴随的生物电变化,通过周围组织传到全身,使身体各部位在每一个心动周期中都发生有规律的电位变化。

7. 肺功能检查

肺的功能主要是气体交换,即吸入氧气、呼出二氧化碳。用仪器测定肺的通气与换气能力即为肺功能检查。

8. B 超检查

B 超检查简便易行,无创伤、无痛苦,运用极为广泛。除骨骼系统外,身体每个部位几乎都可使用 B 超检查。

9. X 线检查

X 线检查包括透视、摄片、造影三种。

(1) 透视:经济简便,最重要的功能是动态观察各器官的活动情况。

(2) 摄片:能弥补透视的不足,其原理同一般摄影相同。

(3) 造影:透视和摄片适用于对比度较好的肺和骨骼,但体内许多重要的组织结构互相之间在密度上差别很小,X线无法分辨,这时就要借助于造影。

10. CT(电子计算机辅助断层扫描,computed tomography)

CT主要用于颅脑、脊椎以及肺、纵隔、腹腔及盆腔器官病变的检查,是利用精确准直的X射线、γ射线、超声波等与灵敏度极高的探测器围绕人体进行的断层扫描。

11. 磁共振成像术

磁共振成像术的基本原理是在强大磁场的作用下,记录器官内氢原子的原子核运动,经计算和处理后获得检查部位的图像。磁共振成像(magnetic resonance imaging,MRI)对人体没有损伤;MRI能获得骨髓的立体图像,不像计算机断层影像成像那样一层一层地描而有可能漏掉病变部位;MRI能诊断心脏病变,CT因扫描速度慢而难以胜任。

(三)常用身体形态指标

身体形态是指人体外部的形状特征,它反映了人体的生长发育水平、体质水平以及营养状况。反映身体形态发育的指标有身高、体重、胸围、坐高、臂围、腰围、腿围、肩宽、骨盆宽和体脂率等,其中身高、体重和胸围在体质测量中为基本指标,而其他指标则可根据需要和具体条件加以选用。

1. 身高

身高是指人站立时头顶正中线上最高点到地面的最大垂直距离。它是反映人体骨骼的发育状况和人体纵向发育水平的重要指标。人的身高在重力的作用下,一天内的变动为±1.5 cm左右,清晨起床时最高,夜晚最低。因此,测量身高的时间最好在上午10时。正常人在一生中30岁时身高最高;40岁后,身高减低0.5 cm;60岁时身高减低2 cm;70岁时,身高减低3 cm。

2. 体重

体重是人体横向发育指标,反映人体骨骼、肌肉、脂肪及内脏器官重量的综合情况和肌肉发育程度。体重大小受年龄、性别、身高、季节、生活条件、体育锻炼、疾病等因素的影响。成年人的标准体重可按下列公式计算:体重(kg)=身高(cm)−100。一般情况下,受试者的体重不超过标准体重上下的15%属正常,否则即为体重过重或体重不足。

3. 胸围和呼吸差

胸围是人体宽度和围度最有代表性的测量指标,可反映胸廓的大小和胸部、背部肌肉的发育情况。呼吸差是深吸气胸围与深呼气胸围的差值,反映人体生长发育状况和呼吸肌力量的大小。呼吸差大小可反映呼吸系统机能,呼吸差越大,呼吸机能越好。游泳和长跑对呼吸差影响较明显。

4. 体脂率

体脂率是指人体内脂肪重量在人体总体重中所占的比例,又称为体脂百分数,它可反映人体内脂肪含量的多少。正常成年人的体脂率,男性为15%~18%,女性为20%~25%。体脂率应保持在正常范围内,若体脂率过高,体重超过正常值20%就可视为肥胖。肥胖则表明运动不足、营养过剩或有某种内分泌系统的疾病,而且常会并发高血压、高脂血症、动脉硬化、冠心病、糖尿病、胆囊炎等病症;若体脂率过低,达到体脂含量的安全下限,即男性约低于5%、女性低于15%,则可能引起功能失调。

(四) 健康状况的自我测评

在健康测评中，采用自我测评是一项既科学又简单的方法。健康状况自测主要分为身体健康状况自测和心理健康状况自测两部分。

1. 身体健康自测

本书设计的健康自测共 7 个项目，适用于无严重残疾、慢性疾病或严重血液循环病症的成人。由于每个人体质不同、生活方式不同，表中所列项目及分值仅供参考。

(1) 每天体育锻炼的时间(表 1-3)。你每天是否做操、打拳、快步走、打篮球、骑自行车或从事其他你喜爱的运动? 你每天活动的时间是多少?

表 1-3 体育锻炼的时间自测表

运动时间/(min/d)	得 分	运动时间/(min/d)	得 分
<15	0	≥75~<120	+16
≥15~<30	+2	≥120~<180	+20
≥30~<45	+6	≥180	+24
≥45~<75	+12		

(2) 体重(表 1-4)。中国人的标准体重(kg)约按：体重(kg)＝身高(cm)－100 计算。

表 1-4 体重自测表

超过标准体重(kg)	得 分	超过标准体重(kg)	得 分
<3	0	≥12~<17	－10
≥3~<8	－2	≥17~<20	－12
≥8~<12	－6	≥20	－15

(3) 饮食(表 1-5)。

表 1-5 饮食自测表

饮 食 情 况	得 分
食物多样，营养丰富均匀，包括各种蔬菜、水果、面包、大米、奶制品及含蛋白质的食品	+4
忌食特别油腻的食品和胆固醇含量高的动物脂肪	+2

(4) 吸烟(表 1-6)。

表1-6　吸烟自测表

每天吸烟数(根)	得　分	每天吸烟数(根)	得　分
不吸烟	0	20～29	－17
偶尔吸烟	－4	30～39	－20
1～9	－13	40～49	－24
10～19	－15	50以上	－28

(5) 喝酒。以每杯葡萄酒18 mL、每杯啤酒25 mL、每杯烈性酒4.5 mL计算,每天喝酒量对应的分值见表1-7。

表1-7　喝酒自测表

每天喝酒量(杯)	得　分	每天喝酒量(杯)	得　分
一杯不喝	0	5～6	－12
1～2	＋1	7～9	－20
3～4	－4	10或10以上	－30

(6) 个人既往史(表1-8)。

表1-8　生活环境自测表

生活环境	得　分	生活环境	得　分
与患肺病的人接触达一年或一年以上	－4	在工作中常接触氯乙烯	－4
在工作中常接触铅,但不抽烟	－2	生活在大城市	－6
在工作中常接触铅,又抽烟	－10		

(7) 家庭既往史(表1-9)。

表1-9　亲属健康状况自测表

亲属健康状况	得　分
如果你的父母、兄弟姐妹在40岁以前有过心脏病发作史	－4
如果你的直系亲属中有人在40岁以前有过心脏病发作史	－1
如果你的父母、兄弟姐妹患过高血压	－2

续 表

亲 属 健 康 状 况	得 分
如果你的直系亲属患过高血压	—1
如果你的父母、兄弟姐妹在 25 岁以前患过糖尿病	—6
如果你的直系亲属中有人在 25 岁以前患过糖尿病	—2
如果你的父母、兄弟姐妹在 25 岁以后患过糖尿病	—7
如果你的直系亲属中有人在 25 岁以后患过糖尿病	—2
如果你的亲属或直系亲属有人患过青光眼	—2
如果你的母亲或姐妹中有人得过乳腺癌	—4
如果你的家人中有人患过麻风病	—1

2. 心理健康自测

健康不仅是指身体健康,还必须包括心理健康。不健康的心理不但有害身体健康,而且严重影响日常行为活动和工作效率。进行心理健康自测,可以更好地了解自己。同学们可以自行搜索网络上的测量表,测评自己的自我控制能力,评定情绪和焦虑水平等,对自己的心理健康水平有一个初步的了解。

疾病产生的原因是多方面的,但心理因素会引发身心疾病已经被证实。著名心理学家哈斯曾将几种主要身心疾病与性格特征相联系,总结出一些共性(表 1-10)。

表 1-10 身心疾病与性格特征

疾 病	性 格 特 征
溃 疡	依赖、对人怀有敌意、感情受挫折、雄心勃勃、有魄力
偏头痛	追求尽善尽美、死板、好争、嫉妒
心脏病	忙碌、好胜、好争、善于掌控环境
高血压	好高骛远、愤愤不平、被压抑、听话
哮 喘	过分依赖、幼稚、希望得到别人的认可
结肠炎	听话、带有强迫性、抑郁、心情矛盾、吝啬
荨麻疹	渴望被爱、有罪恶感、自我惩罚

第二节　体育锻炼与健康

一、体育锻炼对体质的作用

（一）体育锻炼对运动系统的影响

首先，经常参加体育锻炼，能够促进人体新陈代谢的增加，改善血液循环，使骨骼变得粗壮、坚固，同时增强骨骼的抗折、抗变、抗压缩和抗扭转等方面的功能，有利于促进骨骼的生长。

其次，经常参加体育锻炼，可增强关节的稳固性，提高关节的灵活性。体育运动是靠关节的活动来完成各项运动技术的，经常从事体育运动，可使关节囊、韧带和肌腱增厚，使关节的稳固性、伸展性增强，使关节的弹性、灵活性、柔韧性得到提高。同时，经常参加体育锻炼对运动损伤和关节疾病也能起到良好的预防作用。

最后，经常参加体育锻炼能提高肌肉的性能，增大肌肉的横截面，使之粗壮、结实和发达，从而使人身体更加健美，外表更加有气质。

（二）体育锻炼对神经系统的影响

首先，经常参加体育锻炼能促进大脑的发育。体育锻炼能使血液循环加快，血流量增多，使脑细胞得到充足的氧气和养料，从而促进脑细胞的生长，使树状突起的分支增多。

其次，参加体育锻炼，由于肌肉的活动，能完善大脑的传导功能，提高反应速度。

再次，参加体育锻炼能改善大脑皮质的兴奋和抑制过程，建立运动条件反射，掌握运动技能，使思维敏捷，运动准确协调。

最后，经常参加体育锻炼改善神经系统的机能。神经系统是人体机能的调节系统。人体的各种活动都需要在神经系统的控制、调节下进行。而人体的各种活动又使神经系统得到锻炼。经常进行体育锻炼的人神经系统对外界刺激的反应更准确、更快，分析综合功能及协调反应能力增强，神经细胞抗疲劳的能力得以提升，有助于神经系统及全身器官组织功能的改善和提高。

> **多巴胺与运动**
>
> 多巴胺是人脑内一种重要的单胺类神经递质，对运动控制起重要作用。它可以调节肌肉的紧张程度，使机体做好运动的准备。医学研究证明，当人脑内多巴胺缺少时，人的情绪会变得压抑，产生抑郁症，运动能力降低。

二、体育锻炼对心理健康的影响

（一）体育锻炼对情绪的影响

体育锻炼对心理健康影响的最主要标志是改善人的情绪状态，给人带来愉悦的感觉，并能降低紧张和不安的程度,从而调节人的情绪,改善心理健康水平。

在体育锻炼中,全身肌肉得到积极活动,各肌肉群向大脑传递的兴奋信号迅速增多,使人变得情绪高涨,并获得运动快感。这种由生理引起的心理上的满足和快感是一种积极的情绪体验,其作用体现在两个方面:一是快感本身具有直接的积极心理健康效应;二是有利于运动的坚持,产生更显著的积极效应。

(二) 体育锻炼对意志品质的影响

持续的体育锻炼对良好心理品质的形成具有积极作用。体育运动中始终充满着失败和挫折,不管是从自身机能还是从与对手对抗来说,失败和挫折都是不可避免的。在体育运动中付出的努力越大,从主观和客观方面需要克服的困难也就越大,要付出意志努力的积极程度也就越高,也就越有助于良好意志品质的培养。因此,体育运动始终与意志培养联系在一起,意志品质既能够从克服困难的过程中表现出来,又能在克服困难的过程中培养出来。

(三) 体育锻炼对心理疾病的预防

积极参加体育锻炼促使一些心理障碍者改变考虑问题、处理问题的方式,使他们从自卑、孤僻、压抑的心理状态中解脱出来,让他们变得活泼、开朗、自信、坚强、充满活力。体育锻炼能够引发神经递质的含量发生改变,导致运动中的人情绪高涨,不良情感体验得到发泄,使患心理疾病所积聚的大量心理负能量被排除,从而达到减轻患者的精神负担,维持心理平衡,消除患者已形成的病态心理秩序的效果。

人脑中的快乐激素

内啡肽亦称安多芬或脑内啡,它是由脑下垂体和脊椎动物的丘脑下部所分泌的氨基化合物。它能与吗啡受体结合,产生跟吗啡、鸦片剂一样有欣快感和止痛效果。当运动负荷超过某一阶段时,体内便会分泌脑内啡,从而使运动者产生运动愉悦感,起到改善情绪的效果。

三、体育锻炼与社会适应

(一) 体育锻炼可以培养适应社会需要的价值观

体育锻炼促进人们和平相处。体育体现的是合作与竞争,它既是建立在统一规则基础上的公平竞争,也是建立在友好气氛上的相互交流与切磋。体育可以培养人的和谐观念,规范人的团队行为,在潜移默化中使人们养成团结合作的价值趋向。

体育锻炼体现着参与和平等。从体育所包含的内容和要求来说,它不分肤色、贫富、贵贱、种族、信仰和性别,人人都可以参与;它构建了一个平等的、使每个人都乐于接受的生存空间。在这种平等的意识里,人的尊严、权利真正得以展现,体现着人人平等。

（二）体育锻炼促进协作意识和角色意识的形成

体育锻炼增强协作意识。体育运动的集体性特点，为培养协作意识、群体精神提供了有利条件。不管是以个人参赛的田径和游泳，还是以不同位置成员联合组成阵形的足球、排球和篮球比赛，体育运动要求参与者必须以高度的协作意识、熟练的协作行为承担起参赛角色的权利、义务和责任。

另外，体育锻炼中的角色学习，可以使练习者懂得社会角色是与人们的某种社会地位、身份相一致的一整套权利、义务的规范与行为模式，也可使练习者体会到经过个人努力是可以成功扮演各种角色的，从而体会到人的主观努力是改变社会地位的重要途径。

四、学校体育的功能

学校体育的主要功能包括健身功能、教育功能、娱乐功能。

（一）健身功能

学校体育的健身功能是学校体育最原始、最为独特的功能，这一功能与学校体育共始终，无论是过去、现在还是将来，它都将是学校体育最主要的育人功能之一。学校体育的健身功能主要表现在：促进学生身体的正常生长发育，提高人体的机能水平，形成正确的身体姿势；全面发展学生的身体素质和基本活动能力；提高学生对环境的适应能力和对疾病的抵抗能力等。

（二）教育功能

学校体育对学生的教育功能是全方位的，蕴藏着极大的潜力和深刻的内涵。体育不仅是一门学科，是学校教育的组成部分，它还包含了人们对自身的认识和对生命的感悟。学校体育的教育功能主要表现在学校体育对智育、德育和美育的作用。体育是培育一个身心健全的劳动者教育过程中不可缺少的一部分。

（三）娱乐功能

学校体育是学生课外活动的重要内容，也是学生休闲的重要手段，是扩大学生社会交往的重要媒介以及表现自我、展现自我的重要舞台。更重要的是，学校体育在某种程度上对学生未来的生活方式会产生巨大的、潜移默化的影响，学生在学校体育活动中所得到的乐趣和愉快体验，不仅会影响他们的体育态度，甚至还会影响他们未来的人生态度。

运动与大脑健康

合理的运动能够促进新陈代谢，增加大脑的血液循环，提高神经细胞活性，促进大脑功能改善。经常进行体育锻炼和经常从事脑力活动的人一样，拥有良好的认知功能。年轻时接受教育多的人，可使老年痴呆症的发病时间平均推迟几十年，青年时的神经活动可影响成年期的神经功能，改变脑衰老的进程。

第三节　健 康 锻 炼

一、运动环境和运动卫生

环境是人类生存和发展的物质基础,人类的健康与周围的生存环境紧密相关。在被污染的环境中锻炼,不仅起不到锻炼身体的效果,反而会对健康造成损害。

（一）大气污染对体育锻炼的影响

大气环境本身具有一定的自我净化能力,但当人类在生活、生产过程中排出的污染物扩散到大气中,并且污染物数量超过大气净化能力的时候,便造成了大气污染,直接或间接地影响着人类健康。

呼吸着不同空气质量的锻炼,给健康造成的影响也截然不同。如经常在道路周边进行锻炼,由于受机动车尾气的影响,空气中可吸入颗粒物、一氧化碳、氮氧化物等浓度都较高。长期吸入,可以影响人的呼吸系统、免疫系统和心血管系统,产生许多并发症,如反复发生的呼吸道感染、使很多慢性病加重等。

PM2.5

PM2.5 名为"细颗粒物",指大气中直径小于或等于2.5微米的颗粒物,也称为可入肺颗粒物。它能较长时间悬浮于空气中,其在空气中含量(浓度)越高时,就代表空气污染指数越高,空气污染也就越严重。虽然PM2.5只是地球大气成分中含量很少的成分,但它对空气质量和能见度等方面有着重要影响,对人类的健康危害巨大。

与较粗的大气颗粒物相比,PM2.5粒径小,表面积大,活性强,易吸附有毒、有害物质(如重金属、微生物等),且在大气中的停留时间长、输送距离远,因而对人体健康和大气环境质量的影响更大。

当PM2.5污染严重时,不宜从事室外体育锻炼,应改做参加羽毛球、乒乓球、健身操、体能训练等室内活动。

（二）气温和气湿对体育锻炼的影响

气温对人体的体温调节和新陈代谢有很大影响。当气温低时,体内产热增加,散热减少;相反,当气温高时,人体内散热增加,产热减少。人体通过这种体温调节机能,保证生理机能的正常,但人体生理调节机能也是有限的。

1. 气温对体育锻炼的影响

（1）高温对体育锻炼的影响。

人体对温度的适应有一定限度。一般当气温达到33℃左右并且进行较剧烈的运动时,人体就容易出现中暑症状。

① 高温对中枢神经系统的影响：人对外界的反应迟钝，精力不集中，肌力和动作的协调性、准确性及反应性均下降，出现头痛、头晕、恶心、呕吐、烦躁不安甚至神志不清等情况。

② 高温对心血管系统的影响：由于持续高温，心脏负荷过重，最终导致心排血量减少，输送到皮肤的血流量减少，散热减少，进而热蓄积、体温骤升，出现高热、无汗、意识障碍为主要表现的热射病。

③ 高温对消化系统的影响：由于皮肤血管扩张，血流重新分布，胃肠道血流量相对减少，胃肠运动减慢，胃液分泌减少，消化功能减弱，食欲不振。

(2) 低温对体育锻炼的影响。

在低温环境进行体育健身运动，对人体会产生以下不良影响。

① 低温可使肌肉僵硬、黏滞性提高。因而容易造成运动损伤，还容易引起身体暴露部位的冻伤。

② 低温可使可兴奋组织（如神经、肌肉和腺体）的兴奋性降低，也可使酶的活性降低，这都会对运动产生不良的影响。

③ 低温可引起人体体温下降。体温下降会引起血氧离解度降低，因而加重运动中的组织缺氧。另外，在寒冷的环境中运动，一旦出汗很容易受凉，引发感冒等疾病。

2. 气湿对体育锻炼的影响

气湿是指空气的含水量，即空气的湿度。相对湿度对人体的影响不大，而在高温或低温时，相对湿度较大对人体运动十分不利。高温时它阻碍人体散热，使人有闷热感；低温时它又增加体热散失，因而会加重高温或低温对人体运动的影响。过高的气湿还容易形成雾霾，造成空气的污染；而过低的气湿会使皮肤、黏膜干燥，降低人体的抵抗力，从而易发生呼吸道疾病。从事体育锻炼时的相对湿度以 20%～30% 为宜。

(三) 太阳射线对体育锻炼的影响

太阳辐射到地球的射线可分为光线、紫外线和红外线三个部分。

1. 光线

光线是许多生物存在的不可缺少的条件，对人类尤为重要。光线通过视觉器官改变机体全身紧张状态及觉醒状态，对体内物质代谢、心率、体温等生理过程及其指标有很大影响。

2. 紫外线

紫外线的生物作用极其明显，可促进体内抗体的生成，提高血液的杀菌能力，提高机体的免疫能力；可使细菌体内的蛋白质产生光化分解作用而死亡，有很强的灭菌作用；还能使人体皮肤中的 7-脱氢胆固醇转变成为维生素 D，是人体获得维生素 D 的主要来源，有防治佝偻病、促进生长发育的作用。但过量照射紫外线对机体也会产生很大伤害，过度紫外线照射还会诱发皮肤癌。因此，夏天参加体育锻炼时，应尽量避开太阳光最强烈的时段。

3. 红外线

红外线对机体的生物作用主要是热效应。红外线穿透力较强，可通过皮肤达到深层组织,使该部位温度上升、血管扩张、循环改善、代谢加强。但过强的红外线照射对机体有害,当头部受强烈日光照射时,其中的红外线可使脑组织的温度上升,引起全身机能失调。

(四)运动场地对体育锻炼的影响

体育活动的场地不能过于狭窄,球场或跑道周围应留有一定的余地。运动场地应无碎石杂物,木制地板应平坦坚固,没有木刺和裂缝。场地过硬、过软或过滑,都不符合体育活动的要求,都可能造成意外的伤害事故。

体育场馆的通风状况要好,应保持恒温和空气新鲜。室外运动场地周围应无空气污染。室内或夜间的场地采光和照明要充足,光线要柔和、均匀、不炫目,照度为 50～100 lx(勒克斯),避免发生运动损伤。

(五)运动服装、器材对体育锻炼的影响

运动服装应符合运动项目要求,并具有良好的透气性和吸湿性,既有利于身体活动,又能防止运动创伤。参加长距离越野跑时最好穿旧鞋和旧运动服,防止发生足部水泡和皮肤擦伤。在夏季从事体育锻炼时,运动服装应通气、质轻、宽松、色淡,最好选择吸汗效果好的纯棉运动服。在冬季,室外运动服装既要保暖,又要不妨碍动作的完成。运动后潮湿的运动服装应立即换掉,以免受凉感冒。

运动器械要坚固,安装得当,并注意检查维修,防止生锈以及连接处脱落。器械放置应保持一定的距离,避免练习时发生冲撞而受伤。在使用组合运动器材练习时,练习前一定要检查器械是否安装牢固,环顾四周是否发现有脱落的螺丝帽或螺丝钉,一旦发现有问题,要及时报告器械管理员或老师,避免出现伤害事故。

二、合理营养与锻炼

体育锻炼伴随着能量消耗。如果缺乏合理的营养供给,消耗得不到补充,机体始终处于一种"亏损"状态,长此以往对于人体的健康是不利的,会使锻炼者生理机能及运动能力下降,出现乏力、疲劳甚至生病状态。因此,应根据不同类型的运动有针对性地补充营养物质,从而获得更好的锻炼效果,使身体更加健康。

(一)力量训练对营养的要求

由于力量素质与肌肉的发育密切相关,故应增加肌肉合成的必需原料——蛋白质的摄入量,饮食中可选择蛋白质含量高的食品,如鸡蛋、牛肉、鱼、豆制品等进行补充。另外能明显提高肌肉力量的物质是肌酸,要在锻炼前后补充含有此类物质较多的食物,增加肌肉的爆发力。

(二)速度训练对营养的要求

速度的快慢除了与肌纤维的兴奋性和其中快肌纤维的组成有关,肌肉力量的大小也是一个重要的影响因素。因此,要提高速度素质,在营养上也需要增加蛋白质摄入量,并且补充肌酸,增加高能磷酸原的能量储备。

(三)耐力训练对营养的要求

影响有氧耐力水平的一个重要因素是血液中血红蛋白的携氧能力。青少年从事大运动量训练时,应在饮食中增加瘦肉、鸡蛋、猪肝、绿叶菜等含铁高的食物,并可补充一些含铁制剂,以有利于血红蛋白的合成,维持血红蛋白水平,预防缺铁性贫血,保证血液的输氧能力,提高耐力素质。

(四)灵敏训练对营养的要求

灵敏素质是一种综合素质,对大脑的要求比较高。脑细胞的能源物质完全依赖血糖提供。当血糖降低时,脑耗氧量下降,工作能力下降,随之产生一系列不适症状。所以灵敏训练项目对糖类有着特殊的需求,可在训练的过程中随时补充。此外,还可以在膳食中增加蛋白质和维生素 B_1、维生素 C、维生素 E、维生素 A 的供给,提高卵磷脂、钙磷铁的含量。

维生素 E 与运动

维生素 E 属于脂溶性维生素,是人体内重要的抗氧化剂。研究证明,人体内缺乏维生素 E 时,机体脂质过氧化能力增强,组织中自由基增加,进而使运动能力降低。补充维生素 E 能减弱运动引起的脂质过氧化反应,提高运动能力。此外,维生素 E 还具有提高肌肉力量、促进蛋白质合成、防止肌肉萎缩的作用。

三、制订体育锻炼计划

制订体育锻炼计划是为了保证锻炼更有科学性和规划性,克服锻炼的盲目性和随意性,做到有步骤、有系统地锻炼。此外,按计划锻炼也是对自身的一种约束,可以督促自己坚持锻炼,不断提高锻炼的质量和水平,达到预期的目的。制订锻炼计划应以个人的身体情况、能力强弱、年龄性别、运动强度、场地器械以及锻炼目的等为依据,充分做好各项准备工作。

(一)锻炼计划要目的明确

在准备参加锻炼之前,要有一个大致的规划和设想,明确锻炼的目标和基本要求。例如,有人把锻炼作为闲暇娱乐的一种方式,活动一下筋骨,调整一下心理状态;有人则是为了矫正身体某部位微小的畸形;有人健身是为了达到塑形的目的;有人想达到某种体格锻炼标准;有人是为了减肥;有人想做一名健美运动员,参加健美表演和比赛;等等。目的不同,锻炼计划也各不相同。

(二)锻炼计划要符合自身情况

在制订锻炼计划时要充分考虑自身的情况。主要包括身体健康状况、身体素质水平、体形、身高、骨骼的粗细、体重与胖瘦、个性特点与毅力、工作性质和空余时间、生活水平与兴趣爱好等。要注意全面分析自己参加锻炼的可行性,使制订的计划更符合个人实际情

况。例如,那些身材高大又喜欢对抗性运动的人可以选择篮球、足球等对抗性强的运动项目进行锻炼;而那些不喜欢激烈身体对抗的人则可以选择健美操、太极拳、瑜伽等项目进行锻炼。

(三)制订好每次锻炼的计划

制订每次锻炼计划是实施锻炼最基本、最重要的一个环节。其内容如下。
(1)每次锻炼的任务及要求。
(2)每次锻炼的身体部位及采用的方法、器械及动作。
(3)每次单一部位锻炼的时间和运动负荷的安排。
(4)每个单个动作或组合动作的重量、次数、组数、强度和密度。

四、消除运动性疲劳的方法

疲劳是由于活动使工作能力及身体机能暂时降低的现象。根据疲劳产生的机制和疲劳的分类,适合大学生消除疲劳的途径和方法如下。

(一)消除疲劳的途径

(1)用各种方法使肌肉放松,改善肌肉血液循环,加速代谢产物排出及营养物质的补充。如采用整理活动、水浴、自我按摩等方法尽快使机体消除疲劳。
(2)通过调节神经系统机能状态来消除疲劳。如采用睡眠、气功、心理恢复、放松练习、音乐疗法等方法加快机体恢复正常状态的速度。
(3)通过补充机体在运动中大量失去的物质,促进疲劳的消除。如补充营养物质等来调节身体。

(二)消除疲劳的方法

(1)整理活动是消除疲劳、促进体力恢复的一种良好方法。大学生在参加完剧烈运动后必须进行整理活动,使自身的心血管系统、呼吸系统仍保持在较高水平,有利于偿还运动时所欠的氧债(氧债顾名思义就是在运动中超量透支所造成的氧亏,氧亏需要在恢复期来偿还)。整理活动使肌肉放松,可避免由于局部循环障碍而影响代谢过程。整理活动应包括慢跑、呼吸体操及各肌群的伸展练习。运动后做伸展练习可消除肌肉痉挛,改善肌肉血液循环,减轻肌肉酸痛和僵硬程度,消除局部疲劳,对预防运动损伤发生也有良好的作用。
(2)睡眠是消除疲劳、恢复体力的好方式。睡眠时可使大脑的神经兴奋过程降低,体内分解代谢也处于最低水平,而合成代谢过程则相对较高,有利于体内能量的蓄积。大学生要保证正常的睡眠时间,特别是在运动过后要延长睡眠时间,如果可能中午安排适当午睡时间更好。
(3)温水淋浴也是最简单易行的消除疲劳方法。温水浴可促进全身的血液循环,调节血流,加强新陈代谢,有利于机体内营养物质的运输和疲劳物质的排除。水温为 $42\pm2℃$ 为宜,时间为 $10\sim15$ min,勿超过 20 min。

(4) 按摩是消除疲劳的重要手段。自我按摩是大学生最易实现的消除疲劳手段。取坐位或站立位，先按摩胸部，继而背部，再转向颈后，至背部靠近脊柱处可半握拳，以掌指关节的突起部按摩腰部，最后做颈、腰部的屈（正、侧）、伸、旋转等活动。

上肢自手、腕部开始，依次按摩前臂、肘部、上臂、肩部，先按摩屈侧，再按摩伸侧。各关节在擦摩、揉捏之后做主动活动。一侧按摩后，再进行另一侧。

下肢自脚趾、脚底、脚背开始，依次小腿后面、前面。擦摩膝关节后进行大腿的按摩，先从前面开始，然后内侧面、后面，接着按摩臀部。下肢按摩也是两侧交替。最后，按摩腹部。全身自我按摩时间为 15～20 min。附 1 介绍了常用自我按摩的方法。

(5) 利用日光浴，可促进血液循环，加速疲劳的消除及机能的恢复，同时具有治疗损伤的作用。但要注意避免在较强的日光下进行长时间的日光浴。

(6) 增加营养物质的摄取量。由于运动中各种营养物质消耗增加，运动后及时补充，有助于消除疲劳，恢复体力。糖、维生素 C、维生素 B、水等，均应得到足够的补充。

(7) 心理恢复是通过调节大脑皮层的机能达到消除运动疲劳的目的。气功、冥想、放松练习等都属于此类。

附 1　各部位自我按摩的方法

一、下肢

（一）脚

(1) 体位：坐位，按摩足背时一腿伸直，被按摩腿弯曲，用脚跟支撑于床面（图 1-3-1），按摩脚趾及脚底时，其足外踝置于另一大腿上（图 1-3-2、图 1-3-3）。

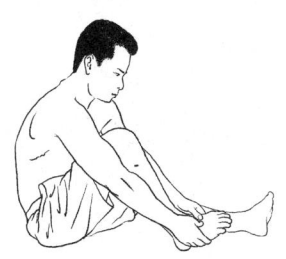
图 1-3-1　脚背的按摩

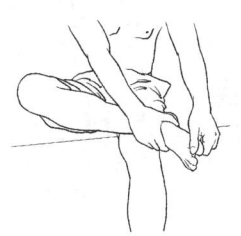
图 1-3-2　脚趾的按摩

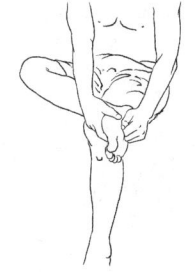
图 1-3-3　脚底的按摩

(2) 手法：推、擦摩、运拉等。

（二）小腿

(1) 体位：坐位，被按摩的下肢屈膝屈髋，另一侧大腿微外旋（图 1-3-4）。

(2) 手法：推、揉捏。

（三）膝关节

(1) 体位：坐位，一腿垂于床沿，被按摩腿伸直于床面（图 1-3-5）。

(2) 手法：推、擦摩、揉等。

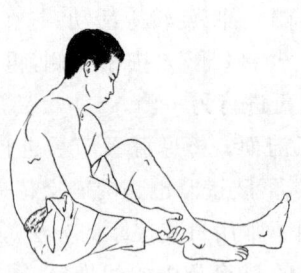
图 1-3-4 小腿的按摩

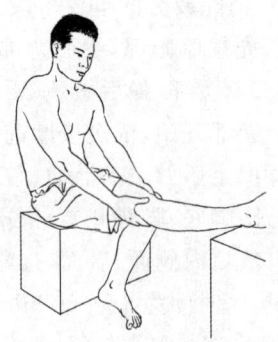
图 1-3-5 膝关节的按摩

（四）大腿

(1) 体位：同膝关节按摩姿势，按摩大腿内、后群肌肉时，微屈膝，同时大腿微外旋（图 1-3-6）。

(2) 手法：推、揉捏、切击、抖动。

（五）臀部

(1) 体位，站立位，一侧微屈膝，躯干略前倾，身体重量由另一侧下肢负担，用同侧手进行按摩（图 1-3-7）。

(2) 手法：推、揉捏、抖动。

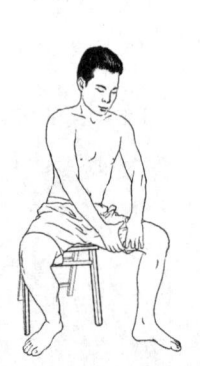
图 1-3-6 大腿的按摩

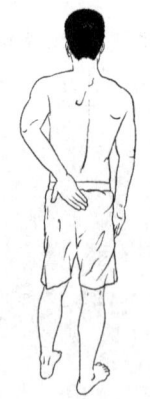
图 1-3-7 臀部的按摩

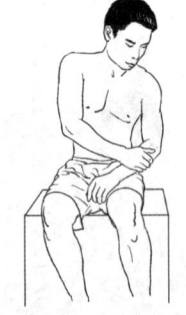
图 1-3-8 前臂的按摩

二、上肢

（一）手、腕

(1) 体位：坐位，前臂放置在同侧的大腿上。

(2) 手法：推、擦摩、揉捏、运拉。

（二）前臂

(1) 体位：体位同手、腕部按摩（图 1-3-8）。

(2) 手法：推，擦摩，揉捏。

(三)上臂

(1) 体位：坐位,按摩肱二头肌,其姿势基本同前臂,只将上臂外旋(图1-3-9)。按摩肱三头肌时,上臂内旋,肘关节伸直,前臂垂于两腿间(图1-3-10)。按摩三角肌时,同侧髋、膝关节弯曲,脚底支持于床面,同侧肘关节弯曲,置于膝关节上,上臂微内旋(图1-3-11)。

(2) 手法：推、揉捏、抖动。

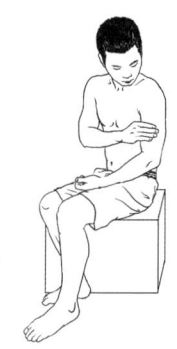 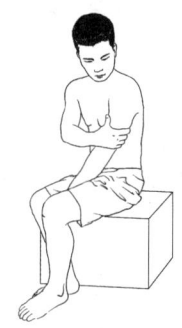 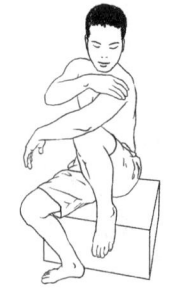

图1-3-9 肱二头肌的按摩　　图1-3-10 肱三头肌的按摩　　图1-3-11 三角肌的按摩

三、躯干

(一)腰部

(1) 体位：站立位,开始时躯干微后仰,按摩时微前屈,交替进行(图1-3-12)。

(2) 手法：推、擦摩。两手手指边推边按摩。

 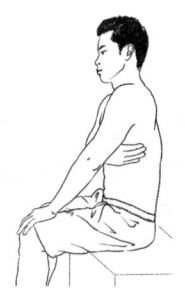 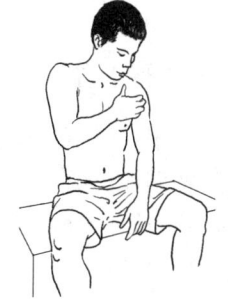

图1-3-12 腰部的按摩　　图1-3-13 背部的按摩　　图1-3-14 胸部的按摩

(二)背部

(1) 体位：坐位,被按摩一侧的上肢下垂,前臂支撑于同侧大腿上,用对侧手作自下而上的按摩(图1-3-13)。

(2) 手法：推、揉捏。

(三)胸部

(1) 体位：坐位,上肢自然下垂,前臂支持于大腿上,用对侧手做按摩(图1-3-14)。

(2) 手法：推、擦摩、揉捏、抖动。

（四）腹部

(1) 体位：取仰卧位，屈膝，屈髋，使腹部肌肉放松（图1-3-15）。

(2) 手法：推、揉。

四、头颈部

（一）头部

(1) 体位：坐或站位，双手置于头顶，以手指插入发间擦摩头皮（图1-3-16）。

(2) 手法：擦摩、推。

（二）颈部

(1) 体位：站或坐位，按摩颈前部时，拇指与四指分开置于胸锁乳突肌上，向下推（图1-3-17）。两手交替进行。颈后部用单手（或双手）指腹推，方向自上而下分开至两侧，然后作揉和揉捏（图1-3-18）。

(2) 手法：推、揉、揉捏。

图1-3-15 腹部的按摩

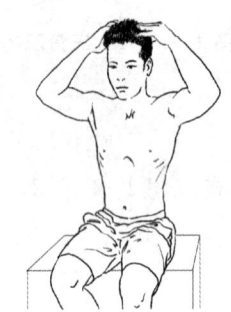
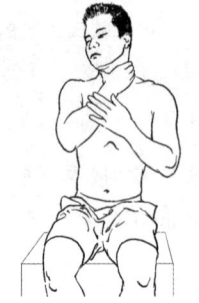
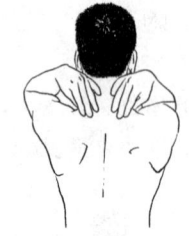

图1-3-16 头部的按摩　　图1-3-17 颈前部的按摩　　图1-3-18 颈后部的按摩

五、女子体育卫生

由于女子在身体结构和生理机能上具有一定的特殊性。因此，在进行体育锻炼时也有许多要特别注意的卫生要求。特别是在刚进校阶段，女生身体还处在青春发育时期。这时，身体和精神方面都发生着很大的变化，只有科学地按照身体发育的规律，合理地、积极地进行体育锻炼，才能够增强体质，促进身心健康的全面发展。

（一）女子体育卫生的一般要求

1. 合理安排运动项目

(1) 女子身体重心较低，平衡能力较强，柔韧性较好，适于进行平衡木、艺术体操及舞蹈等项目的活动。

(2) 女子皮下脂肪较厚，体内脂肪含量约占体重的28%，适于游泳运动。

(3) 女子肩部较窄，臂力较弱，做悬垂、支撑及大幅度摆动较吃力，练习时应注意循序渐进，注意必要的保护与帮助。

(4) 不宜做过多的从高处跳下的练习。落地时地面不可太硬，并注意落地姿势，以免影响盆腔脏器的正常位置和骨盆的正常发育。

(5) 不宜进行过重、过久的静力性练习和过多地做用力憋气的动作。

(6) 女子心肺功能较差，潜力小，故女子在参加中长距离的走、跑等运动时，更应注意控制运动强度。

(7) 女子在运动时应注意保持和发展自身的柔韧性和平衡能力，并有目的、有步骤地加强肩带肌、腹肌、腰背肌和盆底肌的锻炼。

2. 选择合适的着装

女子在进行体育锻炼时要选择宽松、弹性好、透气性佳且材质柔软的纯棉衣服。特别是在内衣的选择上，女子在体育锻炼时要戴胸罩，不仅美观且有利于健康，可以保护乳房免受损伤。否则，不仅运动不便，而且不利于乳房的发育，容易引起乳房下垂、乳腺炎。胸罩要选用合适的尺寸，不能太紧，以免影响血液循环，最好是选用吸汗和通风的棉织品。

3. 运动强度要合适

女子的心肌不如男子发达，胸围、肺活量、肺通气量都比同龄男子小，所以女子的有氧和无氧代谢能力相对较差。加之女子骨骼较细，抗压和抗拉能力较弱。在体育运动中，应特别注意控制运动强度。一般认为，以承担同年男子负重的1/3～1/2为宜。

4. 营养和睡眠要充足

青少年正处于生长发育期，体内新陈代谢旺盛，需要大量的营养供给，又由于女子月经造成体内营养一定程度的丢失，而体育锻炼又要消耗大量能量，所以女子更要补充足够的营养。女子运动后恢复较慢，要采用积极性休息的方式。

(二) 女子经期体育卫生

(1) 经期应避免参加剧烈的、震动大的体育活动，如跳高、跳远、快速跑等。还应避免进行增加腹压的力量性练习，如举重、深蹲等。否则容易引起经期流血过多或子宫位置改变。

(2) 经期不宜参加游泳锻炼。因为子宫内膜正在出血，子宫口又处在微开状态，病菌容易侵入，会引起生殖器官炎症。另外，冷水刺激会引起子宫和盆腔的血管收缩，造成经血过少，甚至闭经。

(3) 一般不宜参加体育竞赛。因为比赛时竞争激烈，运动强度大，精神容易过度紧张。神经系统往往不能适应，会引起内分泌失调，产生痛经、月经周期紊乱、月经过多或过少等症状。

(4) 根据自己的身体状况，可以继续参加平时习惯的运动，只是运动负荷要减小。慢跑、做操、乒乓球、羽毛球、散步等都比较适合。锻炼时间要缩短，速度要放慢。

养成健康的生活习惯

研究表明，坚持以下10种生活方式习惯会显著改善健康和延长寿命：

1. 制订并实施一个终生身体活动计划。
2. 不要吸烟。

3. 合理地饮食。避免吃零食。适度饮酒或完全不饮酒。
4. 通过适当的营养和锻炼保持正常体重。
5. 每晚睡7到8个小时。
6. 减轻你的压力。
7. 与健康的朋友为伍。
8. 在健康的环境中生活和工作。
9. 让你的大脑在整个生命进程中保持活跃，以保持认知功能。
10. 采取人身安全措施，减少可避免事故的风险。

第四节 职业健康

一、职业与健康

国际劳工组织和世界卫生组织的联合职业委员会指出：职业健康应以促进并维持各行业职工的生理、心理及社交处在最好状态为目的，防止职工的健康受工作环境影响，保护职工不受健康危害因素伤害，并将职工安排在适合他们的生理和心理的工作环境中。

影响职业健康的主要因素有以下几个方面。

（一）物理因素

1. 噪声和震动

对于从事勘探、建筑等职业的人员来说，长期在高噪声条件下工作，如果不佩戴有效的听觉保护器有可能会导致失聪。长期使用震动工具（如风钻）会令手臂疼痛、麻痹，甚至丧失工作能力。

2. 光线过强或过暗

对于从事机修、电焊等职业的人员，如果工作环境过亮、过暗、眩光及颜色不协调，可导致眼睛疲劳、眼痛，甚至头痛及头晕。特别是电焊时不佩戴护目镜，电焊时产生的紫外线会损害眼睛，导致电光性眼炎。

3. 电离辐射

对于经常和放射性物质接触的职业人员，如果身体长时间地接触电离辐射（如操作X光机或使用放射物质）而没有采取适当的防护措施，便有可能因接触过量的辐射而患上血癌、肺癌等疾病。

（二）化学因素

当在工作环境中接触到刺激性强的物质时，如焊锡时产生的松香烟雾，会刺激呼吸道，吸入过多会造成支气管敏感、发炎等症状。当接触到腐蚀性物质时，如电镀过程中使用的强酸，会灼伤皮肤。当接触到有毒物质时,如吸入过量干洗或除污用的四氯乙烯溶剂,会损害肝脏和肾脏。如果在工作中吸入过量引致呼吸道病变的粉尘微粒,如采石场产生的矽尘会造成矽肺病。另外,如果在工作中将电镀或制造镍铬电池所用的镉等吸入体内,则会损害肾脏功能。

（三）生物因素

医护人员及化验室实验室工作人员,可因接触病人或他们的血液、分泌物、排泄物等感染传染病,如肺结核、病毒性肝炎等。一些经常与动物接触的工作人员,如家禽饲养员、农夫、制革工人、兽医等,比较容易感染禽流感、狂犬病等传染病。在有鼠类出没的地方工作,人有可能染上钩端螺旋体病。除此之外,不良的通风系统也会成为细菌滋生的温床,如办公室、商场等室内场所,会增加工作人员受细菌感染的风险。

禽流感预防

在禽流感高发时期,应做到如下几点。

1. 避免去暴发禽流感的地区。
2. 发现禽流感疫情时,应尽量避免与禽类接触,接触禽类后切记要用洗手液及清水彻底洗净双手。
3. 鸡肉等食物,应彻底煮熟。
4. 保持室内空气流通,尽量少去空气不流通的场所。
5. 注意个人卫生,打喷嚏或咳嗽时应掩住口鼻。
6. 保持室内清洁,使用可清洗的地垫,避免使用难以清理的地毯。

二、典型职业与体育干预措施

按照不同职业的工作特点,可以将职业按体姿的不同划分为:以站为主的职业和以坐为主的职业;按体力要求不同可划分为:以力量为主的职业、以灵巧为主的职业和以耐力为主的职业。不同类型的职业可以选择不同种类的运动项目进行锻炼。

（一）以坐为主的职业

这类职业以公务员、办公室职员、银行前台工作人员、软件开发人员等为代表。他们以脑力劳动为主,长时间伏案工作,容易出现血液循环不畅,体力下降,腰酸背痛等症状,导致颈椎病、腰痛病和坐骨神经痛等职业病的发生。

这类人员可以有针对性地选择羽毛球、网球、乒乓球等隔网球类项目,以及健美操、健身走和慢跑等锻炼手段。经常进行颈部旋转运动、手臂旋转运动、扩胸运动、体侧运动、伸展运动、俯卧撑等综合性练习,必要时可做些力量练习。

（二）以站为主的职业

这类职业以教师、警察、销售员、服务员等为代表。他们以体力劳动为主,长时间从事

第一章 体育与健康概述

该类职业易患静脉曲张、关节炎、腰肌劳损、腰椎间盘突出等职业病。

这类人员可以有针对性地选择保健按摩、体能训练、慢跑、登山等锻炼手段。经常进行伸展运动、前屈运动、抱膝运动,以及长跑、仰卧起坐、站立提踵等综合性练习方法。

(三) 以力量为主的职业

这类职业以建筑工人、钢铁工人、搬运工人等为代表。工作时需要饱满的精神、稳定的情绪,较强的应变能力,以及较好的适应能力和抗疲劳能力。

这类人员可以有针对性地选择游泳、网球、踏板操、定向越野等锻炼项目,并经常进行哑铃练习、双杠臂屈伸、引体向上、左右脚交换跳等综合性练习。

(四) 以灵巧为主的职业

这类职业以医护人员、机械修理人员以及手工制造业人员等为代表。他们在工作时需要较长时间地集中注意力,具有高强度、长时间工作的特点,容易引发全身性的疲劳。

这类人员可以有针对性地选择篮球、乒乓球、羽毛球、健美操、武术等锻炼项目,并经常进行哑铃练习、肋木练习、举重、运动灵活性练习、注意力集中练习等综合性练习。

(五) 以耐力为主的职业

这类职业以司机、船员、流水线装配工人等为代表。他们在工作时需要长时间处于同一工作状态,并保持同一姿势,容易造成疲劳、烦躁、精神衰弱、注意力不集中等症状。

这类人员可以有针对性地选择足球、篮球、拓展训练、游泳等锻炼项目,并经常进行跳绳、长跑、越野跑、定速跑、各种跳跃练习等综合性练习。

三、常见职业病的预防

(一) 尘肺病的预防

尘肺包括矽肺、石棉肺、滑石肺、煤肺、水泥尘肺、炭黑尘肺等12种。其中,石棉肺、矽肺的临床状况比较差。尘肺病的典型症状是胸闷、气结、咳嗽、胸痛。

尘肺病患者肺部纤维组织弹性很差,造成病人呼吸困难。因此尘肺病人比常人更易感冒。而感冒又会破坏肺部功能,造成恶性循环。因此,对尘肺病防治的重点就是预防这类并发症的发病,减少对病人肺部的损害,延缓病情的发展。

尘肺的个人预防措施主要是要加强在作业时的个人防护,坚持戴过滤式防尘口罩;提倡戒烟;凡有活动性肺结核、严重呼吸系统和心血管疾病者都不能从事粉尘作业;定期参加体检;凡被确诊为尘肺的病人要及时脱离粉尘作业并接受治疗。

(二) 噪声性耳聋的预防

噪声性耳聋是在长期的噪声环境中,听觉发生疲劳的基础上,缓慢发病。起初,患者无耳聋感觉,交谈及社会活动正常。纯音听力检查时可发现噪声性耳聋听力损伤。病程进一步发展后,患者主观感觉语言听力出现障碍,表现出生活交谈中的耳聋现象。

噪声性耳聋目前还没有有效的治疗方法,早期采用高压氧或给予扩张血管、加强营养和代谢的药物,佩戴助听器能起到部分作用。噪声性耳聋主要应加强预防,对作业环境进行吸声、消声、隔声等技术保护措施。个人防护主要是佩戴有效的耳塞或耳罩。定期进行听力检查、合理安排休息、注意劳逸结合也是预防噪声性耳聋的措施。

(三)常见工业毒物中毒的预防

1. 铅中毒的预防

接触铅的工人应穿工作服,但不得穿工作服进食堂、宿舍和其他场所。饭前要用肥皂洗手,下班后淋浴更衣,不将工作服同其他衣物放一起清洗。不在车间内吸烟进食。车间铅尘浓度高时,应戴防尘口罩。应定期做健康检查。

2. 镉中毒的预防

预防镉中毒的关键在于严格控制镉源、镉毒排放和消除镉污染源。冶炼和使用镉的生产过程应有排除镉烟尘的装置,并予以密闭化。镀镉金属板在高温切割和焊接时,必须在通风良好的条件下进行,操作时戴防毒面具。做好定期体检,特别要定期测定尿镉和尿中低分子量蛋白。一旦发现镉中毒应及时调离工作岗位。各种肾脏疾病、肝脏疾病、慢性肺部疾病、贫血、高血压病和骨软化症应列为职业禁忌证。

3. 一氧化碳中毒的预防

一氧化碳中毒多是由于疏忽大意造成的,因此提高警惕、预防为主十分重要。生产场所中应加强自然通风,防止输送管道和阀门漏气,有条件时,最好安装煤气报警器。严格遵守操作规程,充分通风后方能进入工作场所。在一氧化碳浓度较高的环境中,必须使用供气装备进行工作。

什么在危害健康

早在2002年,时任世界卫生组织总干事布伦特兰博士在世界卫生日的报告中就告诫:人类"体力活动不足或久坐的生活方式已成为全世界引起死亡、疾病和残疾的前10项原因之一"。

这一点也已经得到了众多学科研究的证明,缺乏体力活动是导致心脑血管疾病、超重与肥胖、Ⅱ型糖尿病、骨质疏松、直肠癌等恶性肿瘤、高血压、焦虑和抑郁等身心疾病的主要危险因子,同时也是影响个人主观健康和心理感受的重要因素。

第五节 运动损伤的处理方法

运动损伤不同于日常生活中一般的损伤,运动损伤的发生与运动能力、运动的环境条

件等因素有关。一旦出现运动损伤,首先要判断损伤的部位和程度,然后根据判断结果采取相应的措施。有伤口的一定要先处理伤口;发生骨折或受伤部位在颈部的一定不要随意搬动伤者,要及时请医生或急救人员来处理。同时,要掌握运动损伤的处理方法,避免不当的处理对伤者造成二次伤害。

运动损伤分为急性损伤和慢性损伤。急性损伤是一瞬间遭到直接暴力或间接暴力的冲击造成的损伤;慢性损伤是局部过度负荷导致的多次微细损伤积累而成的损伤,或者是由于急性损伤处理不当而转化成的陈旧性损伤。

一、急性损伤处理方法

针对急性损伤,建议按如下方法进行处理。

(1)休息。让伤者以最舒适的姿势休息,并保护其不再受伤。

(2)冰敷。受伤部位没有破裂的损伤,称为闭合性损伤。对于闭合性损伤,建议在受伤 24 h 或 48 h 内,采用冰敷处理方式。每次冰敷 5～10 min,可以重复 3～4 次。如果身边没有冰袋,用冷水冲也有一定效果。在急性损伤发生的初期绝不能热敷。只有等红肿、疼痛感消失后,才能热敷。

(3)压迫。休息和冰敷后,可以用弹性绷带固定受伤部位。但要注意,绷带不能绑得过紧,以免影响血液流通。

(4)抬高患处。在上述三步完成后,可以将受伤部位抬至高于心脏的位置,以减轻受伤部位的充血程度。

二、慢性损伤处理方法

针对慢性损伤,建议按如下方法进行处理。

(1)判断损伤的程度,例如疼痛肿胀、不灵活的程度。

(2)减少运动量或暂时休息一段时间。

(3)慢性损伤常常发生在局部而非全身,可以选择适当的替代运动,以保持身体的整体运动能力。

(4)如果受伤部位有发炎的情况,要求助于医生,在医生的指导下进行有针对性的练习。

三、预防运动损伤的常用措施

为了有效预防运动损伤,建议采用以下常用措施。

(1)加强易伤部位的准备活动及专项辅助活动,如热身、牵拉。

(2)加强易伤部位的肌肉韧带的力量练习。

(3)恰当地安排运动负荷,循序渐进地训练。

(4)使用护具和支持带,检查器材场地。

(5)适当时进行体检,有针对性地检查身体。

(6)在经常有身体接触和发生冲撞的运动项目中,尤其要注重体育道德。

第六节 运动性疾病的产生原因、处置及预防

参加体育锻炼时,除了要注意预防运动性损伤,更应当注意运动性疾病的预防与处置方法,从而真正达到提高机体功能、减少运动性疾病的目的。

一、运动性过度疲劳

运动性过度疲劳是在身体过度训练后疲劳连续累积的基础上发展起来的一种病理状态。

(一)产生原因

运动性过度疲劳产生的主因是长期进行大运动量训练,运动量增加过快,超过负荷。诱因是生活无规律、睡眠少、食量减小、营养不足、情绪不良、脑力及体力负担过重、训练方法单调等。

(二)处置及预防方法

(1)进行物理康复治疗。
(2)在医生的指导下用药物治疗。
(3)适当减少运动量和训练时间。
(4)生活要有规律,注意劳逸结合。
(5)改善营养,补充足够的蛋白质、糖类、维生素和矿物质。

二、运动性过度紧张

运动性过度紧张是指一次或多次运动时运动负荷超过机体负担能力而引起的一种病理状态。

(一)产生原因

(1)超过机体耐受程度的剧烈运动是引起运动性过度紧张的主要原因。
(2)因伤病中断训练一段时间后体质下降,重新参加大运动量训练或参加剧烈竞赛易引发运动性过度紧张。
(3)患有心血管系统疾病的人,参加剧烈运动时也可能发生过度紧张,甚至猝死。

(二)处置及预防方法

(1)运动前应充分地做各项准备活动。
(2)轻者,一般不需要特殊处理。
(3)对于心脏功能不全的人,可采取半卧位休息,手指掐点或针刺内关和足三里穴;如出现昏迷,可加上人中、百会、合谷、涌泉等急救穴;还可以嗅氨水或吸入氧气,稍有缓解

后送医院处理。

(4) 如果出现呼吸心跳停止，应做人工呼吸和心脏按压抢救，并迅速送医院急救。

三、运行性肌肉痉挛

运动性肌肉痉挛，即肌肉不自主地强烈收缩，常见部位是小腿腓肠肌、足底屈拇肌和屈趾肌。

(一) 产生的原因

(1) 在寒冷中运动时，准备活动不充分，肌肉受寒冷刺激。

(2) 肌肉在训练中连续收缩，放松时间短。

(3) 运动中大量出汗，体内盐分（电解质）丢失太多，肌肉兴奋性增强，发生肌肉痉挛。

(4) 疲劳与紧张可以影响肌肉的正常功能，特别是在肌肉疲劳的情况下，做一些突然紧张而用力的动作，容易引起肌肉痉挛。

(二) 处置及预防方法

(1) 不要过量运动。

(2) 牵引痉挛的肌肉。

(3) 对痉挛的肌肉用力按压。

(4) 针刺承山穴和涌泉穴。

四、运动性肌肉酸痛

运动性肌肉酸痛，是初次参加运动或偶尔参加运动的人，由于心脏功能不强，血液流通不快，剧烈运动时肌肉缺氧，分解出大量乳酸，但又不能及时消除，人体积存的乳酸对身体产生刺激，从而产生的肌肉酸痛。

(一) 产生的原因

乳酸具有酸性，滞留在肌肉中，会刺激神经末梢化学感受器，这是发生肌肉酸痛的一个生物化学因素。

(二) 处置及预防方法

(1) 运动完毕后要做好整理活动，使肌肉的供氧量增多，帮助乳酸更快地氧化。

(2) 运动后可做自我按摩或洗热水浴，促进乳酸的消除，减轻疲劳和酸痛。

(3) 在一般情况下，肌肉酸痛会逐渐减轻、消失。如果酸痛厉害，可以用毛巾局部热敷。

(4) 也可以在局部涂擦一些樟脑酒精和松节油，以活血化瘀、镇静止痛。

五、运动性头晕

运行性头晕是指运动者在运动中或运动后感觉头晕目眩、眼冒金星，重者恶心呕吐，甚至晕厥倒地，这是体育运动中常见的病理生理状态。

(一)产生的原因

(1)运动前没有做好准备活动,心肺功能没有充分调动起来,全身血液循环也不够旺盛,因而身体运动需要的养料、氧气不能及时充分地供给。

(2)运动中呼吸节律差,呼吸表浅,造成体内氧气供不应求,运动者出现头晕现象。

(3)有些运动项目的技术动作要领没有掌握好,或运动场地太硬,使大脑受到突然、激烈的震动。

(4)平时体质较差或很少活动的人,突然参加剧烈的运动或比赛,由于运动量大,身体各器官难以适应。

(5)运动或训练安排不合理,运动时间过长、运动量过大、天气太冷、穿衣太少等因素会使体内热能消耗过多,血糖浓度急剧下降,大脑等器官缺乏血糖供应,就会出现头晕、四肢无力等现象。

(二)预防方法

(1)做好充分的准备活动,使身体各器官能尽快适应剧烈运动的需要。

(2)运动过程中要注意呼吸与动作协调配合,呼吸要深沉有力,保证供给身体各器官足够的氧气。

(3)合理安排运动时间和运动量,疲劳后及时休息,天冷时注意保暖,进行大运动量的运动前适当多吃含糖食物以增加身体能量的供应。

(4)有些疾病本身会使人出现头晕现象,患者参加运动锻炼时更应小心,并应对所患疾病积极进行治疗。

六、运动性中暑

运动性中暑是在高温、湿度大和通风不良的环境中运动,体内热量的散发受到影响而引发的一种急性病。其症状为身体高热、中枢神经系统功能障碍、头晕、无力、恶心等。

(一)产生的原因

气温过高,湿度过大,通风不良,身体疲劳、有疾病,饮水量不够或头部直接受到烈日照射等。

(二)处置及预防方法

(1)轻者迅速离开高温环境,喝清凉饮料,内服十滴水和藿香正气水。

(2)重者以浓度为50%的酒精或白酒擦身,口服冷的淡盐水。

(3)冷敷头颈部。针对昏迷者,以针刺其人中、十宣穴进行急救或尽快送医。

七、运动性腹痛

运动性腹痛常出现在中长跑或剧烈运动时,常见症状有胃痉挛、胃胀痛、两肋部胀痛等。

(一)产生的原因

(1)准备活动不充分。

(2) 运动前吃得过饱、饮水过多。
(3) 心脏功能差,发生静脉血液回流困难,引起脾脏淤血性肿大、脾脏被膜张力增加。
(4) 患有慢性腹痛疾患,器官受到震动、牵拉引起腹痛。

(二) 处置及预防方法
(1) 减慢运动速度,加深呼吸。
(2) 停止运动,休息。
(3) 及时就医。

八、运动性低血糖症

正常人空腹血糖值应为 3.9～6.1 mmol/L。运动性低血糖症是指在运动中或运动后出现血糖过低导致头晕、恶心、呕吐、冷汗等不适现象,严重者可出现休克和死亡。运动性低血糖症常见于长跑、马拉松等项目,以女性多见。

(一) 产生的原因
其产生原因主要是长时间剧烈运动,运动负荷量过大,能量消耗过多。

(二) 处置及预防方法
(1) 停止剧烈运动,休息。
(2) 喝适量糖水,吃少量食物。

九、运动性冻伤

运动性冻伤是指在低温环境中运动,不注意防寒保暖引起的冻伤。

(一) 产生的原因
运动性冻伤产生原因主要是气温过低,身体素质差、耐寒能力低,长时间静止不动,身体散热过多。

(二) 处置方法
(1) 轻者注意局部清洁和保暖,可进行局部按摩。
(2) 重者涂冻疮膏、消炎软膏,并用纱布包扎伤处。

思考题

1. 健康的含义及其标准是什么?
2. 体育锻炼对人体健康有哪些促进作用?
3. 如何制订适合自己的体育锻炼计划?
4. 典型职业的体育干预措施有哪些?

第二章　个人健康管理

第一节　健康管理概述

一、健康管理的概念

健康管理是以预防和控制疾病的发生与发展，降低医疗费用，提高生命质量为目的，针对个体及群体进行健康教育，提高自我健康管理意识和水平，并对其与生活方式相关的健康危险因素，通过健康信息采集、健康检测、健康评估、个性化健康管理方案、健康干预等手段持续加以改善的过程和方法。

健康管理是对个人或人群的健康危险因素进行全面管理的过程，其宗旨是调动个人、集体和社会的积极性，有效地利用有限的资源来达到最大的健康效果。健康风险评估是健康管理的关键，是慢性病预防的第一步。通过所收集的大量的个人健康信息，分析生活方式、环境、遗传等危险因素与健康状态之间的量化关系，预测个人在一定时间内发生某种特定疾病或因为某种特定疾病导致死亡的可能性，并据此提供有针对性的控制与干预措施，能够帮助我们用最小的成本达到最大的健康效果。

二、健康管理的内容

现代医学研究表明，不少疾病是由不良的生活方式、心理因素、环境因素等引起的，这种新的医学观念被称为"生物—心理—社会医学模式"。健康管理就是运用信息和医疗技术，在健康保健、医疗的科学基础上，建立的一套完善、周密和个性化的服务程序，其目的在于通过维护健康、促进健康等方式帮助健康人群及亚健康人群建立有序、健康的生活方式，降低风险状态，远离疾病；而一旦出现临床症状，则通过安排就医服务，尽快地恢复健康。

健康管理的内容包括如下三个方面。

（1）个人健康信息管理：以多种形式收集和管理将用于健康及疾病危险性评价和跟踪、健康行为指导的个人健康信息。

（2）个人健康与慢性病危险性评价。

（3）个人健康计划及改善的指导。

宏观的健康管理是指全社会从注重疾病诊治转到对生命全过程的健康监测、疾病控制和预防的过程。个人健康管理包括对重患者、高危险人群、慢性病、一般疾病以及健康人群的管理。

健康管理的科学基础

健康管理通过系统检测和评估可能发生疾病的危险因素，帮助人们在疾病形成之前进行有针对性的预防性干预，可以成功地阻断、延缓甚至逆转疾病的发生和发展进程，实现维护健康的目的。

健康管理不仅是一套方法，更是一套完善、周密的程序。

通过健康管理能达到以下目的。

一学，学会一套自我管理和日常保健的方法。

二改，改变不合理的饮食习惯和不良的生活方式。

三减，减少用药量、住院费、医疗费。

四降，降血脂、降血糖、降血压、降体重，即降低慢性病风险因素。

第二节　科学饮食和适量运动

一、科学饮食与健康

（一）饮食与肥胖

肥胖的基本原因是从饮食中摄入的热能超过身体消耗的热能。此外，饮食习惯和膳食组成对身体脂肪的消长也有影响。控制饮食是控制肥胖最有效和最安全的方法，总的原则如下。

1. 控制总热量摄入

按照我国人民膳食结构的特点，最简单易行的方法是禁食甜食和适当减少主食。但要注意的是减轻体重必须缓慢而有计划地进行，不可操之过急，否则会损害身体健康。以每周减轻体重不超过 1 kg 为宜，并注意维持能量平衡，避免体重反弹。

2. 控制脂肪摄入量

每日除烹调用油外，应尽量减少油腻食品，少进食动物油，每日脂肪摄入量应占总热量的 25% 以下。

3. 膳食纤维要提高

控制热量期间要多进食低热量、体积大的蔬菜、水果。这些食物由于含纤维素多，可增加饱腹感,减少脂肪和胆固醇的吸收,同时又可以提供丰富的维生素和无机盐,使人体营养更加均衡。

(二)饮食与心血管疾病

心血管疾病的病因很复杂,但均与饮食有着密切关系。因此,合理的饮食可以避免和减轻心血管疾病的病情,预防某些心血管疾病的发生。

1. 控制热量

膳食总热量不宜过高,以维持正常体重为宜。超过正常体重者应减少每日进食总热量。

2. 控制脂肪及胆固醇

脂肪应控制在总热量的25%以下,且以植物脂肪为主。避免食用过多的动物性脂肪和含饱和脂肪酸的植物油,如猪油、奶油。同时还应避免食用高胆固醇的食物,如蟹黄、蛋黄、动物内脏。

3. 提倡戒烟、限酒、适量饮茶

吸烟的高血压者发生脑血管意外的危险比不吸烟者高4倍。大量饮酒可导致血压升高。茶叶中富含多种维生素和微量元素及茶碱等物质,有利尿降压的作用,可以适量饮用,通常以清淡的绿茶为宜。

二、适量运动与健康

(一)体育运动与肥胖

研究表明,增加体育活动和适当限制饮食相结合是减肥的最好途径。因为,通过增加体育活动来控制能量平衡,减少的是人体的脂肪。而仅靠减少饮食量则只会减少体重。此外,体育运动不仅能增加机体能量消耗,还可以增强心血管和呼吸系统功能,加强肌肉代谢能力,有利于促进人体健康。

(二)体育运动与心血管疾病

长期有规律的有氧健身锻炼能改善和增强心血管机能,延缓和推迟心血管结构和机能的老化,提高脂质的代谢速度,预防心血管疾病的发生。如果心血管系统已经发生病理性变化后才进行健身锻炼,那么运动的项目和强度都会受到很大限制。所以,应尽早养成坚持锻炼的好习惯,做到"未雨绸缪",不要等到心血管系统出现问题之后才重视体育锻炼。

(三)体育运动与骨质疏松

适宜的体育运动搭配合理的膳食结构能够有效地提高骨密度。骨骼中矿物质含量与体脂百分比呈明显的负相关关系,与瘦体重和最大肌力呈正相关关系。因此,健骨锻炼应增加力量练习内容,以增强肌肉力量,并注意保持较高的瘦体重,降低体脂百分比。跑步、散步、自行车、跳绳等运动,都有利于预防骨质疏松。

骨质疏松的运动疗法

通过运动来提高骨密度,应从儿童时期就培养运动习惯,保证在35～40岁时能达到最大骨密度的标准,这对预防骨质疏松的发生十分重要。制定运动强度时要参考对象的年龄、身体状况及运动经验,每天20～30 min,每周3～5 d即可。运动项目应加入耗氧运动(主要有散步、慢跑、游泳等)、肌力训练(提高效率)及伸展(静止)训练进行合理组合,以综合训练为佳。

第三节 预防保健和心理调适

一、体育保健与健康

(一) 常见运动病症的处理

1. 运动性腹痛

在运动中出现肋部和下胸部疼痛,通常是由于呼吸肌痉挛造成的。腹痛出现后,可适当减慢速度,并做深呼吸,调整呼吸与动作节奏。必要时可用手按压疼痛部位,弯腰跑一段距离,一般疼痛即可消除。如疼痛仍得不到缓解,应立即停止运动。

2. 肌肉痉挛

肌肉痉挛是肌肉突然不自主地强直收缩而引起的肌肉僵硬、疼痛的感觉。

不太严重的肌肉痉挛,只要向相反的方向牵引痉挛的肌肉,一般都可以使其缓解。牵引时切忌用力过猛,用力宜均匀、缓慢,以免造成肌肉拉伤。小腿腓肠肌痉挛时,可伸直膝关节,同时用力将踝关节充分背伸,即可缓解。在游泳中如果发生痉挛,不要惊慌,如自己无法处理或解救,先深吸一口气,仰浮于水面,并立即呼救。

3. 中暑

中暑是夏天体育运动中常见的现象,是由高温环境引起的,以体温调节中枢功能障碍、汗腺功能衰竭和水、电解质丢失过多为特点的疾病。中暑发生后,应将患者移到阴凉通风处休息,热痉挛者口服凉盐水、含盐饮料,服用藿香正气水(片),可迅速好转。另外,还可以用4℃～11℃的凉水擦拭皮肤,加用风扇吹风,在腋窝、头部、腹股沟放置冰袋降温。

(二) 运动过程中的自我监督

1. 精神状态

精神状态反映了整个机体的功能状态。身体健康者,精神状态好、精力充沛、心情愉快、心态积极。患病或过度训练时,常会感到精神萎靡不振、疲倦、乏力、头晕及容易激动等。

2. 运动心情

身体健康、精神状态好的人,总是乐于参加体育运动。如果出现对运动不感兴趣,表现为厌烦与运动有关的场地、器材和人物,可能是训练方法不当或疲劳的表现,也可能是过度训练的早期征象。

3. 不良感觉

在剧烈运动后,由于机体疲劳,人体会不同程度地出现一些不良感觉,如肌肉酸痛、四肢无力等,但这些不良感觉经过休息后即可消除。但如果在运动后,除了上述现象,还伴有头晕、头痛、心悸、恶心、呕吐等症状,则表示运动负荷过大或健康状况不良。

4. 脉搏

在自我监督中,常用晨脉来评定训练水平和身体状况。健康人的晨脉基本稳定,且随训练水平的提高缓慢减少。如果晨脉过快,尤其是超过平时 12 次/min 以上,则表示身体状况不良,如睡眠不佳、疲劳尚未恢复等。

运动负荷过大的表现

当运动中或运动后出现以下症状时,应适当降低运动强度。

1. 运动时感到胸闷气短,头晕目眩,喘不上气。
2. 运动后的第一天,身体极度疲劳,肌肉的酸痛持续几天,并且很难恢复。
3. 运动后精神不振,反应比较迟钝。
4. 运动后出现食欲不振,口味寡淡,吃什么都没胃口。
5. 运动后睡眠质量差,感到紧张不安,伴有失眠易醒等现象。

二、大学生心理调适与健康

(一)尽快熟悉大学的生活环境

刚进入大学校门的大学生对学习和生活有着太多的期许。离开了原来熟悉的高中校园和天天"盯着"的父母,离开了高中各科老师的"人盯人"看管,有的同学因没人束缚而感到"解放"了;有的同学因找不到原来那种有人管束或有人陪伴的感觉而惆怅,找不到自己的生活轨迹。大学的老师不像高中老师什么都管,大学期间父母因为种种原因也不能随时陪伴在自己身边。18 岁及以上的大学生已经是成年人,要独立自强,有责任感,对自己的言行要有约束力,多和同学、老师交往,尽快熟悉学校环境,保持良好的心态,尽快适应大学的学习生活。

(二)尽快熟悉大学的学习环境

在学习上,大学和中学有几点不同:一是老师的授课方式不相同,二是学习方法不相同,三是考核方式也不相同。进入同一所大学同一专业,不论高考成绩有多好,那只能说明过去,现在所有同学都站在同一起跑线上,所以不要有以前的优越感,也不要自卑,只要学习方法正确并且努力,都会取得优异成绩。

(三)尽快树立积极向上的人生目标

成年人对自己人生的规划从大学开始。大学生要树立人生目标,脚踏实地、一步一个脚印地向着既定目标努力。如果没有人生的目标和规划,你就会每天浑浑噩噩,就会失去生活的动力。健康的心理状态是实现积极向上的人生规划的基础,它可以使我们的生活更加充实和快乐。

三、不同职业心理调适与健康

《中华人民共和国职业分类大典(2022版)》运用科学的职业分类理论和方法,参照国际标准,借鉴国际先进经验,充分考虑我国社会转型期社会分工的特点,按照以"工作性质相似性为主、技能水平相似性为辅"的分类原则,将我国职业分类体系调整为:8个大类、79个中类、449个小类、1 636个细类(职业)。与2015年版大典相比,增加了法律事务及辅助人员等4个中类,数字技术工程技术人员等15个小类,碳汇计量评估师等155个职业(含2015年版大典颁布后发布的新职业)。其中,第一大类:党的机关、国家机关、群众团体和社会组织、企事业单位负责人;第二大类:专业技术人员;第三大类:办事人员和有关人员;第四大类:社会生产服务和生活服务人员;第五大类:农、林、牧、渔业生产及辅助人员;第六大类:生产制造及有关人员;第七大类:军人;第八大类:不便分类的其他从业人员。

(一)公务人员的心理调适

公务员是一个重要而特殊的职业群体,从事着公共管理的决策和执行,是国家各项行政事务的直接管理者,在公共管理中发挥着重要作用。因为职业的特殊性,他们在实际工作中面临着很大的压力,如果无法正确处理好矛盾,及时化解压力,就会出现不同程度的心理问题,影响职责的履行及政府的效能。

1. 树立正确的人生观价值观

公务员是国家机关中行使行政职能、从事行政管理活动的工作人员。在工作中,无论职务高低,代表的都是国家机关的形象,行使的都是人民赋予的权力。公务员必须清醒地认识到自己工作的性质、责任、要求、意义,为自己恰当定位,才能处理好角色冲突,增强崇高感、使命感和成就感,增强工作的积极性和主动性。必须时刻保持健康的心理,无论权力大小职务高低,无论顺境逆境,都要做到面对享乐甘愿寂寞,面对富贵甘守清贫,面对诱惑坚守操守。只有树立正确的人生观、政绩观,才能防止欲望恶性膨胀,防止权力被滥用。

2. 保持积极稳定的情绪

公务员要能适度地表达和控制自己的情绪,在突发事件前沉着冷静,不惊慌失措;经常保持乐观的情绪,不喜怒无常。公务员平常要多保持愉快积极的良好心态,保持较高的心理稳定性,即使遇到挫折也能很快调适。公务员要合理宣泄情绪,适时打开心理闸门进行宣泄,有效缓解心理压力。要看到任何事物都有积极和消极两个方面,若能从积极的角度看问题,就会使人增强信心,振奋斗志,产生乐观、积极的情绪。在面临心理压力时,可以改变思维方式,从积极的角度分析问题,增加积极情绪体验,从而把心理调整到最佳状态。

3. 锻炼适应性与挫折耐受性

公务员要科学确定期望值,在设定工作目标时,要科学可行,并能根据主客观条件的变化,对期望值进行适当调整,避免因目标期望过高或过低而带来挫折。公务员要根据现实条件自觉调节需求,有意识地培养和发展那些高尚的、有益的、合理的需求,摒弃那些不合理的、低级庸俗的需求;要紧跟时代步伐,适应形势的发展,保持自我与外界的和谐,不断增强个人能力以应对压力和挑战,尽力消除那些不愉快的心理刺激和生活事件,理智地接受非个人能力能改变的现实;要正确对待权力和是非得失,淡泊名利,宁静致远,保持乐观主义精神,不断提高对心理冲突和挫折的忍受能力和调适能力。

4. 培养善于交往的性格

公务员要对自己有较充分的了解,对自己的能力、性格、优缺点能做出客观的评价,正确了解自己与他人的关系,自信乐观,确立生活目标,并努力向目标靠近;要保持良好的人际关系,乐于与人交往,用真诚、信任、宽容和理解的态度与人相处,乐交善处,以诚相待,构建和谐的人际关系网络;要客观评价他人,善于运用角色心理换位法考虑问题,以发展的观点看待他人,防止产生认知偏差;要保持开朗乐观、乐群的性格,心胸开阔,容人让人,不嫉贤妒能。

(二) 专业技术人员的心理调适

从事专业技术工作的人,为了避免被快速的技术革新所淘汰,往往工作时间长、工作量大,承受着巨大的工作压力。因此,在工作中要注意以下几点。

1. 学会放松

健康管理应从小处做起。在工作的间歇可以做一些舒展身体的健身操,让精神和身体得到放松。在工作疲劳的时候,可以听一听音乐,看一看电影,让疲劳的精神得到放松。

2. 学会沟通与倾诉

当自己的想法和意见没有被管理层采纳,而自己又在压力中苦不堪言时,不妨找身边的朋友、亲人聊聊天,将心中的郁闷倾诉出来,通过良好的沟通和交流,既可以宣泄情绪,还能得到有用的建议。

3. 增加职业乐趣

专业技术人员工作压力大这是不争的事实,但是既然选择了这一行业,与其天天抱怨,不如快乐地接受它。可以将自己的每一次成就、每一次的技术革新都当成自己成长的一部分,而不是必须完成的任务,这样一来,工作就多了几分乐趣,少了几分压力。

(三) 服务业人员的心理调适

服务行业是指利用设备、工具、场所、信息或专业技能为社会提供服务的行业,范围包括:代理业、旅店业、饮食业、旅游业、医疗卫生业等。从事服务行业的工作人员,在工作中要面对各种各样的客户群,要保持高质量的服务水平,就要做好平时工作的心理调适。

1. 不断修炼自己的耐心

好的服务态度,少不了工作人员的耐心。不管碰到什么人,都要耐心解释,设身处地地体会别人的心情。耐心,是每个服务业工作者必备的心理素质。

要做到耐心,首先要了解自己在什么样的情况下容易失去耐心,这样才能够在自我觉察中进行自我完善。其次,要学会观察别人的情绪变化,当别人展现给自己不良情绪时,自己能明白他的心理,能够设身处地地理解,就能够帮助自己稳定情绪,进而耐心地与他人交流。

2. 建立自我排解的途径

在工作中,如果长年累月的压力得不到有效排解,就容易产生心理问题,出现情绪浮躁、易怒、工作积极性降低等情况。为了预防心理问题的发生,及时进行自我心理保健,服务业从业人员可以根据自己的喜好,选择运动、健身、交友、看书、写作等不同方式,定期进行自我调节,及时梳理自己的心理,从而保证每天都能面带微笑完成工作,这也是服务业工作人员必做的心理保健。

3. 满足自尊的需求

服务行业的从业者始终都要微笑面对每一位客户,以客户的需要为自己的需要,这样就使得个人的自尊受到压抑,无法按自己的性格去处理工作。久而久之产生压抑感是必然的,这就需要在业余生活中想办法释放自我,满足自尊的需求。比如参加朋友聚会,参加各种社交活动,主动张扬自我、表达自我、展示自我,体会自我价值实现的过程,找到自信心,从而舒缓工作的压力。

4. 学习楷模,树立榜样

榜样的力量是巨大的,楷模的启迪是鼓舞人心的。可以寻找一个自己敬佩的人进行学习,激励自己好好工作。人的学习精神可以帮助自己克服工作的困难,克服自己的不良心态和情绪。要选择学习的对象,就要多掌握正面的社会信息,进行自我激励。比如看新闻,看社会表彰的先进人物,多看正面的积极信息,就能够帮助自己也积极乐观起来。

(四) 企业员工的心理调适

现代社会工作节奏越来越快,工作压力越来越大,使企业员工的心理问题也越来越突出。如果员工的心理健康出现问题,不但会影响员工本人的健康,还会导致员工工作积极性下降,工作绩效和工作满意度降低,引起企业间人际关系的紧张,从而导致企业生产能力降低。因此,做好企业员工的心理调适,不论是从员工健康角度还是从企业发展角度来说,都是十分必要的。当你在工作中产生消极情绪时可以通过以下方法进行调适。

1. 词语暗示法

词语暗示法是运用暗示语言或书面语言调适情绪的方法。比如,早上起床时可以暗示自己:"今天我心情很好!""今天我办事一定很顺利!"。通过这些积极的心理暗示,使自己以愉快的心情、饱满的精神状态,去处理各项工作事务。经验表明,在松弛平静、专心致志的情况下进行自我暗示,往往会对情绪的好转有显著作用。

2. 活动释放法

活动释放法是借助其他活动把紧张情绪所积聚起来的能量排遣出来,使紧张的情绪得以放松的一种调适方法。心理学家提倡通过将积聚的不良情绪转移到其他无害活动中来释放压力。例如,当遇到挫折和不顺心的事情时,可以通过打球、跑步甚至大声喊叫的形式,通过身体活动的形式将压力释放出来。

3. 音乐调适法

音乐调适法是借助于情绪色彩鲜明的音乐来控制情绪状态的方法。现代医学证明，音乐能调整神经系统的机能，解除肌肉紧张状态，改善注意力，增强记忆力，消除抑郁、焦虑、紧张等消极情绪。在运用音乐调适法时应尽量选择、轻柔的古典音乐。

4. 幽默调适法

幽默感是一种轻松愉快的生活态度，往往表现为开玩笑的方式，具有明显的降低愤怒和不安情绪的作用。当和陌生人相遇时，彼此都很拘束，这时一句幽默得体的话可以使气氛立即活跃起来。当和其他人意见不一致，人际关系突然紧张时，若有人能通过幽默的语言缓和一下气氛，就可以缓解大家的紧张情绪。幽默是智慧和成熟的象征，学会幽默、乐观地面对生活，才能使自己快乐起来，积极地面对工作。

健康：职业的心脏病指数

哈佛医学院的研究小组对2.2万余名平均年龄为57岁的美国女性进行长达10年的跟踪调查后发现，那些从事精神压力较大的工作的女性，患上心血管病的风险要比从事精神压力较小的女性高出40%。

人们通常认为：工作繁忙但拥有较大掌控力的女性精神压力不像那些深陷职场而又身不由己的女性那么大，但研究结果显示，两者的心血管病风险几乎相同。

长期加班，相对较低的收入，以及经常面对不确定风险因素，如果三者皆备，那么就要提高警惕了。有趣的是，虽然女性显得更为职位的稳定性担忧，但这一点似乎并不影响心脏病和抑郁症的风险水平。

第四节 生活节奏和社会适应

一、生活节奏与健康

当代社会生活节奏越来越快，这种快节奏的生活方式提高了生活的效率，为社会创造出更多的物质财富和精神财富。然而，这种快节奏也会直接影响身体的健康状况，如果不能掌握好快慢有致、张弛有度的生活节奏，则会对身体健康造成损害。因此，在日常生活和工作中为了保持合适的生活节奏，应当注意以下几点。

（一）合理地安排作息时间

严格执行自己制定的作息制度，保证充足的休息时间，使生活、学习、工作都能规律地进行。

（二）放慢一下工作速度

如果你被紧张的工作压得喘不过气来，最好立即把工作放一下，放慢一下，轻松休息一下，这样既能保证你的身体健康，还能提高效率。

（三）面对压力要有心理准备

要充分认识到现代社会的高效率必然带来高竞争性和高挑战性，对于由此产生的某些负面影响要有足够心理准备，免得临时惊慌失措，加重压力。同时心态要保持正常、乐观，不要为逆境心事重重。

（四）注意培养良好的心态

加强心理修养，养成自己进行心理分析的习惯。可以考虑与心理医生交朋友，以便经常得到他们的帮助。

（五）丰富个人业余生活，发展个人爱好

生活情趣往往让人心情舒畅，绘画、书法、下棋、运动、娱乐等能给人增添许多生活乐趣，调节生活节奏，使人从单调紧张的氛围中摆脱出来，走向欢快和轻松。

（六）正确地评价自己

永远保持一颗平常心，不要与自己过不去，切勿把目标定得高不可攀。凡事需量力而行，随时调整目标未必是弱者的表现。

快节奏生活的危害

1. 吃饭快伤胃：胃是人的第二大脑，特别需要舒缓放松。现代人生活节奏过快，压力大，不吃早餐，中饭潦草，晚餐油腻，容易引发胃部不适。

2. 说话快伤肺：讲话很消耗精、气、神，说话过快，会使肺气受到损伤。另外，中医认为肝属木，主疏泄，频繁跳槽更换新的环境对肝伤害很大。

3. 压力大伤血管：长期紧张和劳累过度，会加重心脏负担，再加上吸烟饮酒，吃得过于油腻，都为心血管疾病的发生和病情的恶化埋下隐患，还会造成内分泌功能紊乱。

4. 节奏快伤精神：生活节奏过快，精神长期处于一种亢奋状态，会打乱大脑兴奋、抑制的调节功能，引起失眠、抑郁、恐惧等不良反应，影响心理健康。

二、社会适应与健康

社会适应是健康的重要标准之一，是指个体与他人及社会环境良好互动，具有良好的人际关系和实现社会角色的能力，是个体在与人和社会交往过程中心理承受能力以及心理自我调节能力的综合。社会适应能力良好的个体在交往中有较强的自信心和安全感，能与他人友好相处，心情舒畅，少生烦恼，知道如何结交朋友、维持友谊，知道如何帮助他人和向他人求助，能聆听他人意见、表达自己的思想，能以负责任的态度行事，并在社会中找到适合自己的位置。

良好的社会适应能力,是个体在社会环境中保持健康心理状态从而健康生活的基础条件。而体育运动在提高社会适应能力方面具有独特作用。因为,在体育运动过程中所有人都在一定的规则制约下,展开公平、公正、公开的激烈竞赛,有利于促进人与人之间的和谐交往,协调人际关系,培养良好的社会公德,增强社会责任感和主人翁意识。

第五节 制订个人健康管理方案

一、健康管理的适用人群

个人健康管理是根据个人生活习惯、个人病史、个人健康体检等方面的数据分析个人的健康状况,并根据分析结果采用不同的应对措施。

(一)健康人群

这个群体已认识到健康的重要性,但由于健康知识不足,希望得到科学的、专业的、系统的、个性化的健康教育与指导,并拟通过定期健康评估,保持健康危险处于低风险水平,尽享健康人生。

(二)亚健康人群

有四肢无力、心力交瘁、睡眠不好等症状的人群,自我明白处于亚健康状态但不知道如何改善,强烈要求采取措施提高工作效率和整体健康水平。

什么是亚健康

亚健康是一种临界状态,处于亚健康状态的人,虽然没有明确的疾病,但却出现精神活力和适应能力下降的情况,如果这种状态不能得到及时的纠正,非常容易引起身心疾病。亚健康是指非病也非健康的状态,这是一类次等健康状态,是介乎健康与疾病之间的状态。世界卫生组织将机体无器质性病变,但是有一些功能改变的状态称为"亚健康"状态。

(三)疾病人群

这是在治疗的同时希望积极参与自身健康改善的群体。需要在临床治疗过程中全面改善生活环境,改正不健康行为,从而监控危险因素,降低风险水平,延缓疾病的进程,提高生命质量。

二、健康管理计划的制订步骤

个人健康管理方案的制订应从以下四个方面入手。

第一步,进行健康体检和生活习惯调查。通过健康体检可以发现目前已经出现的健康问题或潜在的健康风险,为健康管理方案的制订提供依据。健康体检也是整个健康管理的起点。除了健康体检还要对生活习惯进行调查,从而为健康问题的影响因素分析提供参考。

第二步,进行健康评估和风险分析。分析一下患各种疾病的风险有多大。导致患某种疾病的因素有哪些,哪些是可控制的,哪些是不可控制的。

第三步,制订健康管理计划。对那些可控制的风险因素可通过饮食调节、增加运动等方式来控制,使其逆转,让健康状况不至于进一步恶化,而是逐步改善。

第四步,按照健康管理计划进行干预。由于健康管理的本质是科普教育、检查监督,而不是强制。因此,干预计划的实施需要被干预者的主动配合和积极行动。可以制作一张健康管理卡,要求被干预者每天按照卡片上的要求完成相应的干预计划。被干预者除了自我监督,还可以通过家人、医生等进行他人监督,通过定时的电话询问以及健康检查,督促其执行健康管理计划。

这四个环节形成一个闭环,只有一圈又一圈周而复始,才能逐步去掉不良的生活习惯,使你的生活质量越来越高。

研究称体形不好影响长期记忆力

据英国《每日邮报》报道,密歇根州立大学的研究人员对75名大学生进行的48 h跟踪研究,结果发现体形越是不好的人越不容易记住信息。

研究结果显示,体形不好的成年人更容易健忘。心理学家说,这项研究结果表明,体形不好的人随着时间的流逝会会丧失更多记忆。

研究还发现,大学生中身材太胖的人记忆力普遍比身材好的学生差很多,而保持好体形的方法是多参加体育锻炼!

思考题

1. 健康管理的主要内容有哪些?
2. 科学饮食与肥胖之间有着怎样的关系?
3. 运动中常见病症的处理方法是什么?
4. 常见职业的心理健康调适方法有哪些?
5. 如何制订适合自己的健康管理计划?

第三章 人体基础知识和基本活动能力

第一节 体育运动与身体各系统

一、运动对神经系统的影响

经常参加体育锻炼有利于神经系统功能的提高。体育锻炼能改善神经系统的调节功能，提高神经系统对人体活动时错综复杂的变化的判断能力，并及时做出协调、准确、迅速的反应。

运动对神经系统的良好影响，主要在于它是一种积极的休息。当经过较长时间的脑力劳动感到疲劳时，参加短时间体育运动，可以转移大脑皮质的兴奋中心，使原来高度兴奋的神经细胞得到良好的休息，同时又补充了氧气和营养物质。而脑组织所需氧气和营养物质的供给又完全依赖于血液循环系统、呼吸系统和消化系统，体育锻炼在很大程度上改善了这些系统的功能，提高了它们的工作效率，从而促进了脑血液循环，改善了脑组织的氧气和营养物质供应，使脑组织的工作效率有了显著提高。

运动对中枢神经的影响

神经系统在机体其他系统的配合下，构成了神经-体液调节系统，它是人体全自动控制系统的中枢，主要负责维持人体的稳定状态。经常参加体育运动，可以使这一系统得到锻炼和加强，使中枢神经系统对兴奋和抑制的调节能力更强，从而进一步活跃全身各个系统和器官的功能，使它们的活动更加协调，对外界刺激的反应更迅速、灵敏，以适应外界环境的变化并增强抵抗各种疾病的能力。

二、运动对呼吸系统的影响

首先，运动可以使肺活量增加。经常参加体育锻炼，特别是做一些扩胸运动，可以增强呼吸肌的力量,使胸廓增大,有利于肺组织的生长发育。另外,在锻炼时经常会做深呼吸运动,也可以促进肺活量的增长。

其次,运动可以使肺通气量增加。体育锻炼可以加强呼吸力量,使呼吸深度增加,进而有效地增加了肺的通气效率。体育锻炼时,如果呼吸频率太快,会使气体往返于呼吸道,反而减少了进入肺部的气体量。因此,保持合适的呼吸频率,可以增大运动时的肺通气量。

最后,运动可以提高机体利用的氧气能力。体育锻炼不仅可以提高肺的通气量,还可以提高机体利用氧的能力。一般人在进行体育活动时只能利用最大摄氧量的60%左右,而经过体育锻炼可以使氧气的利用能力提高,在体育活动时,为机体提供充足的氧气供应,避免因机体缺氧导致的运动能力下降。

三、运动对心血管系统的影响

适当的运动能够使心血管系统更加健康。有规律的运动锻炼,可以减慢安静时和锻炼时的心率,减小心脏的工作负担,同时保持了冠状动脉血流畅通,可更好地给心肌供给所需要的营养,降低心脏病的发病风险。

经常参加体育锻炼可使心肌细胞内的蛋白质合成增加,心肌纤维增粗,使得心肌收缩力量增加,这样可使心脏在每次收缩时将更多的血液射入血管,心脏的每搏输出量增加,心室容量增大。

运动对血管的影响

1. 体育锻炼可以增加血管壁的弹性,这对人健康的远期效果来说是十分有益的,人随着年龄的增加,血管壁的弹性逐渐下降,进而诱发高血压等疾病,通过体育锻炼,可增加血管壁的弹性,可以预防或缓解高血压症状。

2. 体育锻炼可以促使大量毛细血管开放,加快血液与组织液的交换,从而加快新陈代谢的水平,增强机体能量物质的供应和代谢物质排出的能力。

3. 体育锻炼还可以显著降低血脂含量、改变血脂质量,有效地防治冠心病、高血压和动脉粥样硬化等疾病。

四、运动对人体运动系统的影响

人体的运动系统由骨骼、关节和肌肉构成。通过合适的体育锻炼,可以促进骨骼的发育。长期从事体育锻炼,能够改善骨骼的血液循环,加强骨细胞的新陈代谢,使骨径增粗,骨质增厚,骨质的排列规则、整齐,并对骨形态结构有良好的影响,表现在骨骼的抗折、抗弯、抗压缩等方面的能力有较大提高。

经常运动可以使关节更加稳定、灵活。体育锻炼中的许多动作都需要关节具有很大的活动幅度才能完成。经常参加体育锻炼可以加强关节周围肌肉的力量以及提高关节周围韧带、肌肉的伸展性能,从而扩大关节运动的幅度,提高关节的灵活性,也同时加强了关节的稳定性。

经常运动可以使肌肉更加发达。体育锻炼可使肌纤维变粗，体积增大，弹性增加，肌肉活动的能力和耐力相应提高。运动时，肌肉血流量大增，使肌肉血液供应良好，新陈代谢旺盛。另外，在运动过程中，机体内产生一系列的生化反应，肌肉中的水分减少，蛋白质以及肌糖原等物质增多，这就使肌肉能得到更多、更充分的营养物质的供应，从而使肌纤维变粗，肌肉体积增大，肌肉力量增强。

第二节　体育运动与能量代谢

一、人体运动时的能量来源

人体运动时肌肉活动的直接能源来自三磷酸腺苷（ATP），而最终能源是糖、脂肪还有部分蛋白质。运动时的能量来源有三个基本途径，即磷酸原系统、乳酸系统和有氧供能系统。

（一）磷酸原系统

短时间、大强度的运动项目需要瞬间快速的能量供应。如 100 m 冲刺跑、举重、跳远、短距离游泳等项目，这些运动过程中的能量来源主要依赖于磷酸原供能系统。由于肌肉细胞中磷酸原储量很少，维持最大功率运动的时间不足 10 s（如在 100 m 冲刺跑的后程已不能维持最大跑速），因此肌肉中高能磷酸化合物的储量会直接影响短时间、爆发性运动项目的运动能力。

（二）乳酸系统

在 ATP 再合成的过程中，肌糖原可以通过无氧酵解的方式生成乳酸，再生成 ATP。通俗地讲，乳酸生成方式是"应急之需"，它可以在氧气不足的情况下满足 ATP 快速的再合成。乳酸系统（也称糖酵解系统）是 400 m 跑和 100 m 游泳运动中 ATP 合成的最主要途径。在 60～180 s 的运动后，伴随高功率输出而产生的高乳酸水平是该供能系统的重要特征。

（三）有氧供能系统

磷酸原供能系统和糖酵解供能系统提供能量的速度非常快，而且不需要氧气参与。但是，以这两种供能方式合成的 ATP 数量非常有限。在长时间运动中，骨骼肌必须依赖有氧供能系统提供能量。有氧供能系统的原料主要是糖、脂肪和蛋白质，其代谢场所主要是细胞的线粒体，通过生物氧化过程提供能量。对于长时间中小强度的运动，由于脂肪动员较慢，运动前期主要靠糖氧化供能，运动后期随着糖的消耗程度增加而逐渐过渡到以脂肪氧化供能为主。

如何评价营养状况

1. 身高标准体重法

以同等身高营养状况良好者的体重为标准,以标准体重的 90%～110% 为正常,低于标准体重 90% 为营养不良,超过标准体重 10% 为超重,超过 12% 为肥胖。

2. 体质指数法

体质指数法又称 BMI(body mass index,简称 BMI)指数法,计算方法为:体质指数＝体重(千克)/身高^2(米^2),指数小于 18.5 为过轻,18.5～24 为正常,24～28 为超重,28 以上为肥胖。

二、运动中的能量消耗

不同运动项目需要的能量随运动强度和运动类型而不同,不同运动项目的能耗也不同。像射箭、保龄球之类的运动,能量消耗比休息时略多。而像短跑之类的运动,需要的能量极多,且其能量只能维持运动几秒钟,再加上运动强度等因素,这些运动的能耗大小必须考虑到运动的持续时间。比如,当以 25 km/h 的速度跑时,能量消耗约为 121.2 kJ/min,但这个速度只能持续很短时间,而当以 11 km/h 的速度慢跑时,能量消耗约为 60.6 kJ/min。

表 3－1 显示了成年男女在不同运动项目中的平均能耗。大多数运动涉及移动身体,所以这些数字会随着个体差异和个人技术水平而不同。随着个人运动技能的提高,在运动中完成同样运动负荷时的能耗会减少,能量利用效率提高。

表 3－1　不同运动项目中的能量消耗

项目	耗能量/(kJ/min) 男性	耗能量/(kJ/min) 女性	单位体重耗能量/(kJ/kg·min^{-1})
篮球	35.9	28.4	0.515
自行车(7 mi①/h)	20.9	16.3	0.071
自行车(10 mi/h)	31.3	24.7	0.109
手球	46.0	35.9	0.159
走路(3.5 mi/h)	20.9	16.3	0.071
跑步(7.5 mi/h)	58.5	46.0	0.837
跑步(10 mi/h)	76.1	59.8	0.201

---

① mi,英суcheng号,1 英里＝1 609.344 米。

续　表

项　目	耗能量/(kJ/min)		单位体重耗能量/(kJ/kg·min^{-1})
	男性	女性	
静坐	7.1	5.4	0.025
睡觉	5.0	3.8	0.017
站立	7.5	5.9	0.025
蛙泳(3 mi/h)	83.6	65.6	0.285
网球	29.7	23.0	0.100

（引自田野.运动生理学高级教程.北京：高等教育出版社，2003）

第三节　核心区训练法

核心区训练法是一个颠覆常人体育锻炼观念的革命式的训练（锻炼）方法。长期以来，人们都认为运动就是四肢的运动。不论是平时的体育活动，还是竞技比赛，四肢力量都是决定胜负的最重要因素，因而人们常常忽视对人体核心区的训练。

核心区训练最初是为专业运动员提高竞技水平而设计的训练方法。后来人们越来越发现，这种训练方法和训练效果适合于所有人群，且无性别要求。核心区训练的目的不是让身体看起来更有形（虽然训练也能达到这个效果），而是使身体功能更强大、更有力、更精准、更快速、更健康。

一、核心区和核心区训练

人体核心区是指人体的躯干部分。核心区训练是围绕着增强人体躯干部位力量、速度、灵活性而所采取的训练措施。

二、核心区训练的内容

核心区训练包括以下 7 个训练模块。

（1）准备活动：是取代传统牵拉的一种积极的热身方法。

（2）防御训练：以保护机体不受伤害而采用的一种非常积极主动、预防损伤的练习方法。

（3）瑞士球训练：增加髋、躯干和肩部力量及稳定性的练习方法。

（4）弹性训练：一种增加弹性力量的练习方法。

（5）力量训练：一种以爆发力、稳定性和灵活性训练为基础的阻力练习方法。

（6）快速力量训练：可以在短时间内快速积聚力量的练习方法。

（7）恢复训练：低强度、快速恢复的练习方法。

三、几种徒手训练方法

（一）髋部扭转

（1）训练目标：通过分离双髋和双肩的动作，建立躯干的灵活性，增强躯干力量。

（2）动作方法：仰卧，双臂置于体侧。双腿弯曲，膝盖向右侧旋转，碰到地面后，再向左侧旋转。如加大难度可直腿做同样的练习（图3-3-1）。

（3）动作要点：收腹，保持肩部、躯干不离开地面。

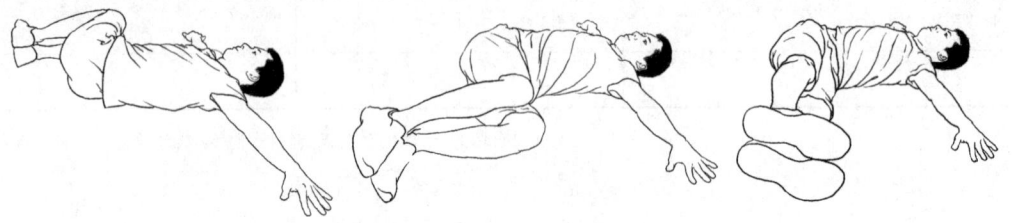

图3-3-1　髋部扭转

（二）燕式平衡

（1）训练目标：增加大腿后群肌肉的柔韧性及平衡能力，并增加核心区域的动态稳定性。

（2）动作方法：两臂侧平举，体前屈；以右腿为支撑腿，左侧臀肌收缩，左腿向后向上抬起，使整个身体形成一条直线，停留一段时间后换另一条腿练习（图3-3-2）。

（3）动作要点：身体和左腿尽量保持在一条直线上。

图3-3-2　燕式平衡

（三）侧弓步

（1）训练目标：拉伸腹部和髋部肌群，提高核心区力量。

（2）动作方法：站立，上体保持正直；左脚贴近地面，慢慢向左跨出一大步，脚尖向前；右腿弯曲，随着左腿跨出的幅度增大而加大下蹲的幅度，保持一段时间（图3-3-3）。两腿交换训练。

图3-3-3 侧弓步

(3) 动作要点：根据自己腿部力量选择跨出腿的幅度。

(四) 臀桥

(1) 训练目标：拉伸臀部肌群，增加臀部肌群力量。

(2) 动作方法：仰卧，屈膝90°并拢，双脚支撑地面；臀部向上顶起成屈腿斜卧，根据个人情况保持一定时间。还可做屈膝单腿起、直腿单腿起和弓腿单腿上起等动作（图3-3-4）。

(3) 动作要点：臀部收缩，身体保持平直。

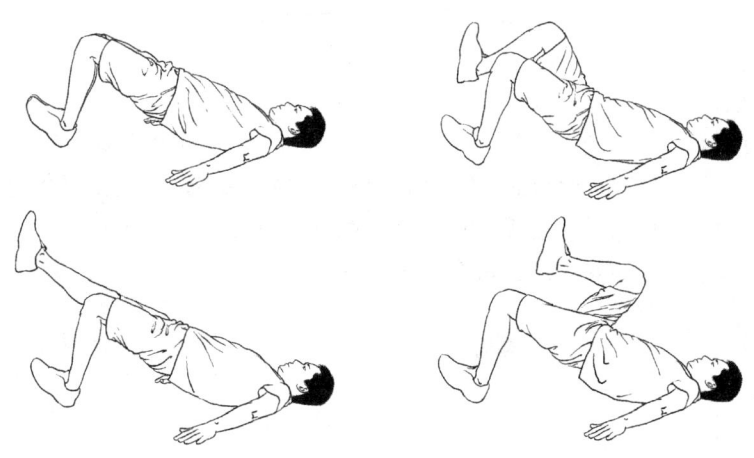

图3-3-4 臀桥

(五) 侧卧内收与外展

(1) 训练目标：拉伸并稳固髋部肌群。

(2) 动作方法：右侧卧，头枕在手臂上，双腿伸直。脚尖指向前方。控制左侧腿抬至最高点，然后再控制左腿还原。也可以改为屈腿做。两腿交换（图3-3-5）。

(3) 动作要点：用臀部和大腿的力量控制腿的运动速度。

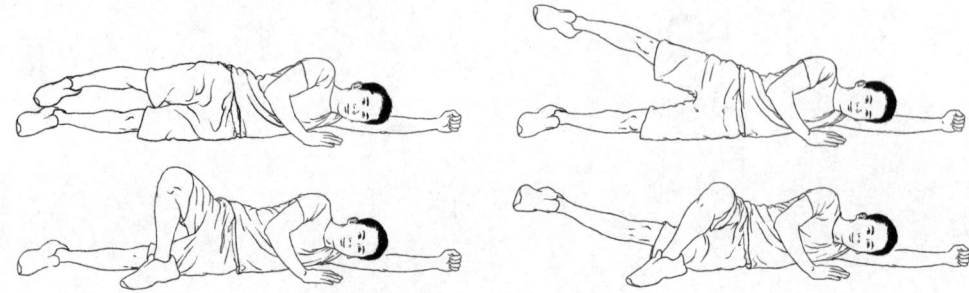

图 3-3-5 侧卧内收与外展

(六) 四点支撑外旋
(1) 训练目标：增强脊柱周围的力量和髋关节的灵活性、稳定性及力量。
(2) 动作方法：收腹，四点支撑。左膝支撑，右膝向胸部方向抬起后，沿髋关节外展，旋转一圈后，回到起点（图 3-3-6）。两腿交换，重复练习。
(3) 动作要点：练习时要保证髋关节的稳定性。

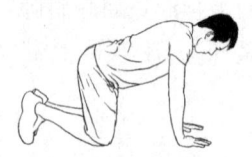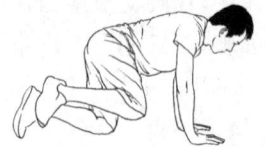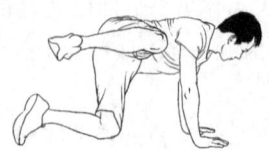

图 3-3-6 四点支撑外旋

(七) 平板撑
(1) 训练目标：增加支柱（肩关节、核心区、髋关节）稳定性和力量。
(2) 动作方法：俯卧，前臂曲置于地面，成屈曲 90°。抬起头，使全身保持在一个平面上（图 3-3-7）。还可以做单足撑、单手撑、一侧两点撑等。
(3) 动作要点：身体要注意保持在一个平面上。

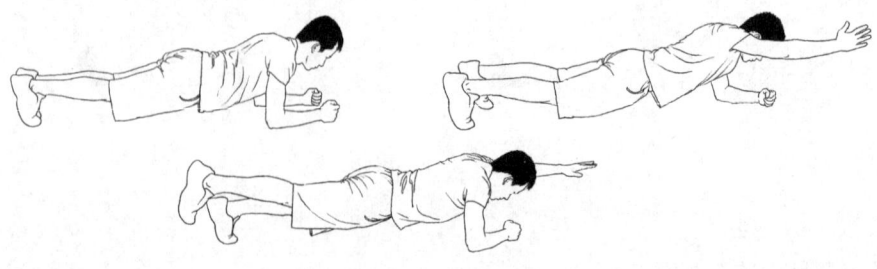

图 3-3-7 平板撑

(八) 侧桥
(1) 训练目标：增加肩关节、核心区、髋关节的稳定性和力量。
(2) 动作方法：侧卧，前臂撑在地面上，身体在一条直线上；髋关节发力向上顶髋，使髋关节离开地面,让全身保持成一条直线。在保证原姿势不变的情况下,也可做上腿向上抬起,也可做下腿屈膝抬起等动作(图3-3-8)。

(3)动作要点:挺髋,动作时保持动作的稳定性。

图3-3-8 侧桥

第四节 走、跑、跳、投

一、生活中的走、跑、跳、投练习

(一)健身走

1. 快速走

练习方法:快速走时,两眼平视前方,上体立直,挺腰收腹,两肩放松,大步前进,双臂自然摆动。步速控制在120～140步/min,每次锻炼时间至少在20 min。

健身效果:快速走可以消耗人体较多热量,从而减轻体重,降低血脂。同时还可以提高心肺功能。

2. 倒退走

练习方法:倒退走时膝关节略微弯曲,两臂微曲于体侧前后摆动。步速控制在70步/min左右,步行速度不宜过快,以免造成腰背部肌肉过度紧张和疲劳。

健身效果:倒退走可以增强腰背部肌肉力量,平衡身体的用力部位,提高人体的协调性,并促进血液循环。

3. 健身走与职业健康

以脑力劳动为主的从业人员,如银行从业者、出纳、公务员、文秘,由于每天静坐办公时间比较长,往往缺乏运动,容易出现体力下降、体重增加、心血管疾病发病率升高等健康问题。健身走作为一种简便易行的锻炼方式,可以充分利用有限的时间和空间进行锻炼,提高从业者的健康水平。而导游、餐饮服务员、空乘等,经常要长时间地站立和行走,因此在高职学习阶段就进行健身走的锻炼,可以为以后的职业发展打下良好的身体基础。

（二）健身跑

1. 慢速跑

练习方法：慢速跑时，身体正直、稍前倾，双眼平视，两肩放松，两手半握拳，前臂弯曲，前后摆动。跑步时，步幅小，弹性好，有节奏，上下肢协调配合。练习时，全身达到发热程度，心率达到85次/min以上，每周练习4~5次，每次20~25 min。

健身效果：长距离的慢跑既可以有效发展有氧代谢能力、耐力，提高人的抗疲劳能力，改善呼吸系统和心血管系统的功能，还可以促进骨骼的生长发育，保持良好身材。

2. 变速跑

练习方法：慢速跑与冲刺跑交替进行，冲刺跑时步幅增大，步频加快，摆臂幅度加大，脚前掌着地，步伐轻快有弹性。根据自身能力的不同可选择100 m快跑加100 m慢跑、100 m快跑加200 m慢跑、200 m快跑加200 m慢跑等不同的组合方式。

健身效果：在发展有氧耐力的同时还可以有效发展无氧代谢能力、速度、力量、反应等身体素质，改善神经系统功能。

3. 健身跑与职业健康

经常进行健身跑的锻炼可以有效发展人体的快速移动能力，提高速度、耐力、灵敏等身体素质，并增强心肺功能。同时，还可以培养练习者坚忍不拔、吃苦耐劳的意志品质。对于那些需要长时间身体活动和充沛体能的工作（如保安、环卫、勘探）来说，健身跑锻炼可以为从业者奠定良好的体能基础。而对于那些需要长时间坐着的工作（如驾驶、设计）来说，健身跑也可以为从业者提供有效的身体锻炼，降低肥胖、心血管疾病的发病率。

过犹不及的长跑

研究表明，选择长跑作为唯一的锻炼方法并不是最佳的。

近年来风靡全球的跑步热，让许多人把完成马拉松列入自己的健身计划。然而一项针对3 800余名平均每周跑20英里（约32 km）以上的中年跑步者的最新调查显示，如果每周跑步时间超过2.5 h，跑步者的寿命反而会因此缩短，与不从事任何运动的人的死亡率持平。

高强度的跑步训练会抵消跑步在控制体重、降血压和胆固醇等方面的益处，给心脏带来额外的负担。因此，体育锻炼是要因人而异的，选择更适合自己的锻炼方式，科学地实施体育锻炼才是确保健康的必由之路。

（三）健身跳

1. 原地纵跳

练习方法：原地站好，屈膝摆臂向上跳起，第一次腾空时双腿并拢伸直；第二次腾空时双腿并拢大腿收到胸前；第三次腾空时双腿和手臂做后摆展体动作。三个动作为一组，可根据个人能力进行不同组数的练习。

健身效果：通过不同形式的原地纵跳组合练习，可以发展腿部及腰腹部肌肉力量，提高弹跳能力。

2. 立卧撑跳

练习方法：从俯撑姿势开始，两腿屈膝收至腹下，两腿并拢成蹲撑，随后尽力向上跳起，待双脚落地后还原成俯撑姿势，根据个人能力可多次重复。

健身效果：立卧撑跳可以发展腰腹肌肉力量和下肢的弹跳能力，同时由于其动作简单，运动强度大，健体效果好，故很适用于青少年的减肥训练。

3. 健身跳与职业健康

经常进行健身跳的锻炼可以提高下肢的肌肉力量和弹性，增强骨骼抗压缩、抗拉伸和抗扭转的能力。同时，还可以提高练习者的身体姿态控制能力。对于从事驾驶、高空作业、搬运等职业的人员来说，健身跳可以培养他们的身体空间位置感以及自信、果断的意志品质。而对于那些主要从事脑力劳动的人员来说，健身跳也是一项锻炼下肢力量、增强骨骼强度的有效练习方式。

（四）健身投

1. 沙包掷准

练习方法：在场地上画一条投掷线，距线前 10 m 处并排放 5 个玻璃瓶，间隔 2 m。练习者手持沙包站在投掷线后，尝试用沙包将前面的瓶子击倒，争取在有限的次数内击倒尽可能多的瓶子。可以多个人一起进行比赛。

健身效果：沙包掷准可以发展练习者的上肢力量、上下肢协调运动的能力，提高视觉判断的准确性、发力的准确性。

2. 原地正面双手头上抛球

练习方法：两脚前后站立，双手握持实心球于头上方，后腿弯曲，躯干后仰，随后后腿快速蹬伸，躯干前摆，带动手臂用力将球向前上方抛出。

健身效果：该练习可以发展腰腹和上肢肌肉力量，提高肌肉爆发力和上下肢协调用力的能力。

3. 健身投与职业健康

经常进行投掷项目的锻炼，可以有效提高练习者的上肢肌肉力量和肌肉收缩速度，并能有效增强握力，提高用力的精确度，从而使练习者可以较为轻松顺利地完成日常生活中的拉、拿、抬、搬、拧等动作。同时，健身投还能够提高练习者的自制能力、专注能力、自我调节能力和抗干扰能力，为从事机械维修、厨师烹饪、汽车制造、电路维修、建筑、焊接等职业打下良好的身体和心理素质基础。

生命活动的能量来源与身体活动

人体不能直接利用太阳的光能，也不能直接利用外部供给的电能、机械能等，唯一能够直接利用的就是食物中蕴藏的化学能，这些能量物质主要包括糖、脂肪和蛋白质。其他能量物质如维生素、矿物质、水则主要在调节能源物质代谢的化学反应中发挥重要的介导作用。

依体力活动的项目不同,参与活动的肌群以及运动对各器官机能的影响存在显著差异,因而不同运动项目都具备不同的能量代谢特点。就田径项目而言,一般随运动距离的延长,有氧代谢供应的能量在总体能量供应中的比率逐渐增多,能量消耗的总量也增多。减少体重和长期有规律地进行体力活动是糖尿病人(特别是Ⅱ型糖尿病人)的有效治疗手段。

二、发展专项能力

(一)如何跑得更快、更久

1. 短距离跑

目前在国际比赛中比较常见的短距离跑项目有 100 m、200 m、400 m、4×100 m 和 4×400 m。按其技术环节进行划分主要包括起跑、加速跑、途中跑、弯道跑和终点跑五个部分。想要提高跑速,一方面可以通过小步跑、高抬腿跑等练习提高步频。另一方面可以通过压腿、摆腿等柔韧性练习增加步幅。现男子 100 m 世界纪录保持者博尔特跑完 100 m 只需 9.58 s(柏林田径世界锦标赛,2009),全程只需 42 步左右,是目前地球上跑得最快的人。

2. 中(长)距离跑

目前在国际比赛中比较常见的中(长)距离跑项目有 800 m、1 500 m、5 000 m、10 000 m 等。按其技术环节进行划分主要包括起跑加速、途中跑和终点跑三个阶段。

在跑动过程中,上体正直或稍前倾,后蹬腿蹬伸充分,摆动腿高度比短距离跑低。身体重心平稳,肌肉放松,动作协调,节奏性好。同时还应保持一定的呼吸频率和深度,一般 2～3 步一呼气,2～3 步一吸气。

3. 跨栏跑

110 米栏作为奥运会的正式比赛项目,是诸多跨栏跑项目中最具代表性的项目。全程技术可分为过第一栏技术、跨栏步技术、栏间跑技术和终点跑技术。我国著名跨栏运动员刘翔曾夺得 2004 年雅典奥运会冠军,成为第一位在奥运会田径项目上获得金牌的中国男运动员,并于 2006 年的洛桑田径超级大奖赛上打破了沉睡 13 年之久的世界纪录。目前男子 110 米栏的世界纪录由美国运动员梅里特保持,成绩为 12.80 s。

中长跑时出现"极点"怎么办

所谓"极点"是指在中长距离跑时,由于氧气供应落后于肌肉活动的需要,从而出现胸闷、四肢无力、呼吸困难、难以继续跑下去的现象。当出现"极点"时,应坚持下去,不要停止运动,必要时可适当降低运动强度,注意控制呼吸频率和增进呼吸深度,延缓呼气,将有助于消除"极点"现象或缩短它的持续时间。克服"极点"的过程也是培养顽强意志品质的过程。

(二）如何跳得更高、更远

1. 跳高

跳高是一项不借助器械挑战人类跳跃高度极限的运动,男子跳高在第1届奥运会中就被列为正式比赛项目。跳高运动在我国有着辉煌的历史,1957年郑凤荣采用剪式技术以 1.77 m 打破了女子跳高世界纪录。1983 到 1984 年,朱建华采用背越式技术 3 次打破男子跳高世界纪录,最好成绩为 2.39 m。目前男子室外跳高世界纪录是由古巴跳高名将索托马约尔保持的 2.45 m。完整的背越式跳高技术见图 3-4-1,可分为助跑、起跳、过杆、落地四个阶段。背越式跳高采用先直线后弧线的助跑路线,一般为 8～12 步或 9～13 步。

图 3-4-1 背越式跳高技术

2. 跳远

跳远是一项人类不借助器械挑战跳跃远度极限的运动。目前男子跳远世界纪录是由美国运动员鲍威尔保持的 8.95 m。完整的挺身式跳远技术见图 3-4-2,可分为助跑、起跳、腾空、落地四个阶段。

图 3-4-2 挺身式跳远技术

优秀男子跳远运动员的助跑距离一般为 35～45 m,跑 18～24 步;女子一般为 30～40 m,跑 16～22 步。而作为学生,一般可选择 15～20 m 的助跑距离,跑 10～12 步。助跑时要注意保持高速度,同时还要保持较为稳定的助跑节奏和步幅,以便准确踏板。

（三）如何投得更远、更准

铅球项目要求运动员将力量与技术完美结合，准备动作时的蓄势待发，出手瞬间的力拔山河，都给人以力与美的震撼。目前男子铅球的世界纪录为美国运动员克鲁瑟保持的23.37 m，女子铅球的世界纪录为苏联运动员莉索弗斯卡娅保持的22.63 m。完整的背向滑步推铅球技术见图3-4-3，可分为预摆、滑步、最后用力和保持平衡四个阶段。

图3-4-3 背向滑步推铅球技术

科技前沿

超越器械

超越器械是指在投掷运动中，器械未出手时，身体赶超于器械之前。这一动作可以使肌肉得到预先的拉伸，从而在接下来的收缩过程中产生更大的力量。同时，还能增加力作用于器械的工作距离，为最后用力并提高成绩创造有利条件。

思考题

1. 坚持体育锻炼会对人体的运动系统产生怎样的影响？
2. 运动时人体能量的供应途径有哪些？它们各自的特点是什么？
3. 生活中都有哪些走、跑、跳、投的练习形式？它们的健身效果如何？

第四章 健美操、健身健美、体育舞蹈

第一节 健美操

一、健美操的锻炼价值

健美操是一项以有氧运动为基础,以健、力、美为特征,融体操、舞蹈、音乐为一体的身体练习。它既是一项竞技运动项目,又是一种强身健体、陶冶情操的大众健身方式。健美操锻炼对人的身心健康、形体健美、身体素质提高等都具有良好的促进作用。

经常参加健美操锻炼可以使呼吸肌变得有力,心肌收缩力增强,安静时呼吸加深,运动时吸氧量增大,提高机体有氧代谢能力。另外,健美操锻炼还会对肌肉、骨骼、关节、韧带产生良好的刺激,经常练习可以使肌肉力量增强,韧带弹性提高,关节更为灵活。同时,健美操锻炼还能提高神经系统的调节功能,训练人的动作记忆能力,发展人体的协调性和灵敏性。

健美操是以塑造健美体型为重要目的而编排的体操,其动作姿态健美,频率快、强度大,跳跃动作较多,讲究动作的力度和幅度。因此,练习时能消耗体内较多的热量,有利于体内多余脂肪的消除,也可以发展某些部位的肌肉,使身材更加健美。此外,通过健美操练习还能纠正不良的身体姿势,塑造挺拔大方的身体姿态,使练习者的举止风度和精神面貌产生良好的变化。

健美操的音乐动感、欢快,动作奔放、充满活力。经常进行健美操练习,可以宣泄练习者的生活压力,缓解紧张、郁闷的不良情绪,让人保持轻松愉快的精神状态。同时,还可以使人的心灵和性情得到陶冶和改善,使人的身心得到全面发展。从而更好地适应生活、工作中遇到的各种困难,增强社会适应能力。

 科技前沿

健美操对踝关节力量的影响

健美操锻炼可以有效提高踝关节力量,这是因为丰富多彩、富有弹性的跳跃动作是健美操的特色之一。大众健美操包含多种跳步动作(如后踢腿跑跳、开合跳、交

换跳、踢腿跳),经常从事健美操锻炼可以使肌肉力量增强、体积增大、弹性提高,使韧带、肌腱等结缔组织富有弹性,并能提高关节的力量和灵活性。

二、健美操的基本练习方法

(一) 基本手形

(1) 五指并拢式:五指伸直并并拢。
(2) 五指分开式:五指用力伸直张开。
(3) 西班牙舞手势:五指用力,小指、无名指、中指自掌指关节处依次屈,拇指稍内扣。
(4) 芭蕾手势:后三指并拢,稍内收,拇指内扣。
(5) 拳式:五指弯曲紧握,大拇指压在食指弯曲部位。

(二) 基本步伐

(1) "一"字步:两脚前后并步。
(2) 漫步:两脚随着身体重心的移动有弹性地前后移动。
(3) "V"字步:两脚分离成半蹲并依次还原。
(4) 交叉步:一只脚向另一只脚前或后交叉行进。
(5) 屈腿:随着重心的移动两腿依次向后做有弹性的屈伸。
(6) 并步:随着重心的移动两腿依次屈膝并步。
(7) 开合跳:并腿跳至开立,合腿跳至并立。
(8) 弹踢腿跳:双脚起跳,两腿依次后撩、前踢。
(9) 吸腿:一腿屈膝抬起,另一腿屈膝弹动缓冲。
(10) 迈步移重心:两腿屈膝移重心并依次点地。

(三) 基本套路及要求

2009年,国家体育总局体操运动管理中心制定了第三套《全国健美操大众锻炼标准》,其《规定动作》是开展较为广泛的健美操锻炼动作。《规定动作》一共包括六套不同等级的健美操套路练习,适合不同水平的练习者进行学习。其中,一级为入门级别,面向健美操初学者。二级、三级为初级,面向有意参加健美操锻炼者。四级、五级为中级,面向健美操爱好者。六级为高级,面向有意于健美操深造及准备进入竞技健美操训练者。

1. 一级练习要求

(1) 学习以步伐为主的最基本动作,步伐以单一、原地动作为主。
(2) 进行低强度的有氧训练。
(3) 素质训练以辅助支撑的俯卧撑、低强度的仰卧起坐和低负重的力量练习为主。
(4) 学习和了解健美操的常识。

2．二级、三级练习要求

(1) 掌握基本动作。

(2) 学习健美操典型动作。

(3) 以下肢单动作配合上肢简单动作为主。

(4) 保持中低强度有氧训练。

(5) 素质训练以上肢、腰、腹、臀部的力量和弓步及各部位拉伸练习为主。

3．四级、五级练习要求

(1) 掌握健美操典型动作。

(2) 学习健美操复合动作及简单的步伐变换技术及跳跃技术。

(3) 提高身体的协调性。

(4) 提高运动负荷,保持中等强度的有氧训练。

(5) 素质训练以塑造形体为主,增加柔韧性练习。

4．六级练习要求

(1) 掌握复合动作的变化规律,巩固已掌握的步伐变换技术及跳跃技术。

(2) 提高动作的表现力。

(3) 加大运动负荷,以中等强度的有氧训练为主,达到减脂的目的。

(4) 提高肌肉力量,并进一步塑造其形态,加大动作的空间位移,展现良好的协调性。

(四) 音乐选择

音乐是健美操运动的灵魂。健美操动作只有与音乐的内在形象达到高度统一时才能完美、准确地表现出动作的刚劲、连接的巧妙、起伏的柔美,以及动作套路的艺术性和创造性。在进行健美操音乐的选择时要注意以下几个方面。

1．音乐风格要与动作风格一致

健美操的特点和风格是通过与同风格音乐的配合表现出来的,因此音乐的旋律和风格与动作的性质、节奏、风格以及练习者的情绪必须融为一体。例如,一套节奏轻快、刚劲有力的健美操应选择节奏比较强烈、狂放直率的音乐;而一套节奏稍慢、动作优美、以舞蹈为主基调的健美操应选择优美动听、速度适中的音乐;技巧变化较多、难度较大的健美操应选择节奏分明、速度稍慢的音乐。

2．音乐节奏与动作节奏相协调

健美操节奏的编排要以音乐的节奏为依据,并使两者有机地结合起来,进而突出健美操运动所独有的动感风格,也能更好地体现健美操项目的节奏美这一美学特征。音乐节奏的快慢直接影响运动员动作速度的快与慢。音乐的节奏过快会使练习者难以在规定的音乐节拍中高质量地完成动作,从而破坏了动作节奏与音乐节奏的协调性。而采用慢节奏音乐,会使练习者的动作没有力度、拖泥带水、毫无激情、缺乏感染力,达不到练习效果。因此,在音乐节奏的编排中,可以利用慢节奏音乐作为动作的开始与结束,再使之更好地衬托出快节奏音乐的速度与力度。只有这样才能使音乐的节奏与动作节奏相得益彰。

3. 音乐选择与个人爱好相结合

健美操音乐要符合练习者的特点和音乐感悟。每位练习者的身体条件、性格、表现力以及音乐的天赋各不相同,因此在音乐的选择上也要有所区别。应以充分发挥个人特长为原则,选择适合个人特点、富有表现力的音乐。例如,个性开朗、体态健美、富有表现力的练习者可以选择节奏比较快,并富有感情色彩的乐曲。此外,健美操音乐还要符合练习者的音乐欣赏水平。应根据练习者的实际情况,在不影响动作质量的前提下,先选一些他们熟悉的、节奏旋律比较规整单一的音乐。随着练习者对音乐理解的加深,乐曲的难度可以不断提高,相应地增加一些不同节拍、旋律和内容的复杂音乐。

健美操初学者如何选择音乐

健身健美操的速度一般在16～22拍/10 s,竞技健美操在26～30拍/10 s,所以音乐的节奏可以控制练习速度。初学者所选择的音乐速度不宜过快,音乐长度也要适中,保持在5 min左右,如需要加长练习时间,可以将音乐重复播放。练习时动作要与音乐合拍,保证节奏、速度、长度、重拍与情感的一致性。

第二节 健身健美

一、健身健美的锻炼价值

健美练习中使用各种哑铃、杠铃进行负重练习,不同的练习方法,会对身体不同部分的肌肉产生强烈的刺激,从而使肌纤维增粗、肌肉生理横断面增大,使肌肉更加丰满、发达。健美锻炼还可以使心肌增强,心血管弹性提高,心搏更加有力;能提高消化系统机能,使消化和吸收能力提高,增强食欲。

适当的力量训练可以促进人体的生长发育,使骨骼增粗、强度增大,还可以使肌肉更发达,进而使人的体型更加匀称、协调、平衡,线条更加优美,塑造体态美和气质美。

健美运动贵在坚持,想要使肌肉得到充分的锻炼,往往需要在最疲劳的时候仍坚持完成练习。长时间进行健美运动,能够提高中枢神经的机能水平,提高神经系统对肌肉的募集能力和肌肉的收缩强度。通过不断地挑战身体承重极限,健美运动能培养练习者顽强勇敢的意志品质。

二、健身健美锻炼方法

(一) 胸部肌肉练习方法

1. 卧推(图4-2-1)

平躺在卧推架上,双手略比肩宽,握住杠铃,然后用力将杠铃自胸部向上推起,直至手臂伸直,然后重复练习。练习时注意慢下快起。上推时,用胸肌发力,头、背不得离开架子。

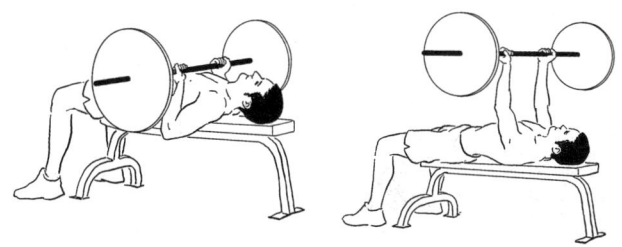

图 4-2-1　卧推

2. 仰卧飞鸟（图 4-2-2）

两手握哑铃置于胸前（手心相对），仰卧于凳上，然后两臂向上伸直与身体垂直，肘微屈，两臂经体侧向上斜举，反复做"飞鸟"状。

图 4-2-2　仰卧飞鸟

3. 俯卧撑（图 4-2-3）

两臂伸直，两手撑地，手指向前，两手撑距与肩同宽，双腿并拢伸直脚趾支地，身体伸直，臀部、腰部不能弓起、下塌。然后两臂同时弯曲，身体下降至接近地面并与地面平行，两臂用力撑起身体至充分伸直，稍停，重复进行练习。

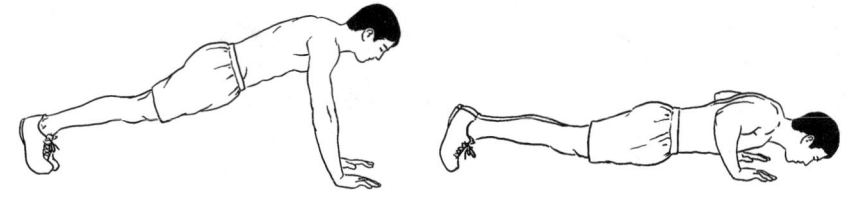

图 4-2-3　俯卧撑

（二）腹部肌肉练习方法

1. 仰卧起坐（图 4-2-4）

仰卧在垫上，两手胸前交叉，下肢固定，两膝稍屈，然后慢慢后倒，当背部快接触垫子时，立即收腹起坐，再慢慢下落，重复练习。练习时可根据能力水平，选择在平地或者斜面上进行练习。

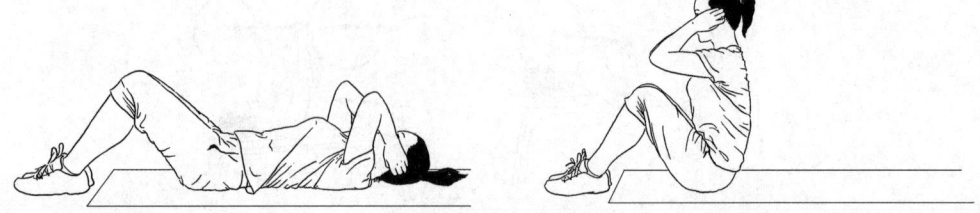

图 4-2-4 仰卧起坐

2. 直膝两头起(图 4-2-5)

仰卧在垫子上,上体抬起,两臂向上向前伸举,同时两腿伸直向上举起,使手脚在肚脐上方汇合,然后各按原路线还原。练习时可根据能力水平选择不同的速度和个数进行组合。

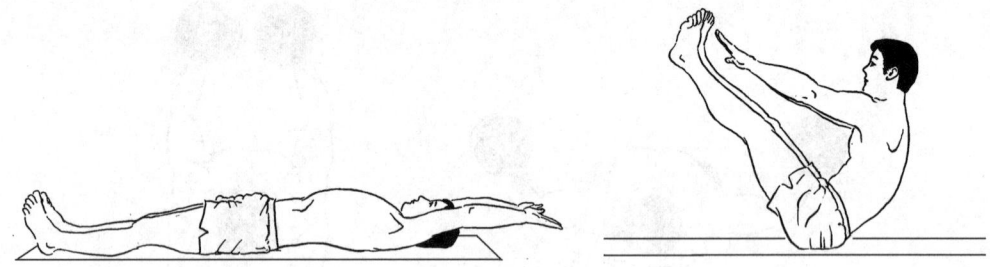

图 4-2-5 直膝两头起

(三) 肩部肌肉练习方法

1. 胸前提举(图 4-2-6)

两脚左右开立与肩同宽,两手握持杠铃成直立,使两臂自然下垂,杠铃置于大腿前,然后两手臂上提,使杠铃上移,稍停后再缓缓下降,杠铃顺原路线还原成开始姿势。练习过程中上体应固定不动,要抬头、挺胸、紧腰,不得翻转手腕和借力,用力要均匀、缓慢。主要锻炼三角肌、肱肌、肱二头肌、斜方肌等。

图 4-2-6 胸前提举

2. 俯身飞鸟(图 4-2-7)

两脚左右腿伸直,上体前弓与地面平行,拳眼朝前,持握哑铃自然下垂于腿前,然后两臂伸直分别向两侧举起哑铃,稍停后按举起路线还原成开始姿势。主要锻炼三角肌、大圆肌、小圆肌、冈下肌、斜方肌等。

图 4-2-7 俯身飞鸟

健美训练的基本原则

1. 超负荷原则

练习时的运动量要超出平时所习惯的负荷,不断地调整运动强度、重复次数、重复组数。

2. 特殊性原则

小强度阻力训练可以提高身体机能;中小强度阻力训练可以缩减体脂、增加肌肉弹性;中高强度阻力训练可以增加肌肉体积并增强肌力;绝对强度阻力训练可以发展肌肉力量。

3. 渐进训练原则

练习时要渐进性增加训练强度、次数和组数,使身体适应能力随着渐进的负荷而增加,肌肉的抗负荷能力也随之增加。

第三节 体 育 舞 蹈

一、体育舞蹈的起源

体育舞蹈起源于国际性社交舞蹈,又称舞厅舞、舞会舞、社交舞、国标舞。它最早起源

第四章 健美操、健身健美、体育舞蹈

于欧洲,在古老民间舞蹈的基础上发展演变而成。自16世纪起,交谊舞已在欧洲各国成为一种普遍的社交活动,故有"世界语言"之称。到20世纪20年代以后,交际舞在世界各地风行起来,所以又称它为"国际舞"。18世纪,法国巴黎开办了第一家面向社会的交际舞舞厅,从此交际舞更加迅速地流传到欧美各国乃至其他一些国家。后来,英国组织了皇家舞蹈教师学会,对交际舞某些舞种进行了整理,逐步从华尔兹、狐步、探戈、伦巴等舞种进行了提炼、规范,从而产生了国际标准交际舞,因其具有体育性、健身性、竞技性而被称为"体育舞蹈",而交际舞本身仍在普及和发展,并风靡全球。20世纪初,交际舞陆续传入我国沿海及内陆大城市,30年代后在我国逐渐流行开来,被称为交谊舞。毛泽东、周恩来等对交谊舞十分酷爱。中华人民共和国成立初期,党和政府机关以及部队的人员等周末都要学跳交谊舞,以此丰富生活,增进关系,还能锻炼身体。

我国于20世纪末期成立了中国体育舞蹈运动协会,使体育舞蹈水平有了规范性的发展和提高。群众性的交谊舞活动在我国蓬勃开展起来,并与体育舞蹈相互促进,在舞种与跳法上逐步趋向集中,而并不是停留在20世纪30年代时那种二步一并的单调水平,在理论和实际水平上都有了飞跃性的发展和提高。特别是在国家体育总局社会体育指导中心2008年召开的研讨会上,专家们对全国各地交谊舞常见舞种及适应大赛的舞种进行了集中统一,设立了单独的全国交谊舞大赛赛制,编发了比赛规程。更让人欣慰的是,通过全国交谊舞大赛,各省(区、市)的交谊舞选手各显其能,推动了交谊舞运动的普及。

目前,全国交谊舞活动发展不平衡,部分地区对交谊舞的舞种、节奏,尤其是舞步节奏、基本步法及舞姿姿态、表现感觉以及舞曲选择等不十分清楚,所跳的组合套跳与交谊舞舞种的风格特点不相适应,对体育舞蹈与交谊舞的相同点与不同点还不完全明确,但整体上发展势头良好,正受到越来越多的人的喜爱。

二、体育舞蹈的分类

(一)第一类:现代舞(摩登舞)

现代舞特点是由贴身握抱的姿势开始,沿着舞程线逆时针方向绕场行进。步法规范严谨,上体和胯部保持相对稳定挺拔的姿势,并完成各种前进、后退、横向、旋转、造型等舞步动作,具有端庄典雅的绅士风度。曲调大多抒情优美,旋律感强。服饰雍容华贵,一般男士着燕尾服,女士着过膝蓬松长裙。

1. 华尔兹舞

华尔兹舞又称"慢华尔兹""圆舞",是体育舞蹈中历史最悠久的舞蹈之一,起源于西欧。舞曲旋律优美抒情,舞者在起伏倾斜中旋转,并配有优美的造型,在音乐中表现飘逸、潇洒、典雅的舞蹈风格。升降、反身、摆荡、倾斜技术是华尔兹的必要元素。华尔兹是维也纳华尔兹(快三步)的变化舞种。

其音乐节拍是3/4拍,速度为每分钟28~30小节。每小节三拍为一组舞步,重拍在音乐的第一拍上。

基本步形有:左脚并换步、右脚并换步、左转步、右转步、右旋转、拂步、侧行追步等。

2. 探戈舞

探戈舞是摩登舞中较为特殊的舞蹈,是摩登舞中唯一一个带有拉丁特色的舞蹈,起源于非洲的民间舞蹈——探戈诺舞。16世纪后期,随着黑奴贩卖进入美洲,探戈诺舞和拉美风格舞蹈结合形成现在的墨西哥探戈和阿根廷探戈。在探戈舞独特的节奏中,刚劲有力地闪动曲行,尽显深沉、豪放、洒脱的舞蹈风格。

其音乐节拍是2/4拍,速度为每分钟30~34小节。重拍每拍相等,基本节奏为慢慢快快或慢慢快慢,一个慢拍等于1拍,一个快拍等于1/2拍。

基本步形有:常步、直行侧步、分式左转步、右摇转步、直行连步、左扭转步、并式滑行步等。

3. 狐步舞

狐步舞起源于20世纪的美国,由美国人福克斯创造。它轻快活泼,富于动感和表现力,舞步轻柔、圆滑、流畅,流动性较强。

它的音乐节拍是4/4拍,重拍在1和3(1强烈些)。速度为每分钟28~30小节,动作节奏为慢慢快快,一个慢拍等于2拍,一个快拍等于1拍。

基本步形有:羽毛步、左转步、三步、右转步、换向步等。

4. 快步舞

快步舞起源于美国,早期舞步吸收了狐步动作,后又引入芭蕾舞动作,使快步舞更加轻快灵巧。现在体育舞蹈中的快步舞是"英国式"的快步舞。它最大的特点是在快速的舞步运行中伴以快速的身体运动,在音乐中轻松弹跳,舞蹈洒脱自由,热情奔放,富有动感和表现力。

其音乐节拍是4/4拍,重拍在1和3(1强烈些)。速度为每分钟50~52小节,动作节奏为慢慢快快慢,一个慢拍等于2拍,一个快拍等于1拍。

5. 维也纳华尔兹舞

维也纳华尔兹又称"快华尔兹",起源于奥地利。它的音乐旋律活泼欢快,动作轻快流畅,舞步旋转性较强,它的舞步在摩登舞中是最简单的,但由于其旋转性强,必须在快速旋转中完成各种动作技巧,因此有一定的难度。

其音乐节拍为3/4拍,每分钟56~60小节。第一拍为重拍,2、3拍为弱拍,6拍完成一组动作,前三拍注重发力,后三拍较为舒缓。

(二) 第二类:拉丁舞

拉丁舞除斗牛舞外,都源于美洲各国和非洲。与摩登舞不同的是,拉丁舞的舞伴之间可贴身,可分离,各自在固定范围内辐射式地变换方向角度、展现舞姿。步法灵活多变,各舞种通过对胯部及身体摆动不同的技术要求,完成各种舞步,表现各种风格。舞姿妩媚潇洒,婀娜多姿,风格生动活泼,热情奔放。曲调缠绵浪漫、活泼热烈,节奏感强。着装浪漫洒脱,男士着上短下长的紧身或宽松装,女士着紧身短裙,显露女性曲线的美。

1. 伦巴舞

伦巴舞起源于古巴,其音乐缠绵浪漫,舞蹈风格柔媚、抒情,是表现爱情的舞蹈。它的舞曲具有独特鲜明的节奏,配上拉丁美洲的打击乐器,给人一种轻松甜美之感,舞蹈充满浪漫情调。有"拉丁舞之魂"的美誉。

其音乐节拍是4/4拍,速度为每分钟27~29小节,伦巴是四拍走三步的舞蹈,要"先出胯,后出步",节拍是"2、3、4、1",第2拍和第3拍各走一步,第4拍和第1拍共走一步。

基本步形有:基本动作、库可拉恰、扇开步、阿列曼娜、曲棍步、定点转、纽约步、手接手、右陀螺转步、闭式扭胯转步、开式扭胯转步、右分展步、左分展步、螺旋步等。

2. 恰恰舞

恰恰舞起源于古巴,节奏欢快,有诙谐、花哨的风格,所以备受欢迎,是拉丁舞中最流行的舞蹈之一。在动作上一反男子领舞的习惯,男女动作不求统一整齐,且多半是男子随后。

其音乐节拍是 4/4 拍,速度为每分钟 30~32 小节,4 拍跳 5 步,包括三个慢步和两个快步。慢步占一拍,快步占半拍。

基本步形有:追步、锁步、基本动作、扇开步、阿列曼娜、曲棍步、定点转、手接手、纽约步、右陀螺转步、闭式扭胯转步、开式扭胯转步、右分展步、左分展步、交叉基本步、古巴断步等。

3. 桑巴舞

桑巴舞起源于巴西,它的风格特点是动作粗犷、起伏强烈、舞步奔放、敏捷,富有强烈的感染力,在拉丁舞中属于行进性的舞蹈。

其音乐节拍是 2/4 拍,速度为每分钟 40~56 小节。

4. 斗牛舞

斗牛舞起源于西班牙,是模仿西班牙斗牛士动作,有西班牙风格的进行曲伴舞的一种拉丁舞。男性假扮斗牛士,气宇轩昂,刚劲威猛;女性假扮红色斗篷,英姿飒爽,柔美多变。

其音乐为旋律高昂雄壮、鲜明有力的西班牙进行曲。节奏为 2/4 拍,每分钟 60~62 小节。一拍一步,八拍一循环,特点是舞步流动性大,沿着舞程线绕场行进。舞姿挺拔,无胯部动作及过分膝盖屈伸。用踝关节和脚掌平踏地面完成舞步。动静鲜明,力度感强,发力迅速,收步敏捷顿挫。

5. 牛仔舞

牛仔舞起源于美国,音乐欢快跳跃,舞步上活泼矫健,风格上热烈诙谐、轻捷灵巧。牛仔的舞步都是由追步形成的,舞姿较松弛和自由,所有的舞步都是用脚掌来跳,舞步较小,步与步之间往往由踝膝关节的弹动来连接。动作节奏为:1&2,3&4,5&6。3、5 占用 3/4 拍的时间,& 占用 1/4 拍的时间。因此牛仔舞的舞步是 6 拍跳 8 步。

其音乐节拍为 4/4 拍,速度为每分钟 40~46 小节。

基本步形有:追步、原地基本步、并退基本步、连接步、右到左换位、左到右换位、背后换手、侧行走步、美式旋转等。

三、交谊舞初级阶段基本技术

(一) 标准舞初级(以华尔兹为例)

1. 音乐

音乐节拍是 3/4 拍,速度为每分钟 28~30 小节。每小节三拍为一组舞步,重拍在音乐的第一拍上。

2. 基本站姿

(1) 男士垂直站立,收紧腰部。

(2) 男士重心置于双足,稍向足掌的方向。

(3) 男士头伸直,放松身体。

(4) 男士膝部保持轻微放松。

(5) 女士垂直站立,收紧腰部。

(6) 女士身体上面部分和头部稍向左及后。

(7) 女士膝部放松,重心保持在双足掌前。

3. 基本握姿

(1) 男士与舞伴面相对站立,同时女士在男士的右侧。

(2) 男士向侧面伸张双臂,略低于肩膀,弯曲右手肘置于女士左肩胛骨下方。

(3) 男士弯曲左手肘并握住女士右手,握持高度与眼睛差不多。

(4) 男士左前臂由手臂至手微微向前,形成伸张而协调的线条。

(5) 女士的左手置于男士的右手臂上,刚好在男士肩膀之下。

(6) 女士举起右手臂,将右手置于男士左手中。

4. 华尔兹基本步伐

(1) 前进方步、后退方步。

方步是由一个前进基本步和一个后退基本步在运动中构成的。由于约定俗成的男左女右起步习惯,进左退右和退左进右将造成完全不同的运动轨迹发展方向。为了加以区别,我们将进左退右的形式,叫作前进方步;而将退左进右的方式,叫作后退方步。现在以前进方步为例进行讲解;共计六步,用两小节完成;前进方步男进左,女退右,有侧身动作;男右脚刷过左脚旁,横移一步,向左倾斜,注意不可斜向直接跨出,女左脚刷过右脚旁,横移一步,向右倾斜,注意不可斜向后退;男女同时收脚并拢;留意倾斜和上升运动的保持,以之交替重心和下降的转化;男退右,女进左,有侧身动作;男左脚刷过右脚旁,横移一步,向右倾斜,注意不可斜向直接后退;女右脚刷过左脚旁,横移一步,向左倾斜,注意不可斜向直接跨出;男女同时收脚并拢;注意倾斜和上升运动的保持以及交替重心和下降的转化。至此,我们就回到了最初的起步点,可以无限循环地练习下去。

(2) 前进左转90°和后退左转90°。

根据四个90°相加等于360°的数学原理及方步的结构原理进行转身步的练习。这种方法可以使初练者比较快捷地建立起旋转的概念。在练习转身步时,应注意两个问题:一是第一步的移动脚必须保持正直;二是第二步的横移必须与第一步的运动方向成一直线。

练习转身步容易出现的毛病是一出脚就将左脚尖撇向左侧,形成一种横向出脚的习惯。表面上看起来无伤大雅,但日后却会成为影响技艺提高的一种不可逾越的障碍。所以第一步必须和方步一样,无论进退都要保持脚形的正直,而且在重心完成转移后,必须将脚跟微微抬起,让重心落在脚掌上。这样,不仅在第二步刷过重心脚旁时能轻松地转动脚掌,完成90°转身,而且横移脚的横向发展也获得了可靠的保证,这时候,你会体会到,方步练习的苛刻要求并不是毫无道理的。

连续左转90°时,男进左,女退右,有侧身动作。在第一拍的后半拍就开始转动男左脚和女右脚,开始左转;在第二拍开始时,男右脚和女左脚从刷式位置向外横移,并伴随着(男右女左)肩部引导下的男左倾斜和女右倾斜。双方收脚并拢,保持倾斜和上升状态。注意后半拍的重心交替和下降的转化。男退右,女进左,有侧身动作。在前一拍的后半拍就开始转动脚掌(男右女左),开始左转;在第二拍开始时,男左脚和女右脚从刷式位置上向外横移,并伴随着肩部引导的男右倾斜和女左倾斜。双方收脚并拢,保持倾斜和上升,注意后半拍的重心交替和下降的转化。

(3) 后退右转90°和前进右转90°。

关于右转前是先前进还是先后退,没有统一规定,尤其是在自娱场合,更是随心所欲。这里主要是为了适应男左女右的起步习惯而做此安排。假如你喜欢先进右脚作前进右转步,不仅是可以的,而且标志着你已经突破了习惯的制约,开始进入自由运动的进步状态了。

因为右转身和左转身的要领皆同,故不再予以详解,请参照左转身舞步进行练习。为了使初练者不至于感到困难,下面提供连续右转90°的运动轨迹和运步程序。

第一拍:男退左,女进右。
第二拍:男横右,女横左。
第三拍:双方并脚。
第四拍:男进右,女退左。
第五拍:男横左,女横右。
第六拍:双方并脚。

5. 华尔兹初级套路

(1) 佛形步(表4-1)。

表4-1 佛形步

性别	节拍	脚步动作	手臂动作
男	1	左脚前进一步	由闭式位到开式位的基本舞姿
	2	右脚横步稍前,身体左转45°	
	3	左脚在右脚后交叉,重心在左脚	
女	1	右脚后退一步	由闭式位到开式位的基本舞姿
	2	左脚斜后腿,身体右转90°	
	3	右脚在左脚后交叉,重心在右脚	

(2) 侧行追步(表4-2)

表4-2 侧行追步

性别	节拍	脚步动作	手臂动作
男	1	右脚前进并交叉于反身动作位置	由开式位到交叉位的基本舞姿
	2	左脚横步稍前	
	&	右脚并于左脚	
	3	左脚横步稍前	

续 表

性别	节拍	脚步动作	手臂动作
女	1	左脚前进交叉于反身动作位置,开始左转	由开式位到交叉位的基本舞姿
	2	右脚横步,同时身体左转45°	
	&	左脚并右脚	
	3	右脚后退一步,继续左转45°	

(3) 踌躇换步(表4-3)。

表4-3 踌躇换步

性别	节拍	脚步动作	手臂动作
男	1	左脚后退一步,准备右转	闭式舞姿的基本握持
	2	右脚横步,同时右转135°	
	3	左脚靠近右脚,身体完成转动	
女	1	右脚后退一步,准备左转	闭式舞姿的基本握持
	2	左脚横步,同时左转135°	
	3	右脚靠近左脚,身体完成转动	

(4) 右旋转步(表4-4)。

表4-4 右旋转步

性别	节拍	脚步动作	手臂动作
男	1	右脚前进一步,开始右转	闭式舞姿的基本握持
	2	左脚经右脚旁横步,身体右转90°	
	3	右脚并于左脚,继续转45°,重心在右脚	
	4	左脚后退,右脚保持在反身动作位置,右转180°	
	5	右脚前进一步,继续右转	
	6	左脚横步稍后,右转135°,重心在左脚	
女	1	左脚后退一步,开始右转	闭式舞姿的基本握持
	2	右脚经左脚横步,右转135°	
	3	左脚并于右脚,身体完成转动,重心在左脚	
	4	右脚前进,右转180°	
	5	左脚后退并稍向左侧,继续右转	
	6	右脚经左脚斜进,右转135°	

第四章 健美操、健身健美、体育舞蹈

6. 华尔兹范例

范例一

(1) 左脚并换步(1小节)。

(2) 右脚并换步(1小节)。

(3) 左转步(2小节)。

(4) 右转步、后退(2小节)。

(5) 佛形步(1小节)。

(6) 右转步加收步(2小节)。

(7) 踌躇换步(1小节)。

范例二

(1) 左脚并换步(1小节)。

(2) 右转步(2小节)。

(3) 右脚并换步(1小节)。

(4) 左转步(2小节)。

(5) 佛形步(1小节)。

(6) 侧行追步(1小节)。

(7) 右旋转(2小节)。

(8) 左转步(2小节)。

(二) 拉丁舞初级(以伦巴为例)

1. 音乐

音乐节拍是4/4拍,速度为每分钟27～29小节,伦巴是四拍走三步的舞蹈,要"先出胯,后出步",节拍是"2、3、4、1",第2拍和第3拍各走一步,第4拍和第1拍共走一步。

2. 基本站姿

(1) 双脚并拢,脚后跟靠在一起,形成小八字形。

(2) 身体伸直,使头、肩、胯、脚四点一线。

(3) 脖子伸直,头向上顶,有去顶天花板的感觉,双目平视。

(4) 挺胸,肩膀张开,往后打,再往下沉,使两块肩胛骨向后、向内关闭。

(5) 配合肩胛骨的向后、向内闭合,提起身体中段,这将是做动作时发力的位置。让身体中段和两肩有对抗的力量。

(6) 臀部收起,大腿内侧夹紧。

(7) 双膝绷直,腿部的肌肉都收紧。

3. 基本步伐

(1) 左右基本步(表4-5)。

表4-5 左右基本步

性别	节拍	脚步动作	手臂动作
男	2	左脚向前一步,重心前移,髋部向左前摆	闭式舞姿的基本握持
	3	重心后移,髋向右后摆	
	4、1	左脚向侧一步	
	2	右脚向后一步,重心后移,髋向右后摆	
	3	重心前移	
	4、1	右脚向侧一步	
女	2	右脚向后一步,重心后移,髋向右后摆	闭式舞姿的基本握持
	3	重心前移	
	4、1	右脚向侧一步	
	2	左脚向前一步,重心前移,髋部向左前摆	
	3	重心后移,髋向右后摆	
	4、1	左脚向侧一步	

(2) 前后基本步(表4-6)。

表4-6 前后基本步

性别	节拍	脚步动作	手臂动作
男	2	左脚向前一步,重心前移,髋部向左前摆	单手相握的开式舞姿
	3	重心后移,髋向右后摆	
	4、1	左脚向后一步	
	2	右脚向后一步,重心后移,髋向右后摆	
	3	重心前移,髋向左前摆	
	4、1	右脚向侧一步	
女	2	右脚向后一步,重心后移,髋向右后摆	单手相握的开式舞姿
	3	重心前移,髋向左前摆	
	4、1	右脚向前一步	
	2	左脚向前一步,重心前移,髋向左前摆	
	3	重心后移,髋向右后摆	
	4、1	左脚向后一步	

4. 伦巴初级套路

(1) 扇形步(表4-7)。

表4-7 扇形步

性别	节拍	脚步动作	手臂动作
男	2	左脚向前一步	闭式舞姿的基本握持
	3	重心后移	
	4、1	左脚向侧一步	
	2	右脚向后一步	左手下压至女士腹前,右臂侧举
	3	重心前移	
	4、1	右脚向侧一步,左转45°	成扇形位
女	2	右脚向后一步	闭式舞姿的基本握持
	3	重心前移	
	4、1	右脚向侧一步	
	2	右转90°,左脚向前一步	右手于腹前握男士左手,左臂前伸
	3	右脚向前一步	
	4、1	左转180°	成扇形位

(2) 曲棍步(表4-8)。

表4-8 曲棍步

性别	节拍	脚步动作	手臂动作
男	2	左脚向前一步	左手握女士右手
	3	重心后移	
	4、1	左脚靠近右脚,后半拍时髋向左侧	逐渐抬高左臂,掌心向下握女士右手
	2	右脚向后一步,右转45°	
	3	重心前移	握女士右手于女士左肩侧
	4、1	右脚向前一步	引导女士左转,握女士左手
女	2	右脚靠近左脚,换重心	成扇形位
	3	左脚向前一步	逐渐抬高右臂,掌心向上
	4、1	右脚向前一步	
	2	左脚向前一步,左转45°	右臂绕至左肩,左臂内收
	3	右脚向前一步,后半拍时左转180°	臂下转
	4、1	左脚后退一步	右手握男士左手于男士腹前

（3）纽约步(表4-9)。

表4-9 纽约步

性别	节拍	脚 步 动 作	手臂动作
男	2	右转90°，左脚上前一步，重心前移至左脚，右脚后点，膝盖靠住	左臂前伸，右臂上举
	3	重心后移	
	4、1	左转90°，左脚向侧一步	双手相握
	2	左转90°，右脚向前一步，重心前移至右脚，左脚后点，膝盖靠住	右臂前伸，左臂上举
	3	重心后移	
	4、1	右转90°，右脚向侧一步	双手相握
女	2	左转90°，右脚上前一步，重心前移至右脚，左脚后点，膝盖靠住	右臂前伸，左臂上举
	3	重心后移	
	4、1	右转90°，右脚向侧一步	双手相握
	2	右转90°，左脚向前一步，重心前移至左脚，右脚后点，膝盖靠住	左臂前伸，右臂上举
	3	重心后移	
	4、1	左转90°，左脚向侧一步	双手相握

（4）定点转(表4-10)。

表4-10 定点转

性别	节拍	脚 步 动 作	手臂动作
男	2	右转90°，左脚向前一步	左臂前伸，引导女士左转
	3	右转180°，右脚向前	
	4、1	右转90°，右脚向侧一步	双手相握
	2	左转90°，右脚向前一步	右臂前伸，引导女士右转
	3	左转180°，左脚向前	
	4、1	左转90°，左脚向侧一步	双手相握
女	2	左转90°，右脚向前一步	右臂前伸，准备右转
	3	左转180°，左脚向前	

续表

性别	节拍	脚步动作	手臂动作
女	4、1	左转90°,右脚向侧一步	双手相握
	2	右转90°,左脚向前一步	左臂前伸,准备左转
	3	右转180°,右脚向前	
	4、1	右转90°,左脚向侧一步	双手相握

(5) 手接手(表4-11)。

表4-11 手接手

性别	节拍	脚步动作	手臂动作
男	2	左脚向后一步,左转90°,重心移至左腿,髋向左后顶	右臂前伸,左臂侧举
	3	重心前移	
	4、1	右转90°,左脚向侧一步	双手相握
	2	右脚向后一步,右转90°,重心移至右腿,髋向右后顶	左臂前伸,右臂侧举
	3	重心前移	
	4、1	右转90°,左脚向侧一步	双手相握
女	2	右脚向后一步,右转90°,重心移至右腿,髋向右后顶	左臂前伸,右臂侧举
	3	重心前移	
	4、1	右转90°,左脚向侧一步	双手相握
	2	左脚向后一步,左转90°,重心移至左腿,髋向左后顶	右臂前伸,左臂侧举
	3	重心前移	
	4、1	右转90°,左脚向侧一步	双手相握

(6) 臂下转(表4-12)。

表4-12 臂下转

性别	节拍	脚步动作	手臂动作
男	2	左脚向后一步	右臂前伸,左臂侧举
	3	重心前移	
	4、1	左脚向侧一步	双手相握

续表

性别	节拍	脚步动作	手臂动作
男	2	右脚向后一步	左臂前伸,右臂侧举
	3	重心前移	
	4、1	右脚向侧一步	双手相握
女	2	左转90°,右脚向后一步	左臂前伸,右臂侧举
	3	左转180°,左脚向前	右臂前伸与男士相握,左臂下压
	4、1	左转90°,左脚向侧一步	双手相握
	2	右转90°,左脚向后一步	右臂前伸,左臂侧举
	3	右转180°,右脚向前	
	4、1	右转90°,左脚向侧一步	双手相握

5. 伦巴范例

范例一

(1) 左右基本步(2小节)。

(2) 纽约步(2小节)。

(3) 臂下左转(1小节)。

(4) 定点左转(1小节)。

(5) 前进基本步(2小节)(连续后退3次)。

(6) 后退基本步(2小节)(连续前进3次)。

(7) 左右基本步(2小节)。

(8) 手接手(3小节)。

(9) 定点左转(1小节)。

范例二

(1) 扇形步(2小节)。

(2) 曲棍步(2小节)。

(3) 左右基本步(1小节)。

(4) 臂下右转(1小节)。

(5) 纽约步(2小节)。

(6) 手接手(2小节)。

(7) 定点转(2小节)。

四、交谊舞评判标准

交谊舞评判标准将竞赛要素归为四个方面,即技术质量、音乐运用、舞伴间的配合技巧、套路和表演展示。

(一) 标准舞四个方面的分级指标

(1) 技术质量：有姿势、握持、中心、平衡、足部技巧（足法和足位）、身体动作、驱动动作、移动准备、开降、摆荡、轴转/轴转动作/连续旋转、技巧性舞步等12项分级指标。

(2) 音乐运用：有时值、节奏、音乐结构等3项分级指标。

(3) 舞伴间的配合技巧：有身体交流、超平衡/抗衡/握持/下降、时间和空间、一致性等4项分级指标。

(4) 套路和表演展示：有套路结构与组成、非语言交流、选位与场地利用、舞蹈风格、能量运用、气氛等6项分级指标。

(二) 拉丁舞四个方面的分级指标

(1) 技术质量：有姿势、握持、平衡、脚步动作、拉丁动作、基本动作、准备—动作—还原、旋转和转动、分离动作—协同动作、技巧性舞步、动态变化、线条和延展性线条等12项分级指标。

(2) 音乐运用：有节奏/拖拽节奏、节拍韵律、音乐结构等3项分级指标。

(3) 舞伴间的配合技巧：有身体交流、超平衡/抗衡/握持/下降、空间的使用、同步性、一致性等5项分级指标。

(4) 套路和表演展示：有套路结构与组成、非语言交流、选位与场地利用、风格特点、能量运用、气氛等6项分级指标。

思考题

1. 体操运动都有哪些锻炼价值？
2. 常见的体操健身方法有哪些？
3. 健美操中的基本手形和步伐有哪些？
4. 人体主要肌肉的健身健美练习方法有哪些？

第五章 足球、篮球、排球

第一节 足球运动

一、足球运动概述

（一）结缘足球运动

1. 源远流长的足球运动

（1）古代足球运动的起源。

古代足球运动起源于中国一种名叫"蹴鞠"的游戏。2004年7月15日，国际足联主席布拉特宣布：中国是足球的故乡，足球最早起源于山东省淄博市的临淄。"蹴鞠"也成为有史料记载以来最早的足球活动。

其实，商代就创造了足球舞，这是古代蹴鞠游戏的前身。到了战国时期，这种游戏演变为"蹴鞠"或"踢鞠"，"蹴"和"踢"都是踢的意思，"鞠"指的是球，球皮用皮革制成，球内填满毛发。之后，这种被称为"蹴鞠"的足球游戏历经千年不衰，在唐、宋、元、明时期，足球的竞技性得到了极大的发展，个人足球表演也逐渐盛行起来。到了清代，中国传统运动形式日渐衰落，使得中国的足球运动到了清代中叶基本消失，只在少数地方存在。

（2）现代足球运动的诞生。

现代足球运动诞生于英国。1863年10月26日，剑桥大学、牛津大学和凯尔波里特专科学校与伦敦周围地区11个最主要的足球俱乐部和学校在伦敦举行会议，成立了第一个足球运动组织——英格兰足球协会。因此，这一天也被认为是现代足球运动的诞生日。

两个月后，英格兰足球协会制定出14条规则，成为现代足球运动历史上第一部较为统一的足球竞赛规则。1872年，英格兰足球协会开始举办优胜杯赛，从而使现代足球运动在全国流行开来。

2. 足球运动发展的推动者

国际足球联合会简称国际足联，于1904年5月21日在法国巴黎的法国体育运动联合会总部正式成立，现总部设在瑞士苏黎世。到目前为止，国际足联的会员方已经从最初的7个国家，发展到现在的200多个国家和地区，成为世界第一大国际单项体育组织。国际足联的创立,标志着足球作为一项世界性的体育项目登上了国际体坛,在更为广泛的范围内使足球运动得到了开展。足球运动以其独特的魅力和广泛的群众基础,被誉为"世界第一大体育运动"。

中国与国际足联

中国早在1931年就加入了国际足联。中国足球协会(CFA)于1955年1月3日成立。总部设在北京,成为中国足球运动的主要管理机构。1958年,因反对国际足联接纳中国台湾为会员,我国退出了国际足联。1979年,中国又重新恢复了在国际足联中的合法席位。

(二)举世瞩目的足球赛事

1. 世界杯足球赛

世界杯足球赛是国际足联组织的规模最大、水平最高的足球比赛,由国际足联第三任主席法国人朱尔斯·雷米特创立。1930年在乌拉圭举办了第一届世界杯足球赛,以后每4年举行一届,其间由于第二次世界大战的原因,直到1950年才举办了第4届比赛。到2022年为止,共举办了22届世界杯比赛。

世界杯的奖杯由纯金打造,为了纪念雷米特先生对足球运动的贡献,最初世界杯的奖杯被命名为"雷米特金杯",也称"黄金女神杯"。后因巴西队于1970年第9届世界杯时第三次夺取冠军而被永久占有。现今足球世界杯的奖杯为意大利人加扎尼加设计的"大力神杯"。国际足联规定新杯为流动奖品,不论哪个队获得多少冠军,也不能永久占有此杯。

世界杯夺冠最多的国家

巴西是目前为止(截至2023年)获得世界杯冠军次数最多的国家,分别在1958年瑞典世界杯、1962年智利世界杯、1970年墨西哥世界杯、1994年美国世界杯和2002年韩日世界杯五次捧杯。

其次是意大利和德国。意大利分别于1934年意大利世界杯、1938年法国世界杯、1982年西班牙世界杯和2006年德国世界杯四次夺冠。德国分别于1954年瑞士世界杯、1974年德国世界杯、1990年意大利世界杯、2014年巴西世界杯四次夺冠。

2. 奥运会足球赛

从1896年第一届现代奥运会到1908年第4届奥运会,足球都是表演项目。直到1912年第5届奥运会,足球才被列为正式比赛项目。从足球被正式列入奥运会比赛项目后,运动员资格几经变化。最早规定,奥运会比赛队员必须为业余选手。现在参加奥运会比赛不再分职业和业余队员,允许每队中有3名超过23岁的队员。1996年第26届奥运会首次将女子足球列为正式比赛项目,中国女子足球队首次参赛,并获得亚军。

3. 女足世界杯

国际足联女子世界杯足球赛被视为女子足球最高荣誉的赛事。在国际足联的倡导下,1988年6月,在中国广东举办了有12个国家参加的国际女子足球邀请赛,为正式进行女足世界杯奠定了基础。1991年第一届女足世界杯在中国广东举行,此后每四年举行一届。在1999年第3届女足世界杯上,我国女子足球队在点球大战中惜败于美国队获得亚军。

(二) 感受足球魅力

1. 强健体魄,助力健康成长

(1) 提高心肺功能。心肺功能的好坏决定着在运动时人体的氧气供应量。因此,人体心肺功能的强弱,一方面是人体健康水平的重要标志,另一方面也是人体运动能力的重要基础。进行足球运动时,由于人体大部分时间处于跑动状态,因此需要更多的氧气供应。长时间的足球锻炼可以使心肌更加强壮,肺活量和肺泡弹性提高,对人体的心肺功能起到良好的促进作用。

(2) 增强身体素质。人的身体素质包括:速度素质、耐力素质、力量素质、柔韧素质和灵敏素质。这些素质是人健康生活的基础,也是运动技能提高的保障。足球运动由于其练习场地大、活动范围广、参与人数多、对抗强度大、奔跑距离长、移动变化快等特点,对于人的身体素质可以起到较为全面的促进作用。

(3) 塑造健美身材。肥胖不仅影响青少年身体的形态美,同时也造成心理负担,对身体健康造成威胁。长时间的足球运动可以使练习者的脂肪含量减少,肌肉体积增加,身体形态更趋合理。特别是,足球训练可以有效地改变学生的身体形态,使身材更加健美,对减少体脂和预防肥胖有明显的作用。

2. 锤炼心理,促进全面发展

(1) 培养稳定情绪。青少年阶段是学生心理进程逐渐成熟的时期,也是心理变化最复杂的时期。在足球运动所营造的拼搏氛围中,通过和队友共同努力去争取胜利,一方面可以使学生体验到集体荣誉感、责任感、自尊感和友谊感等积极情感,另一方面还可以使学生通过身体运动释放压力,消除因社会环境引起的不良情绪,对学生的心理素质能产生良好的短期和长期效益。

(2) 磨砺顽强意志。足球运动的激烈对抗性,使得练习者经常需要通过顽强的意志才能战胜对手。这种需要勇猛顽强作风的比赛,非常有利于培养青少年机智、勇猛、顽强的意志和精神。足球运动中经常要面对竞争、面对失败,经常要为达成目标而挑战各种艰难困苦。这种意志坚定、坚忍不拔的努力奋斗过程,十分有助于培养人的意志品质,为人生的奋斗打下坚实的基础。

(3) 树立良好自信。足球运动为青少年自信心的建立提供了良好的平台。首先,足球运动是一项展现自我、挑战自我、超越自我的运动。在从事足球运动的过程中,学生要学习各种技能,迎接各种挑战,通过不断的进步取得胜利,学生会得到周围朋友、老师的认可和鼓励,从而增强自我价值感,对自己充满自信。其次,通过足球锻炼,学生的体质和体型可以得到明显改善,进而提高学生的身体自信水平,使学生对自己的运动能力更有自信。

(4) 增强社会适应。足球运动处处体现着自由与平等,这种平等参与、公平竞争的价值观,将教会学生以平等和公正的态度去处理自己生活中的各种事务。在足球运动中担任前锋、后卫、门将等不同的角色,可以使学生体会到扮演好社会角色的重要性,学会扮演社会角色的方法,进而处理好个体与集体间的关系。同时,足球运动还为学生之间的交流创造了一个良好平台,经常从事足球运动,对提高学生的沟通能力和社交能力,建立良好的人际关系有积极作用。

二、足球运动的基本技术

(一) 熟悉球性

对于初学者来说要想熟练掌握各种足球技术以及战术配合,首先必须熟悉球性和增强球感。熟悉球性可以用脚的各个部位做推、拉、拖、挑等增强球感的练习,也可以通过腿、身体、头等部位进行控球练习从而提高身体对球的感觉与把握,达到"人球合一"的境界。

熟悉球性的练习方法多种多样,经常用到的有脚底踩球、脚底拉球、侧身拉球等(图5-1-1)。另外,颠球练习也是增强球感的一种有效方法。常见的颠球练习方式有脚背正面颠球、大腿颠球、脚内侧颠球、脚背外侧颠球和头部颠球等(图5-1-2)。

图 5-1-1　常见球性练习方法

图 5-1-2　常见颠球练习方法

在进行颠球练习时,初学者可以先将球放在网袋中,用手抓住网袋上端进行练习。在逐渐掌握球的运动规律后,可以尝试用手自抛自颠,先练习脚背颠球,在熟悉一段球性后,再将大腿、脚内侧及头部颠球等多种方式结合使用,尽量保持球不落地。

(二) 运球

运球是运动员在跑动过程中将球控制在身体周边的范围内,利用脚连续推拨球,从而实现带球前进、过人等目的的动作。常用的运球技术有脚背正面运球、脚背外侧运球、脚背内侧运球等。

1. 脚背正面运球

用脚背正面推拨球前进,速度快但路线单一,多在前方距离较长的情况下使用(图 5-1-3)。

图 5-1-3 脚背正面运球

2. 脚背外侧运球

用脚背外侧推拨球前进,易于变化运球方向和发挥奔跑速度,还具有掩护球的作用(图 5-1-4)。

图 5-1-4 脚背外侧运球

3. 脚背内侧运球

用脚背内侧将球向前推拨前进,动作幅度大,控球稳,方向转换较容易。适用于掩护性运球和运球变向(图 5-1-5)。

图 5-1-5　脚背内侧运球

4. 运球注意事项

初学者刚开始练习运球时,速度可以稍慢一些,体会运球的部位和方法,待熟练以后逐渐加快运球速度或进行快慢结合的运球练习。同时,还可以通过调整运球场地大小、改变运球线路、增加运球限制等方法,提高运球能力。

如何做到快速运球过人

1. 掌握好过人时机:在对方还未做出反应或已做出错误反应时完成运球过人动作。
2. 掌握好过人距离:运球者和防守者之间的距离一般控制在一大步左右。
3. 掌握好真假动作的衔接:假动作要做得"逼真"而真动作要快速、突然。

(三) 接球

稳定的接球是顺利完成接下来传球、运球、过人和射门等技术动作的保证。根据接球部位的不同,常用的接球技术有脚内侧接球、脚底接球和胸部接球等。

1. 脚内侧接球

接触球面积大,接球平稳,便于改变方向和连接下一个动作,多用于接地滚球(图5-1-6)和空中球(图5-1-7)。

5-2　足球接球

图 5-1-6　脚内侧接地滚球

图 5-1-7　脚内侧接空中球

2. 脚底接球

接触球面积大，停球稳定性高。多用于停正面而来的地滚球和反弹球（图 5-1-8）。

图 5-1-8　脚底接反弹球

3. 胸部接球

接球面积大、有弹性、位置高，适用于停高球和平直球（图 5-1-9）。

图 5-1-9　胸部接球

4. 接球注意事项

初学者在练习接球时，可以先进行原地接球练习，熟练掌握基本动作后，可进行前后移动的接球练习以及接球转身练习。在练习顺序的安排上，可以先接地滚球，再接高空球。接球的部位可以先脚后胸，再大腿、头部、腹部等。

>
>
> **运动后的放松方法**
>
> 1. 温水浴：一般选用温度在40℃左右的温水，淋浴时间在10 min左右，不要超过20 min，否则可能会更感觉疲劳。
>
> 2. 桑拿浴：桑拿的时间也不宜过长，每次5 min左右，最好与温水浴交替进行，反复4~5次。注意桑拿浴不要在运动后立即进行，以免造成脱水加重疲劳。
>
> 3. 按摩：按摩在运动前、运动中、运动后均可进行，对于大强度运动后的放松来说，按摩时间宜在30~60 min。

（四）踢球

踢球是足球技术中最重要的技术，主要用于传球和射门。按照踢球时脚接触球位置的不同，可以将踢球动作分为脚内侧踢球、脚背正面踢球、脚背内侧踢球、脚背外侧踢球、脚尖和脚跟踢球等多种方式。

1. 脚内侧踢球

以脚内侧将球踢出，触球面积较大，在踢球时可以更容易地控制球，是进行短距离精确传球和射门的理想方法（图5－1－10）。

5－3 脚内侧踢球

图5－1－10 脚内侧踢球

2. 脚背正面踢球

用脚的鞋带部位击球的后下部，踢球腿摆动幅度大，动作顺畅，便于发力。但出球路线和性能缺乏变化，适用于远距离传球和大力射门（图5－1－11）。

图5－1－11 脚背正面踢球

3. 脚背内侧踢球

以脚背内侧击球的后中下部,摆踢动作顺畅、幅度大,脚触球面积大,触球平稳有力,且性能和路线富于变化,在中远距离射门和传球时经常用到该项技术(图 5-1-12)。

图 5-1-12 脚背内侧踢球

5-4 脚背内侧踢球

4. 脚背外侧踢球

用脚背外侧踢球的后中部,预摆动作小、出脚快,具有一定的隐蔽性,是一种实用性较强的技术手段(图 5-1-13)。

图 5-1-13 脚背外侧踢球

5. 踢球注意事项

初学者刚开始练习踢球时,可以先进行原地无球模仿练习,然后踢固定球,体会踢球部位和击球部位的差别。踢球速度开始可以慢一些,待技术熟练后,逐渐由原地踢球过渡到跑动踢球。可以先进行单个踢球动作的练习,然后结合接球、运球、过人等技术进行组合练习。

如何踢出弧线球

弧线球又称"香蕉球",指足球踢出后,球在空中向前并做弧线运动的踢球技术,是避开人墙直接射门得分的有效手段。踢球时,可用足背外侧或内侧削踢球的中部偏外侧面,使球产生强烈的旋转,从而向内或向外呈弧线飞行。著名球员大卫·贝克汉姆就是射"香蕉球"的好手。

(五) 头球

当今的足球比赛已经不仅仅是地面上的作战,要想赢得比赛胜利,"制空权"的争夺也显得尤为重要。"高举高打"成为许多球队的风格,头球技术也成为足球赛场上防守和进攻的重要手段。按照顶球部位的不同,可以将头球动作分为前额正面顶球和前额侧面顶球。

1. 前额正面顶球

用前额正面顶击球的后中部,触球部位平坦,动作发力顺畅,容易控制出球方向,准确性强(图 5-1-14)。

图 5-1-14　前额正面顶球

2. 前额侧面顶球

用前额侧面将球击出,击球动作快,方向变换突然,动作难度较大。适用于应急时破坏球和门前头球攻门(图 5-1-15)。

图 5-1-15　前额侧面顶球

3. 头球注意事项

初学者刚开始练习头球时,可以先做原地顶球练习,然后做跑动或跳起顶球练习。刚开始练习时速度可以慢一些,技术熟练后,逐渐加快抛球的速度和完成动作的速度。注意在完成动作时判断要准,选位正确,不要闭眼更不要缩脖,击球时颈部适度用力。

（六）战术

足球是一项团队运动,只有通过所有队员之间的相互协调、相互配合才能充分发挥球队的实力。而合理的战术运用更是球队取胜的关键。足球战术可以分为进攻战术和防守战术两大部分,每部分战术又是由个人、局部和整体战术构成的。

1. 基本进攻战术

在基本进攻战术中,主要用到的个人战术有传球、射门、运球突破和跑位等。局部战术有传切配合、交叉掩护配合和二过一配合等。整体战术有边路进攻、中路进攻和快速反击等。下面以典型局部进攻战术为例进行介绍。

（1）传切配合：是指控球队员向防守队员身后空隙传球时,另一同队队员超过防守队员,切入得球的行动。常用的传切配合方式有一传一切(图5-1-16)和长传转移切入(图5-1-17)。

图 5-1-16　一传一切

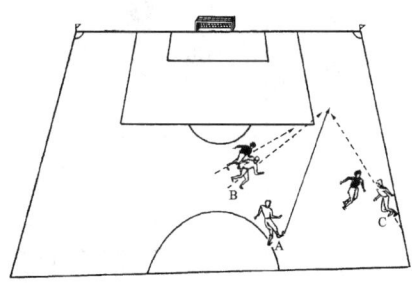
图 5-1-17　长传转移切入

（2）二过一配合：是指两个进攻队员在局部地区通过两次或两次以上的连续传球配合,实现越过对方一名防守球员的目标。常用的二过一配合方式有踢墙式二过一(图5-1-18)和回传反切二过一(图5-1-19)。

图 5-1-18　踢墙式二过一

图 5-1-19　回传反切二过一

2. 基本防守战术

在基本防守战术中,主要用到的个人战术有选位与盯人、断球、抢球等。局部战术有保护、补位和围抢等。整体战术有人盯人防守、区域盯人防守和混合防守等。下面以典型局部防守战术为例进行介绍。

（1）保护配合：是指当同伴防守对方控球队员时,通过选择有利的位置来保护同伴,防止其被突破,在防守队员断球后还可以就地发起进攻。根据对方控球队员的前进方向,保护配合主要有以下几种形式。

① 当控球队员被同伴逼向外线时,应撤到同伴的斜后方进行保护(图5-1-20)。

② 当控球队员向内线运球时,应选择侧后方的位置进行保护(图5-1-21)。

③ 当不能判断控球队员的运球方向时,应选择同防守队员成45°角的位置进行保护(图5-1-22)。

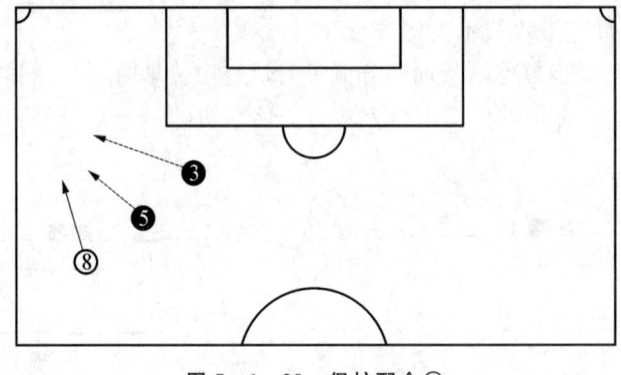

图5-1-20 保护配合①

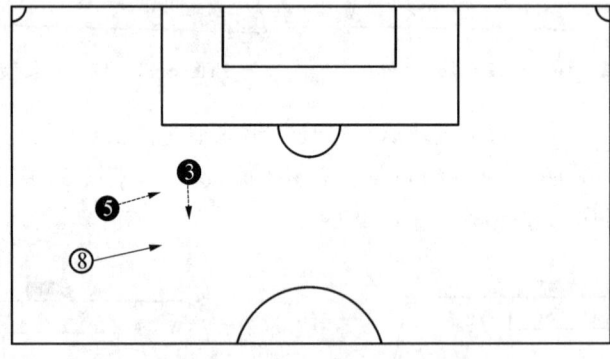

图5-1-21 保护配合②

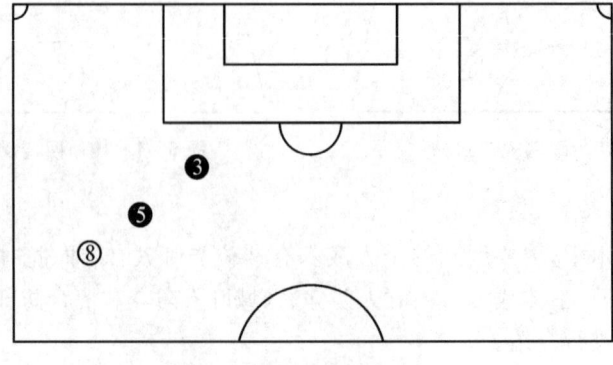

图5-1-22 保护配合③

(2) 补位配合。补位配合是指当同伴在防守中出现漏洞时,本方防守队员通过及时的跑位以弥补漏洞的相互协作的战术配合。常见的补位形式有补空位和邻近队员相互补位。

① 补空位:在前卫或后卫队员插上进攻退守不及时的情况下,邻近同伴要暂时弥补他的空位,防止对方球员利用空当进行快速突破(图5-1-23)。

② 邻近队员相互补位:当同伴被对方球员运球突破或对方球员快速插入同伴背后,同伴已来不及盯防时,邻近队员应及时后撤弥补同伴身后的空当。邻近队员的空当则由被突破的同伴进行补位(图5-1-24)。

   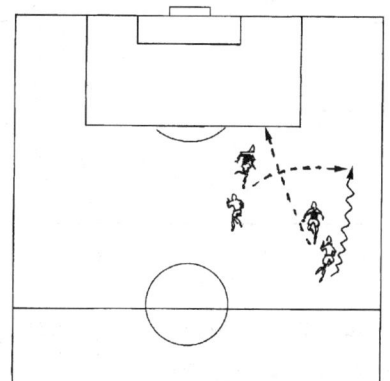

图5-1-23 补空位　　　　　图5-1-24 邻近队员相互补位

如何选择足球战术

为了最大限度地发挥足球战术的威力,在选择战术时要注意以下几点。
1. 强调比赛的攻守平衡。
2. 追求攻防人数与质量的统一。
3. 合理控制比赛节奏。
4. 选择恰当的比赛阵形。
5. 战术执行要有灵活性。

三、足球运动的比赛规则

(一)熟悉比赛规则

1. 球场

足球的比赛场地应为长方形,长在90~120 m,宽在45~90 m均可。国际比赛中,场地长为100~110 m,宽为64~75 m。世界杯决赛阶段比赛,场地长为105 m,宽为68 m(图5-1-25)。

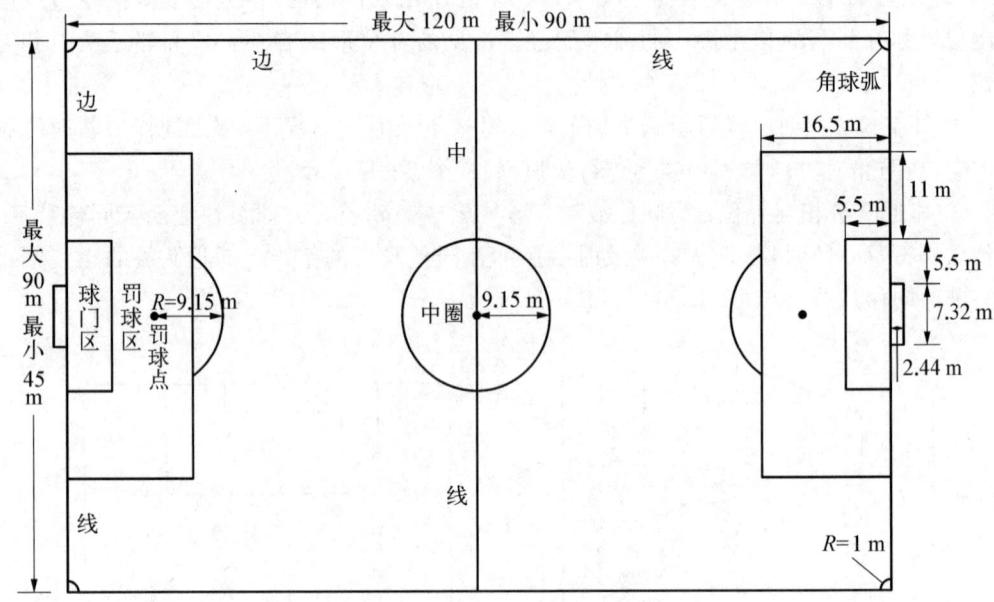

图 5-1-25 足球场地示意图

场地各线宽度不超过 12 cm。边线与球门线应包括在场地面积之内,其他各线宽度也应包括在该区域面积之内。

2. 边线

当球的整体从地面或空中全部越过边线时方可判为球出界,由非出界方发界外球。比赛中,除裁判员和助理裁判员外,任何人未经裁判员允许不得擅自出入此线。

3. 比赛用球

标准比赛用球应以皮革或其他合适的材料制成,一般由 12 块黑色正五边形面料与 20 块白色正六边形面料拼合而成。成人用足球的球体周长应在 68~70 cm。

足球的重量,在比赛开始时,不得超过 450 g,不得少于 410 g。球的气压在 0.6~1.1 atm*(世界杯赛一般采用 0.9 atm)。

4. 队员人数

(1) 每队应为 7~11 人,其中 1 人必须为守门员。

(2) 正式比赛中可以提名 7 名替补队员,但最多可以替换 3 人,位置不限。被替换下场的队员不可以在本场比赛中重新参赛。

(3) 替补队员上场时应提前通知裁判,在死球时先下后上进行替补,上场队员应从中线上场。

(4) 点球决胜时,除守门员受伤可以由未使用过的替补队员替换外,剩余队员一律不得替换。

---

* 1 atm = 1.013×10^5 Pa。

5. 常见犯规判罚

(1) 越位：判罚越位必须同时具备4个条件。

① 进攻队员处在对方半场。

② 进攻队员处于球的前面，角球更接近对方底线的位置。

③ 进攻队员与对方球门线之间，对方队员不足两人。

④ 处于越位位置的队员在同队队员踢或接触球的一瞬间，如果裁判员认为其干扰比赛、干扰对方队员或者其他裁判员认为利用越位位置获得利益的行为可判为越位犯规。

(2) 直接任意球：如果裁判员认为队员有下列十种犯规中的任何一种，将判给对方踢直接任意球。

① 踢或企图踢对方队员。

② 绊摔或企图绊摔对方队员。

③ 跳向对方队员。

④ 冲撞对方队员。

⑤ 打或企图打对方队员。

⑥ 推对方队员。

⑦ 为了得到对球的控制而抢截对方队员时，于触球前触及对方队员。

⑧ 拉扯对方队员。

⑨ 向对方队员吐唾沫。

⑩ 故意手球（不包括守门员在本方罚球区内）。

(3) 间接任意球：如果守门员在本方罚球区内有下列4种犯规中任何一种，将判罚给对方罚间接任意球。

① 拖延时间（持球超过6秒）。

② 在发球后未经其他队员触球，再次用手触球。

③ 用手触及同伴故意回传给他的球。

④ 用手触及同伴直接掷入界外的球。

另外如果其他队员有下列任何一种情况，也将判给对方间接任意球。

① 动作具有危险性。

② 阻挡对方队员。

③ 阻挡对方守门员从其手中发球。

④ 越位犯规。

⑤ 任何其他形式的犯规。

(二) 常见比赛阵形

比赛阵形是指赛场上队员按照一定的位置排列、攻守力量搭配和职责分工所构成的场上站位。一般由后卫向前锋的顺序描述阵形，目前常用的阵形有"四四二""一三三三""三五二"和"五三二"阵形等。

1. "四四二"阵形

1966年,英格兰队首先运用"四四二"阵形(图5-1-26)夺得第8届世界杯冠军。1982年世界杯上,意大利队又对崇尚密集防守的"四四二"阵形进行了更具进攻意义的改造,使"四四二"阵形进攻威力倍增,并借此夺得第12届世界杯冠军。从此,"四四二"阵形风靡世界足坛,至今仍被许多球队采用。

2. "一三三三"阵形

在1974年第10届世界杯上,荷兰与联邦德国等首创了"一三三三"阵形(图5-1-27),全攻全守型踢法从此进入了人们的视野。这种阵形要求运动员攻守兼备,对球员的个人能力和战术意识提出了更高要求。

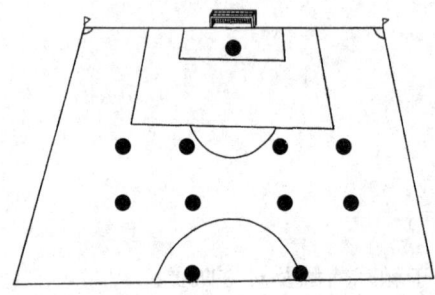

图5-1-26 "四四二"阵形

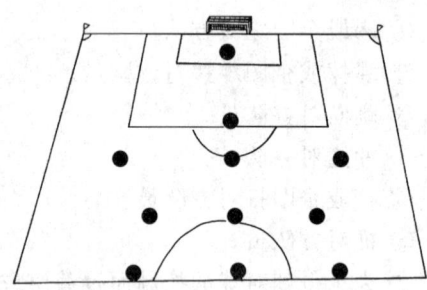

图5-1-27 "一三三三"阵形

3. "三五二"与"五三二"阵形

在20世纪80年代的欧锦赛和第13届世界杯上就出现了"三五二"(图5-1-28)与"五三二"阵形(图5-1-29),法国队、丹麦队等是采用这种阵形的代表。该阵形是根据场上攻守的需要,通过边后卫的插上与后撤,完成"三五二"与"五三二"阵形之间的转换,也是一种强调攻守平衡的阵形。

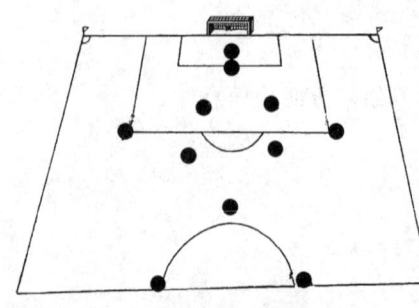

图5-1-28 "三五二"阵形

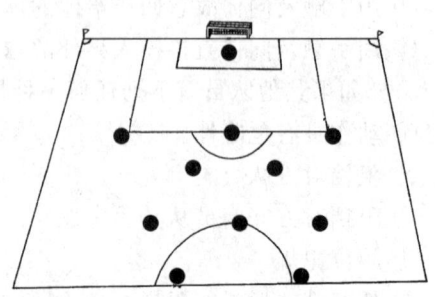

图5-1-29 "五三二"阵形

知识窗

足球比赛阵形的命名原则

足球比赛的阵形一般按照从后卫向前锋的顺序命名,守门员的人数、职责固定,一般不予计算。例如,"四四二"阵形从后至前分为三条线,后卫线 4 名队员,前卫线 4 名队员,前锋线 2 名队员。

(三) 文明观看比赛

为了充分享受足球比赛的乐趣,感受足球比赛的魅力,在现场观看足球比赛时应注意以下几个方面。

1. 赛前提早入场

足球比赛前的观众互动、现场表演已经成为足球比赛不可或缺的一部分,提早入场可以充分感受这种现场气氛。

2. 文明参与现场互动

球迷的支持是球队取胜的重要动力,在比赛现场通过文明、合理的方式为自己喜欢的球队加油助威是对场上球员的极大鼓励,也是表达自己情绪的重要方式。但是如果情绪的发泄超过了限度,就会造成很多不理智的行为,产生"足球暴力",影响足球运动的健康发展。

3. 不离不弃的观赛热情

足球比赛不仅考验着场上队员的体力和意志,而且同样考验着观众们的心理承受能力。足球比赛最大的魅力在于胜负的不确定性,不到最后一刻谁也不会放弃希望。观众作为场上的"第十二名队员"也应该和自己的球队战斗到最后一秒。不论球队赢还是输,都要始终支持自己喜欢的球队。

4. 理性面对胜负

足球比赛有胜有负,谁也不会成为足球场上的常胜将军。因此,当自己支持的球队胜利时,我们应该庆祝,但不能过分自大,甚至侮辱对方球员和球迷。而当自己支持的球队失败时,我们则应该冷静分析失败的原因,鼓励球队取得以后比赛的胜利。

5. 有秩序地退场

足球比赛结束后由于退场人数很多,这时一定要保持良好的退场秩序,避免因拥挤而发生危险事件。同时应当带走现场的垃圾,保持看台的清洁。

第二节 篮 球 运 动

一、篮球运动概述

(一) 走进篮球运动

1. 篮球运动的起源与发展

现代篮球运动是由美国马萨诸塞州斯普林菲尔德市(旧译春田市)基督教青年会干部训练学校体育教师詹姆斯·奈·史密斯于 1891 年发明的。由于当时美国冬天气候寒冷,为了找到一项既适合学生在室内开展,又不失趣味性的运动项目,史密斯受当地儿童从树

第五章 足球、篮球、排球

上摘桃子然后投入桃筐的游戏所启发,发明了一项投篮游戏。他把桃筐悬挂在室内两侧离地面约 10 英尺(3.05 m)的高墙上,以足球作为比赛工具向对方篮筐中抛投,以投中次数多少确定胜负。最初,篮筐底部是封闭的,直到 1893 年才以带网的铁篮圈代替竹筐。这就是现代篮球运动的雏形。

由于这项活动的游戏性和趣味性较强,又有很好的健身作用,很快就吸引了大量的体育爱好者。后经过竞赛规则的不断充实与完善,技术、战术的不断演进与发展,加上赛事和媒体的推广,篮球运动很快就成为一项风靡世界的体育运动。篮球运动于 1895 年由美国基督教青年会传入我国。1896 年天津基督教青年会举行了我国第一次篮球游戏表演。新中国成立后,篮球运动的发展与普及更为迅速,如今已成为一项深受人民群众特别是青少年喜爱的体育运动。

2. 备受关注的篮球赛事

(1) 奥运会篮球赛。1904 年,在美国圣路易斯举行的第 3 届奥运会上,美国的两支球队首次将篮球进行了表演展示。1936 年柏林奥运会上,男子篮球比赛第一次被列为奥运会比赛项目。女子篮球到 1976 年蒙特利尔奥运会上才被正式纳入。奥运会篮球比赛每 4 年举办一次,只设男女 2 个团体项目,各有金、银、铜 3 块奖牌。在过去的男子篮球和女子篮球奥运会比赛中,美国男篮获得了 16 次冠军(苏联获得 2 次冠军,南斯拉夫和阿根廷各获得 1 次冠军);美国女篮获得了 9 次冠军(苏联获得 2 次冠军,独联体 1 次)。中国女子篮球队曾于 1992 年巴塞罗那奥运会上获亚军。中国男篮的奥运最好成绩是 1996 年亚特兰大奥运会、2004 年雅典奥运会和 2008 年北京奥运会的第 8 名。

(2) 国际篮联篮球世界杯。国际篮联篮球世界杯简称"篮球世界杯",是国际篮球联合会(简称"国际篮联")主办的世界最高水平的国家队级篮球赛事,每 4 年举办一次。

篮球世界杯的前身是"世界男子篮球锦标赛"(从 1950 年开始举办)。2012 年 1 月 28 日国际篮联宣布男篮世锦赛更名为篮球世界杯。

2014 年西班牙篮球世界杯是男篮世锦赛更名为"篮球世界杯"后举办的第 1 届国际篮联篮球世界杯。

2015 年 8 月 7 日,在日本东京举行的国际篮联最高议事机构中央局会议投票决定了 2019 年篮球世界杯举办地,国际篮联主席穆拉特瑞宣布赛事将在中国举办。

2019 年 8 月 31 日—9 月 15 日,2019 国际篮联篮球世界杯的比赛分别在北京、广州、南京、上海、武汉、深圳、佛山、东莞八座城市进行。

2023 年 8 月 25 日至 9 月 10 日,2023 年国际篮联篮球世界杯将在印度尼西亚、日本及菲律宾举行。

在过去的 18 届篮球世锦赛比赛中,男篮方面,美国获得 5 次冠军,南斯拉夫获得 4 次冠军,苏联获得 3 次冠军,巴西获得 2 次冠军,西班牙、塞黑、阿根廷和法国各获得 1 次冠军。女篮方面,美国获得 8 次冠军,苏联获得 6 次冠军,澳大利亚和巴西各获得 1 次冠军。我国男篮的世锦赛最好成绩是 1994 年加拿大世锦赛第 8 名;女篮的最好成绩是 2022 年在澳大利亚世界杯获得亚军。

国际篮球联合会

国际篮球联合会(FIBA)是一个国际性的篮球运动组织,由世界各国的篮球协会组成,于1932年成立,总部设于瑞士日内瓦,共有215个会员。负责制定国际篮球球例、制定篮球比赛用的篮球场和篮球规格、控制球员的调动和举办大型篮球比赛等。中国篮球协会于1936年加入国际篮联,1958年退出,1974年恢复在国际篮联的会员资格。

3. 美职篮(NBA)

美职篮(National Basketball Association,简称NBA),即美国职业篮球联赛,是美国第一大职业篮球联赛,也是公认的世界上最高水平的篮球赛事,转播信号覆盖全球。NBA诞生了威尔特·张伯伦、比尔·拉塞尔、埃尔文·约翰逊、拉里·伯德、迈克尔·乔丹、科比·布莱恩特、勒布朗·詹姆斯等篮球明星。该协会一共拥有30支球队,分属两个联盟:东部联盟和西部联盟;而每个联盟各由三个赛区组成,每个赛区有五支球队。30支球队当中有29支位于美国本土,另外一支来自加拿大的多伦多。我国篮球运动员王治郅、巴特尔、姚明、易建联、孙悦等人都曾先后在NBA球队中效力。

NBA之最

1. 夺冠最多的球队。波士顿凯尔特人队曾先后17次夺得NBA总冠军。
2. 冠军戒指最多的球员。在1957—1969年的13个赛季里,比尔·拉塞尔带领波士顿凯尔特人队获得11次NBA总冠军,他也因此成为NBA历史至今获得最多戒指的球员。
3. 单场比赛得分之最。威尔特·张伯伦在1962年3月2日单场得到100分。
4. 荣获得分王最多的球员。迈克尔·乔丹曾先后十次获得NBA常规赛得分王称号,1998年35岁的乔丹成为史上最年长的得分王。
5. NBA历史得分最多的球员。2023年2月8日,勒布朗·詹姆斯在对阵雷霆队的比赛中,全场拿下38分,以38 390的个人总得分超越"天勾"贾巴尔的38 387分,成为NBA现役得分最多的球员。

4. 中国男子篮球职业联赛(CBA)

中国男子篮球职业联赛(CBA,全称China Basketball Association),是由中国篮球协会所主办的跨年度主客场制篮球联赛,中国最高等级的篮球联赛。1995年,第1届CBA联赛开赛,共有12支队伍参赛。至2014年,参加CBA常规赛的球队已增加到20支。特别是近几年来,随着CBA外援引进力度的加大,马布里、麦蒂等NBA球星先后来华效力,大大提升了CBA联赛的精彩程度,使得CBA联赛得到了越来越多的关注,促进了球票发

售、电视转播、球星包装等联赛相关产业的发展。

（二）篮球运动的健身价值

1. 篮球运动与身体健康

高职阶段是为将来的职业发展打基础的重要时期，良好的身体素质是健康、高效工作的基础。篮球运动活动量较大，经常打篮球能够有效改善和提高心血管系统、呼吸系统、消化系统和神经系统的功能。此外，篮球场上经常需要运动员根据瞬息万变的情况快速做出反应，这就需要建立很快的神经—肌肉传导速度和良好的身体协调运动能力。另外，篮球运动对人的身体素质要求较为全面，经常练习打篮球可以使人的速度、力量、柔韧、耐力、灵敏等身体素质得到较好锻炼。同时，篮球运动消耗热量较多，可以起到控制体重、塑造健美体形的作用。

2. 篮球运动与心理健康

篮球运动为我们提供了缓解心理压力、消除心理疲劳的良好途径，通过打篮球可以让我们的不良情绪得到释放，从而使情绪保持在一个稳定的水平。同时，在篮球场上我们也经常会遭遇落后和困境，只有通过不断的拼搏才能获得胜利，经常打篮球可以帮助我们建立良好的自我评价，增强自信心，培养顽强的意志品质和团结协作的精神。

3. 篮球运动与社会适应

社会适应能力的好坏，直接影响着我们未来的职业发展。篮球运动为人与人之间的交往提供了一个良好的平台，经常打篮球可以锻炼参与者尽快适应周围的各种人和各种变化，培养尽快被他人所理解和接受的能力。同时，篮球作为一项团体运动，需要队伍中的每个人各司其职、协调配合，这也培养了参与者的集体责任感和合作意识，为将来在工作岗位上处理好个人与集体的关系打下良好基础。因此，篮球运动已成为当前健身、娱乐、交友、丰富闲暇生活的重要手段。

二、篮球运动的基本技术

（一）球性是打球的前提

篮球运动要求练习者对篮球具有良好的控制力，从而能够完成各种持球动作，达到灵活应对场上各种变化的境界。熟悉球性是掌握和提高篮球技战术的基础和有效的方法，通过各种姿势的拨球、运球、绕球、抛接球以及篮球游戏等多种练习方式可以有效地培养练习者的球性。

1. 拨球练习

双手持球，肘关节微屈，用手腕和手指连续拨球，使球在两手之间快速移动。练习时两手之间要保持一定距离，拨球速度可根据练习水平的提高由快至慢，并不停改变球和手臂的高度。

2. 绕球练习

两脚开立，双手持球于腹前，两手交替使球依次绕头、绕颈、绕腰、绕腿、绕膝、绕踝，然后反方向进行，连续反复练习。

3. 胯下绕球练习

两腿左右开立,距离略比肩宽,重心下降,双腿半蹲;双手持球两腿之间,从前往后分别绕左腿和右腿绕球,再进行胯下的 8 字连续环绕。可根据练习水平的提高逐渐加快绕球速度,练习时注意保持身体躯干的正直,眼睛目视前方。

4. 胯下运球练习

两腿成前后弓步姿势,双手交替拍球完成连续的胯下运球,可根据练习水平的提高逐渐加快运球速度。练习时注意保持上体正直,不要用眼睛看球。

(二)运球是突破的基础

运球是球员在比赛中持球移动的重要方法,是在赛场上完成快速突破,创造得分机会的重要手段,也是全队进攻战术顺利完成的基础。常见的运球方式有高运球、低运球、运球急停急起、体前变向换手运球等。

1. 高运球

原地高运球时,两腿微屈,上身微微前屈,手按拍球的上方,球的高度在腰和胸之间,眼睛目视前方;行进间运球时,手按拍球的后上方,向前推球,球的落点在身体侧前方,手脚协调配合。

2. 低运球

运球时两腿深屈,重心下降,用身体和腿去保护球,手按拍球时要快速,球的高度在膝盖以下。

3. 运球急停急起

要想摆脱对方的防守,就不能始终以一个速度运球,通过运球节奏的改变,可以拉开与防守人之间的距离,从而寻找突破的空间。在急停时要保持低重心,手拍球的前上方,使球停止前进。在急起时要用力蹬地,上体前倾,迅速起动,同时拍球的后上方,使人、球同步快速前进(图 5-2-1)。

5-6 篮球运球

图 5-2-1 运球急停急起

4. 体前变向换手运球

迅速改变运球的方向也是摆脱对方防守的有效方法。以右手运球为例,当前进路线被对手堵截时,可先向防守人左侧做变向运球假动作。当对手向左侧移动时,迅速改变运球方向,将球拍至身体左侧,同时降低重心,右腿向左前方跨出,转体探肩,左手运球,加速突破(图 5-2-2)。

图 5-2-2 体前变向换手运球

> **练习提示**
>
> 在进行运球练习时,应注意以下几个方面。
> 1. 不要低头运球,运球的同时抬头观察场上情况。
> 2. 两膝微屈,上体微含胸,运球时用身体护球。
> 3. 运球时不要过高,运球手要主动发力下压、上引。
> 4. 注意根据场上情况掌握好运球节奏。

(三)传接球是配合的纽带

传接球是运动员在球场上快速转移球的方法,及时、准确地传接球,是寻找进攻空间、密切队员联系的有效手段,同时也是全队整体技术、战术充分发挥的保证,是队员之间相互信任的表现。常见的传接球技术有双手胸前传球、单手肩上传球、双手接球、单手接球等。

1. 双手胸前传球

双手胸前传球是篮球比赛中最基本、最常用的一种传球方法,具有快速、准确、易控制,方便与其他动作相结合的优点。传球时要注意正确的持球姿势,做到"前后分脚、五指分开、手心空出、拇指八字、持于胸腹"。同时,还要注意传球时手臂前伸,食指、中指拨球(图 5-2-3)。

5-7 篮球传球

图 5-2-3 双手胸前传球

2. 单手肩上传球

在篮球比赛中我们常常看到运动员在抢到防守篮板球或者后场发底线球时,用单手将球快速扔到前场,创造快攻的机会。这里就用到了单手肩上传球技术,该技术具有用力大、速度快、距离远的特点。传球时要注意身体自上而下发力,蹬地、转肩、挥臂、扣腕、拨球动作要充分、连贯(图5-2-4)。

图5-2-4　单手肩上传球

3. 双手接球

有传球就会有接球,只有稳稳地接住队友传给自己的球,才能降低失误率,避免被对手断球,并快速完成接下来的传球、运球、突破、投篮等动作。在接球时一定要双眼注视来球,同时拇指张开、手成球形、伸臂迎球、屈肘缓冲,握球于胸腹之间(图5-2-5)。

图5-2-5　双手接球

(四) 投篮是得分的手段

投篮是篮球比赛中得分的唯一手段,是一切技术、战术运用的最终目的和全部攻守矛盾的焦点,是整个篮球技术体系的核心。在赛场上,外线精准的三分,内线大力的灌篮,以及最后一秒钟的绝杀,都会一次次点燃现场观众的激情。常见的投篮方式有原地单手肩上投篮、原地双手胸前投篮、行进间单手肩上低手投篮、行进间单手肩上高手投篮、跳起投篮等。

1. 原地单手肩上投篮

原地单手肩上投篮是最基础的投篮方法,具有出手点高、便于结合其他动作和不易防守的特点。多在罚球和防守人距离较远的情况下使用,是一种应用广泛的投篮方法。投篮时要注意上下肢协调用力,抬肘伸臂充分,手腕下压,中指、食指拨球(图5-2-6)。

图5-2-6 原地单手肩上投篮

2. 行进间单手肩上低手投篮

这种投篮技术俗称"三步上篮",具有伸展距离远、动作速度快、出手平稳等优点,多在快攻和强行突破时使用。以右手投篮为例,在上篮时要注意在迈右腿的同时持球,避免造成走步。在腾空时左臂充分向篮筐上方伸展,并做好拨腕、拨指的动作,将球平稳地"放进篮筐"(图5-2-7)。

图5-2-7 行进间单手肩上低手投篮　　　　图5-2-8 跳起投篮

3. 跳起投篮

跳投是现代篮球比赛中普遍运用的一种投篮方式,具有突然性强、出球点高和不易防守的优点。NBA著名球员"飞人"乔丹就用他标志性的后仰跳投技术多次绝杀对手。在跳投时要注意起跳、举球、出手动作协调一致,并在身体接近最高点时出手(图5-2-8)。

后 仰 跳 投

后仰跳投是一个比较有难度的技术动作,后仰的目的是防止被盯防的人封盖,但起跳时机和后仰的角度需要相当的功底才能准确把握。最重要的是在滞空时的平衡和落地,稍有不慎就会坐倒,甚至扭到脚踝。这种投篮技术在对方防守球员较高或弹跳比自己要优秀时经常会采用。在NBA赛场上,乔丹、科比、诺维茨基等都是使用后仰跳投技术的典型人物。

(五)进攻是掌握主动的法宝

想要有效地完成进攻,就离不开队员之间的进攻战术配合。篮球是一项集体运动,个人的单打独斗必然无法保证球队的获胜,只有队员之间的相互配合,才能充分发挥球队的实力。常见的进攻配合有很多,总的来说包括传切、突分、掩护和策应四大类型。这里我们仅对传切配合和挡拆配合进行简单介绍。

5-9 篮球基本战术

1. 一传一切配合

一传一切配合是传切配合的一种,是指持球队员传球后,利用启动速度或假动作摆脱防守,向篮下切入接回传球投篮的配合(图5-2-9)。

2. 挡拆配合

挡拆配合是掩护配合的一种,是指球员利用身体为队友提供掩护,帮助队友突破上篮。自己转身切向篮下抢篮板球或接传球投篮。NBA中的马刺队就是挡拆战术运用的好手,蒂姆·邓肯和托尼·帕克之前的挡拆已成为球迷心中永恒的经典(图5-2-10)。

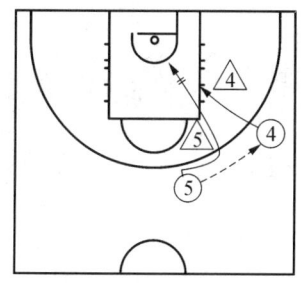

图5-2-9 一传一切配合

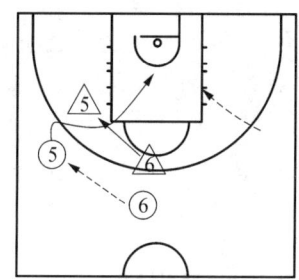

图5-2-10 挡拆配合

(六)防守是战胜对方的关键

现代篮球竞赛实践表明,防守是篮球比赛中取胜的关键。特别是在联赛制比赛中,一支球队要想走得更远,保持更稳定的胜率,除了要有出色的进攻表现,防守质量的好坏更是球队立足的根本。想要做好防守,就离不开队员间的防守配合,常见的防守配合有挤过、穿过、绕过、夹击、"关门"、联防等。这里我们仅对"关门"和联防两种配合进行简单介绍。

1. "关门"配合

"关门"配合是指邻近的两名防守队员协同堵截进攻队员运球突破的一种防守配合方法,通常在区域联防和半场人盯人防守战术中运用(图5-2-11)。

2. 区域联防

区域联防是一种每一个队员协同防守一定区域,随着球的转移而积极调整自己位置的全队防守战术。最常见的区域联防阵形为"2-1-2"阵形(图5-2-12)。该阵形队员分布均衡,移动距离近,利于协防和调整阵形,适用于防守正面突破和篮下进攻威力大的对手。

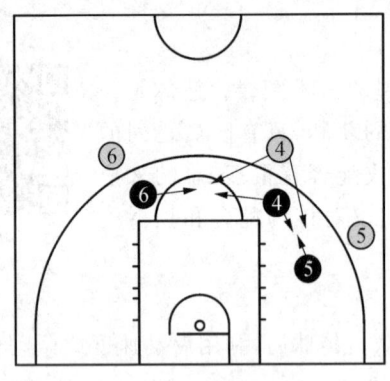

图5-2-11 "关门"配合

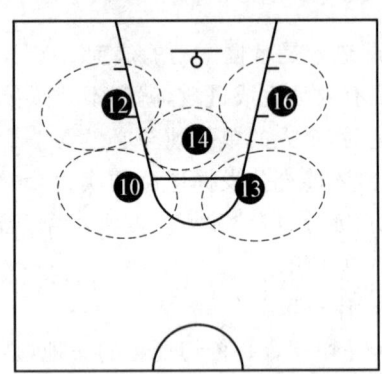

图5-2-12 "2-1-2"区域联防

运动中如何补水

1. 锻炼中或锻炼后,每次饮水量应根据排汗量的多少来调整,遵循少量多次的原则。
2. 补水的水温以15℃左右为宜,不宜喝冰冻饮料。
3. 大量出汗后的补水可以考虑在水中加点盐、糖,以补充体内盐分和能量的损失。
4. 锻炼开始前10~15 min可饮水100~300 mL,以增加体内水分的临时储备。

三、篮球运动的比赛规则

(一)如何进行篮球比赛

1. 场地

国际篮联规定的篮球比赛场地为长28 m,宽15 m的长方形。三分线距离篮筐6.75 m。篮圈距地面3.05 m,篮板下沿距地面2.90 m。NBA的比赛场地尺寸稍大,长为28.65 m,宽为15.24 m。三分线距离篮筐7.24 m。篮板和篮筐高度与国际篮联的规定相同(图5-2-13)。

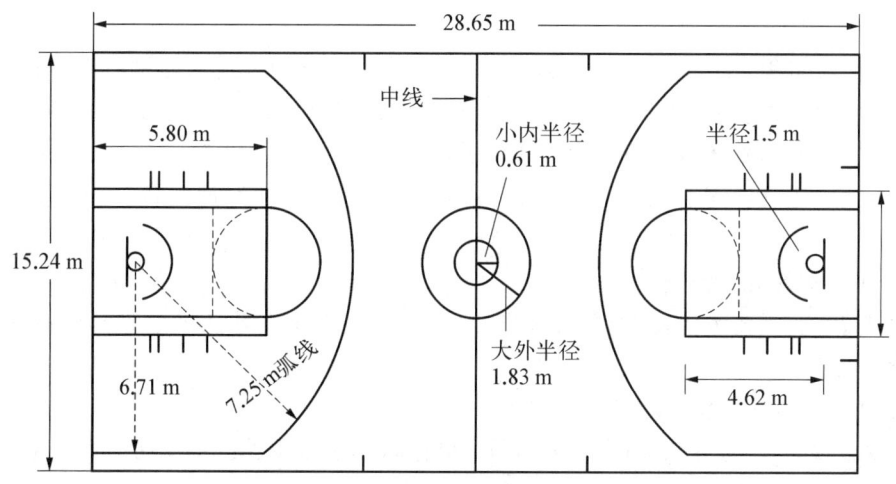

图 5-2-13 NBA 比赛场地图

2. 竞赛方法

篮球比赛每队上场五人,其中一人为队长,候补球员一般为 7 人。比赛分 4 节,每节各 10 min(NBA 为 12 min),每节之间休息 5 min(NBA 为 130 s),中场休息 10 min(NBA 为 15 min),NBA 中在第 4 节和任何加时赛之间休息 100 s。

比赛结束两队比分相同时,则进行延长赛 5 min,若 5 min 后比分仍相同,则再次进行 5 min 延长赛,直至比出胜负为止。

NBA 史上最长的加时赛

在 1951 年 1 月 6 日印第安纳波利斯客场对阵罗切斯特皇家队的比赛中,双方共进行了 6 次加时赛才分出胜负,加时时间 30 min,从加时开始到比赛结束总时间耗时 1 h 30 min 左右。最终印第安纳波利斯 75∶73 客场战胜罗切斯特皇家队。这场比赛也成了 NBA 历史上最长的加时赛。

(二) 篮球常见规则

1. 违例

违例是指在篮球比赛中既不属于侵人犯规、违反体育道德的犯规、取消比赛资格的犯规,也不属于技术犯规的违反规则的行为。违例时,由对方球员在靠近违例的地点掷界外球。主要的违例有跳球违例、球出界违例、两次运球违例、带球走违例、3 秒违例、8 秒违例、24 秒违例等。其中,3 秒违例又包括进攻 3 秒违例和防守 3 秒违例,后者是 NBA 特有的违例。

2. 犯规

犯规是指对规则的违犯,含有与对方球员的身体接触或违反体育道德的行为。犯规时,一般由对方球员罚球或掷界外球。主要犯规有侵人犯规、违反体育精神犯规和技术犯规等。

（1）侵人犯规：这是一种违反规则而与对方发生不合理的身体接触时的犯规。发生犯规时，由对方在犯规地点最近的界外掷界外球。犯规时如果对方投篮成功，得分有效并加罚一球。如果投篮不成功则判给与投篮分数相同次数的罚球。

（2）技术犯规：技术犯规时是没有身体接触的犯规，行为种类包括但不限于以下方面。

① 无视裁判员的警告；

② 与裁判员、技术代表、记录台人员、对方队或允许坐在球队席的人员讨论和/或交流中没有礼貌；

③ 使用很可能冒犯或煽动观众的粗话或手势；

④ 戏弄或嘲讽对方队员；在对方队员眼睛附近挥手或手保持不动妨碍其视觉；

⑤ 过分挥肘；

⑥ 在球穿过球篮之后故意地触及球或阻碍迅速地掷球入界以延误比赛；

⑦ 伪造被犯规。

罚则：判给对方1次罚球，立即执行。

(三) 篮球比赛欣赏

1. 看教练员排兵布阵

教练员是篮球比赛的指挥者，他不单单是一支球队的军师，更是一支球队的统帅。所谓强将手下无弱兵，篮球比赛除了场上运动员之间技术、体能、意志的比拼，更是场下教练员之间谋略、胆识的较量。在比赛的关键时刻，看教练员如何利用短暂的暂停时间布置战术，调整队员心态，寻找克敌制胜的法宝，化险为夷，转败为胜，是欣赏篮球比赛的关键。每当暂停时，解说员和观众都会分析、预测接下来教练员会做出怎样的战术调整，这也成为篮球观赛的一大乐趣所在。"禅师"菲尔·杰克逊一手打造了鼎盛一时的公牛王朝和湖人王朝，11枚总冠军戒指的成绩无人能及。老帅波波维奇一手缔造了马刺王朝，打造出一支成全联盟发挥最稳定的球队，他与"GDP"（吉诺比利、邓肯、帕克）三人之间的师徒之情，也成为一段佳话。

2. 看明星球员力挽狂澜

一个好汉三个帮，教练员的战术能否得到有效的贯彻实施还是要靠场上球员的努力。每一支球队中都有自己的当家球星，这些球星是人们关注的焦点，也是球队的灵魂。当球队处于逆境之时，我们会关注明星球员，看他们能否发挥领袖气质，带领球队走出困境。当比赛进入到决胜阶段时，我们更会关注明星球员，看他们能否发挥王者之风，通过高超的技术力挽狂澜。1998年NBA总决赛第6场，乔丹在最后时刻绝杀爵士的场景已成为历史的经典。2004年NBA常规赛麦蒂35秒获得13分的神奇表现也成为球迷心中永恒的记忆。球星的魅力远远不止杰出的球技，他们对胜利的执着，对篮球的热爱，在困难当中永不放弃的精神都成为激励我们在生活中坚持梦想、不断奋斗的精神动力。

3. 看裁判员严格执法

裁判员是篮球比赛中的法官，掌握着比赛中的判罚尺度。随着当今篮球比赛中球员技术水平的不断提高,比赛竞争激烈程度的不断加大,胜负往往只在几分之间。在这种情况下,裁判员的执法水平就成为决定比赛走势的重要因素。公正的作风、冷静的执法、准确的判断是作为一名裁判员的必备素质,也是保证比赛顺利进行的前提。在如今的篮球比赛中,裁判员的表现也成为一大焦点。现场观众和教练员怎样向裁判施压,关键球裁判员能否顶住压力做出正确判罚,裁判员的判罚尺度如何把握以及突发情况下裁判员如何随机应变做出判罚等,这些都是欣赏篮球比赛中的重要看点。

4. 看啦啦队员精彩表演

当今的篮球比赛已经不仅仅是单纯的竞技比赛,更像是一场娱乐盛宴,体育和娱乐的元素已经深深地交织在一起。在欣赏激烈的篮球比赛同时,"啦啦队"的表演也成为篮球比赛中的一大亮点,是篮球比赛中不可或缺的一个环节。开场前的三分钟暖场表演,预先点燃了现场观众的热情。节间休息时的短节目,使观众紧张的情绪得到放松。除此之外,"啦啦队"还扮演着球队"助威军团"的作用,通过富有激情的口号、动感的舞蹈,鼓舞参赛球员的斗志,带动现场观众的情绪,为自己支持的球队加油助威。"啦啦队"已经成为一支球队主场文化的重要组成部分,热辣的舞姿、整齐的动作,都给人以美的体验。

中国篮球名人

若论中国篮球史上十大球星之一,那么姚明当之无愧排第一。NBA前任总裁大卫·斯特恩说,姚明架起了中美两国球迷和人民的桥梁。美联社评价姚明,把中国带给NBA,也把NBA带给中国。姚明自己说,他从未放弃一个梦想,就是自己的球队,能够代表中国出战。很显然,姚明曾经的梦想就是使中国篮球蓬勃发展并走出国门。他带领中国队两次打进奥运会8强、一次打进世锦赛16强,获得2次亚锦赛冠军。作为NBA历史上第一位外籍状元,他效力休斯敦火箭队的八个赛季场均贡献19.1分9.3篮板。他不仅是中国篮坛最伟大的球员,也在2016年入选美国奈史密斯篮球名人堂。2017年姚明正式当选为中国篮协主席。

第三节 排球运动

一、排球运动概述

(一)走进排球运动

1. 排球运动的起源与发展

排球运动源于美国,1895年美国马萨诸塞州霍利约克市基督教青年会体育干事威廉·摩根先生发明了这项运动,最开始他只是想把排球作为一种老少皆宜的游戏,玩法是将网球网挂起来,使用篮球的内胆作球,参与者隔着对抗,在保证球不落地的同时,将球拍过网。

摩根最初发明排球的目的是创造一种结合了篮球、棒球、网球以及手球的游戏,而这

种游戏又必须避免像篮球那样的肢体接触,这样一些年纪稍微大一些的人也可以参加。最初,摩根进行了反复的试验。他在篮球场上架起网球网(高约1.98米),以篮球胆为球,让人们像打网球一样用手隔网来回托球、传球,球在哪一方落地一次就算哪一方失败一次。由于篮球胆太轻,在空中飘忽不定,玩起来很不方便,摩根尝试将篮球胆换成了篮球。但篮球又过于沉重,飞行速度慢并且很难进行隔网击打。最后,摩根采用了外表为皮制,内装橡皮球胆的球,经试验效果理想,于是第一代排球诞生了,其规格与现代排球已经非常接近,而排球这项运动也正式诞生了。很快,它就在基督教青年会中广泛传播开来。摩根和斯普林菲尔德市体育干事弗兰克·德博士及消防署长林奇共同将这项游戏命名为"mitontte"(意为"小网子")。

排球后来传入欧洲以后,逐渐成为一项竞赛性的球类运动。1947年国际排球联合会在法国巴黎成立,它逐渐将排球运动传播并发展成为一项世界性的体育项目。排球逐渐走进了奥运会的赛场,并拥有了自己的世界锦标赛和世界杯赛。

排球运动集对抗性和趣味性于一身,并且具备很好的健身功能,随着不断的发展和革新,吸引了越来越多的体育爱好者,特别是深受青少年的推崇。

2. 精彩纷呈的排球赛事

世界性三大排球赛就是指奥运会排球赛、世界排球锦标赛和世界杯排球赛,这三大比赛每隔4年举行一次。

1949年举行了第1届世界男子排球锦标赛,1952举行了第1届世界女子排球锦标赛。世界排球锦标赛规定男、女各24个队参加比赛。上届比赛的前12名为种子队,其中东道国为第1种子,其他种子按名次顺序排列;非种子队按报名进行抽签编组。

1964年第18届奥运会上排球被正式列入奥运会竞赛项目,有10支男队和6支女队参加了比赛。发展至今,奥运会排球比赛的规模已由最初的10支男队和6支女队发展到男女各12支队伍。奥运会排球赛规定,能直接参加比赛的是:东道国队、上届奥运会冠军队、上届世界锦标赛冠军队和世界杯男子冠军队,其他队是按5大洲分区进行预选赛中获冠军的队。

排球的另一大赛事是世界杯排球赛。1965年举行了第1届世界杯男子排球竞赛,1973年又举行了第1届世界杯女子排球赛。

这些比赛已经形成传统,每隔2年或4年举行一次,延续至今。此外,国际排联下属的各洲联合会也定期举行洲锦标赛、洲运动会排球赛、洲青年锦标赛等。

(二)排球的健身价值

1. 排球运动与身体健康

经常参加排球运动,能促进人体各器官系统的正常发育,使身体得到匀称的发展;排球使人动作灵活、反应迅速,弹跳力增强。激烈的排球对抗能够提高运动中枢对肌肉、肢体的控制能力,在起跳、扣球、拦网等的过程中,人体能动员更多的运动单位参与到复杂的肢体的运动中,从而加快神经传导的速度和强度,使肌肉收缩的速度更快、更有力。长期从事排球运动能够增加肌肉的体积、重量、力量,使肌肉中的能量物质储备增加;骨密质增厚,骨小梁的排列更有利于受力,骨的强度加大;关节囊及周围的韧带组织增厚,不易出现运动伤害。此外,排球运动还能够提高身体的空间感觉能力。

2. 排球运动与心理健康

参加排球运动,可以增强人的自信心、责任感、荣誉感,培养坚忍、果断等个性。在比赛中队员要有信心去对待每一个球,不论是发球、垫球、扣球还是救球;不论是失误还是成功,要勇于承担责任;要有强烈的获胜欲望,有强烈的集体荣誉感;比分落后时要有信心,因此,坚持排球运动能增强人的挫折教育,有利于更好地适应社会。此外,排球比赛还可以培养人的坚强、果断、自制、独立等个性品格,增强自信心、责任感、荣誉感和集体主义精神,使人性格开朗、乐观,情绪振奋,增进自我了解,树立悦纳自我的态度。

3. 排球运动与社会适应

排球是最强调团队精神和队员间协作的运动项目之一。排球使场上队员、场下教练和观众因共同目标联系在一起,在此期间每个人都占有一定的地位,扮演不同的角色。激烈的排球比赛可以增强人的集体主义精神,促进人与人之间的互相帮助、互相激励。排球比赛要求队员之间相互了解,彼此沟通,不能有隔阂,不能互相埋怨,这样才能够发挥全体成员的潜能,才能够实现默契的配合。在配合成功带来得分后,相互击掌、互相拥抱等肢体语言的鼓励和赞许,以及在失误后队友间通过语言进行的安慰,可以充分体现团队精神,也有利于建立良好的人际关系。所以说,排球运动可以改善人与人之间的交往,建立良好的人际关系;使人对困难和挫折有良好的承受力,利于学生今后适应社会。

低温大风环境下运动的注意事项

1. 如果冷风具有了一定危险性,就要减少或停止运动。
2. 在寒冷有风的环境下,最好穿几层轻便的衣服,方便随时增减。
3. 手、脚、鼻子、耳朵最容易冻伤,应戴好帽子、口罩和手套。
4. 裸露在外的身体部分可以擦点凡士林,有助于保持体温。
5. 及时用干衣服替换汗湿的衣服。

二、排球运动的基本技术

(一) 基本技术是开展排球运动的起点

1. 准备姿势

排球的准备姿势按身体重心的高低分为半蹲、稍蹲、低蹲三种,准备姿势在传球、垫球、拦网时运用最多。其中半蹲准备姿势是最基本的。

(1) 半蹲准备姿势:半蹲准备姿势要求两脚左右开立与肩同宽,稍分前后或平行站立。脚尖朝前并稍内收。脚跟稍提起,身体重心放在脚掌上,膝关节保持一定程度的弯曲。上体保持前倾、重心前靠,这样有利于向前及斜方移动和接起较低的来球。两臂要放松,两肘自然弯曲并下垂,双手置于腹前。全身适当放松,处于灵活状态,并根据球场变化随时调整身体的位置、方向和重心。

(2) 稍蹲准备姿势:身体重心比半蹲姿势稍高,两膝和两臂弯曲程度较小,双手比半蹲姿势更靠近身体。

（3）低蹲准备姿势：两脚左右站立距离要更宽，身体重心更前，身体重量落在两脚前脚掌上，两膝弯曲程度较大。

2. 移动

移动的目的是及时接近球，保持好人与球的位置关系，以便于击球。

（1）起动：起动的速度是移动的关键。做好准备姿势后，上体迅速移向移动方向，前脚向移动方向大步跨出，同时后脚用力蹬地。

（2）步法：排球运动中常用步法包括并步与滑步、交叉步。

① 并步与滑步。当球距身体一步左右时，采用并步移动。移动时，如向前移动，前脚向来球方向跨出一步，后脚蹬地跟上做好击球的准备姿势。当来球稍远，并步不能接近球时，可用快速的连续并步。连续并步称为滑步。

② 交叉步。当来球在侧三米左右时，可采用交叉步移动，交叉步的特点是动作快、步子大便于制动，主要用于二传、拦网和防守。采用向右侧交叉步时，上体稍向右转，左脚从右脚前面交叉迈出一步，然后后脚向右跨出一大步，同时身体转向来球方向，保持击球前的姿势。

另外还有跑步、跨步、跨跳步等几种步法。

5-10 排球移动

（二）发球是排球进攻的开始

排球从原来的发球得分制改为每球得分制以后，发球受到更高的重视，它已经不单是比赛的开始，同时也成了重要的进攻手段。有威力、攻击性强的发球，不但可以直接得分，起着先发制人的作用，而且还可以破坏对方组织进攻战术，减轻本方防守压力，为防守反击提供有利条件。此外，威力大的发球还能振奋精神，鼓舞士气，打乱对方的阵脚和部署。反之，发球失误过多，不但会使对方加分，而且还会给本方造成很大的心理压力和防守的困难局面。因此，发球首先要有稳定性，然后增加攻击性和准确性。随着排球技术和战术的不断发展，发球也在不断地改进和提高。

1. 侧面下手发球（以右手为例）

（1）准备姿势：左肩对网，两脚左右开立，右脚稍前，与肩同宽。两膝微屈，上体稍前倾，重心落在两脚之间，左手持球于腹前（图5-3-1①）。

图5-3-1 侧面下手发球

5-11 排球下手发球

(2)抛球：左手将球平稳地抛向胸前一臂远，离手约半米高(图5-3-1②)。

(3)击球：在抛球同时，右肩引向侧后方。接着利用右脚蹬地向左转体的力量，带动右臂向前上方摆动，在腹前用全手掌击球的下方。击球后随势入场比赛(图5-3-1③④)。

2. 正面上手发球(以右手为例)

(1)准备姿势：面对球网，右腿在后，左脚在前，自然开立，手臂弯曲，左手托球于身前。

(2)抛球：抬左臂同时手臂平托球上送，将球平稳地垂直抛向右肩上方，高度适中。

(3)挥臂击球：在左手抛球的同时，右臂抬起，屈肘后引，肘与肩平，上体稍转向右侧，这时要抬头、挺胸、展腹，身体重心移至左脚。蹬地、收腹，并以腰带肩，以肩带臂，以臂带腕，在右肩上方伸直手臂的最高点，用全掌击球的下中部。击球时手掌要自然张开与球吻合，为了更好地控制球，手腕要迅速、主动地做推压动作，使击出的球呈上旋飞行。击球后随重心前移，迅速入场(图5-3-2)。

图5-3-2 正面上手发球

3. 正面上手发飘球

(1)准备姿势：同正面上手发球。

(2)抛球：同正面上手发球，但抛球高度稍低，稍靠前。

(3)挥臂击球：与正面上手发球基本相同，但击球前手腕挥动轨迹不呈弧形，而是自后向前做直线运动。击球时用掌根平面击球体中下部。发力要短促、集中，并通过或接近通过球体重心。击球瞬间，手腕、手指要紧张，手型固定，不加推压动作，而做突破、下拖或回抽动作，以缩短对球用力时间，使球既有速度又不旋转。

另外发球技术还包括有：勾手大力发球，勾手飘球，跳起正面大力发球等技术。

5-12 排球传球

(三)传球是组织进攻的保障

传球是排球的基本技术之一，用于衔接防守与进攻。由于利用全身协调力量并通过手指手腕的动作来传球，容易掌握击球的方向落点。传球有正面双手传球、背传、侧传、跳传和调整传球等。其中正面双手传球运用最广泛，也是最基本的方法。

1. 正面双手传球

传球前必须及时移动到适当位置，保持好人与球的合适位置。

(1)准备姿势：采用稍蹲，身体站稳，上体适当挺起抬头看球，双肘弯曲，自然抬起，两手置于脸前。

(2)手形：当手触球时，两手应自然张开成半球形，使手指与球吻合，手腕稍后仰，以拇指、食指和中指托住球的后下部，手指手腕保持适当紧张，由两手的拇指、食指组合成"△"形，以承担来球的主要力量。传球时用拇指的内侧、食指的全部、中指的二、三指节触球,无名指和小指在球的两侧辅助控制球的方向,两肘适当分开,以保证手形正确。

(3)迎球:当来球接近额前时,开始蹬地、伸膝、伸臂,两手微张,从脸前向前上方迎球。

(4)击球:击球点保持在额前上方约一球距离处,击球部位一般在球的后下方。在手触球之前,肘关节应保持一定弯曲,以便击球肘伸臂用力。

(5)用力:传球的力量主要是靠伸臂的力量,加上蹬地的力量,通过球压在手上使手指手腕所产生的反弹力将球传出。传球时要根据来球力量的大小和传出球的远近,适当地控制伸臂的速度和指腕的紧张程度,并有意识地运用手指手腕动作来缓冲来球的压力,达到控制球的目的(图5-3-3)。

2. 向后传球(背传)

迎球时抬上臂,身体重心落在两脚之间,上体后仰,掌心向下,击球点应保持在额上方。背传用力靠蹬腿、展腹、抬臂、伸肘,通过指腕弹力把球向后上方传出。其中手指用力更多些,以利于向后上方传出。手腕也要始终保持后仰,不得用主动屈指、屈腕的动作传球。

图5-3-3 正面双手传球

3. 侧面传球

传球时击球点应稍偏向传出一侧。侧传的用力,双臂要向传出方向一侧伸展,传球方向的异侧手臂要更大幅度地伸展和更用力,同时伴随上体向传出方向侧屈。侧传一般在二传队员来不及取位正对传球方向时采用。

4. 跳传

当队员跳起在空中作正、背、侧传球时,迎球动作和手形不变,但击球点稍低。主要用力靠加速伸臂,臂要充分伸直,当身体上升到最高点时恰好触球。这样可借助身体上升力量来加大传球的力量。跳传的起跳动作要浅蹲快跳。它能加快进攻的节奏;便于处理近网高球;能结合扣球或吊球和转移进攻,丰富战术内容。

5. 调整传球

在比赛中当一传的球远离球网,不到位时,队员充分利用蹬地、展体、伸臂和手指手腕协调用力,将球调整成为便于进攻队员扣球的近网球。传球路线与网形成的夹角要尽量小一些,其传球动作同正面传球。

(四)垫球是组织进攻的基础

垫球是用手臂从球的下部,利用来球的反弹力向上击球的技术动作。它在比赛中运用于接发球、接扣球和接拦回球,有时也用来处理球,是排球基本技术之一。

1. 正面双手垫球

(1)垫球手型:正面双手垫球的基本手型有抱拳式、叠掌式和互靠式。

(2)准备姿势:正对来球成半蹲准备姿势。

(3)击球:两臂夹紧、前伸,插到球下。用前臂腕关节上方10 cm左右,桡骨的内侧平面迎击来球,击球点保持在腹前(图5-3-4)。

(4) 垫击:对于力量、速度一般的来球,击球主要靠手臂上抬的力量;同时配合蹬地、伸臂、伸膝、伸髋、提肩的动作,使身体重心向前上方移动。击球前整个手臂适当放松,便于灵活地控制垫球的力量和方向。

对力量大、速度快的来球,采用半蹲和低蹲姿势,收腹、含胸,帮助手臂随球屈肘后撤,做到适当放松,以便缓冲来球力量。一般来说,垫球力量的大小与来球力量成反比,与垫出的距离远近弧度高低成正比。

2. 跨步垫球

当来球离身体一步左右,同时速度快部位低时,队员应对准球的落点,迅速向前侧跨出一步,屈膝制动,重心落在跨出腿上,上体前倾,臂部下降,两臂伸插球下,用前臂垫球的后下部(图5-3-5①)。

图5-3-4 正面双手垫球

图5-3-5 跨步垫球和背向垫球

3. 背向垫球

为了垫击飞得较远的球,迅速移至球的落点上,背对击球方向,两臂夹紧伸直,抬头挺胸,展腹后仰,直臂向后上方摆动抬送,在高于肩处击球,将球垫出(图5-3-5②)。

4. 单手垫球

在比赛中,有时来不及用双手垫球,也可用前臂内侧,掌根或虎口处垫击球的后下部。单手垫球可起到扩大防守、保护的作用。

5. 鱼跃垫球

为了接起较远较低的来球,常见的还有滚动垫球、鱼跃垫球。

(五) 扣球是重要的得分手段

扣球是比赛中得分的主要手段。

1. 正面扣球技术动作(以右手为例)

(1) 准备姿势:扣球助跑前采用稍蹲姿势,两臂自然下垂,站立在距球网3米左右处,观察来球的方向及弧度,做好向各个方向助跑起跳的准备。

(2) 助跑:助跑的目的是接近球,选择起跳点和增加弹跳高度。一般常采用两步跑。助跑时,身体重心先前倾,随之左脚向前迈出一步,右脚迅速蹬地向前跨

5-13 排球扣球

出一大步,并用脚跟过渡到全脚掌着地,左脚及时并上,踏在右脚之前,两脚与肩同宽,身体重心随之下降,两膝弯曲,当右脚脚跟着地时,手臂在后面处于最高位置,准备起跳时的摆动。由于二传队员所传的各种球落点不同,所以扣球队员必须选择不同的助跑路线。但不论助跑线怎样,助跑的第一步要小些,使身体获得加速度,第二步要大些,便于起跳时制动,增加弹跳力。

(3) 起跳:起跳的目的不仅是获得高度,还是掌握扣球时机和选择适当的击球位置。助跑最后一步,当左脚落地时,后引的两臂应经体侧由下向前摆动。随着双腿蹬地伸膝的同时,两臂要有力地屈肘上摆,帮助身体重心向上升起。

(4) 空中击球:起跳后要挺胸展腹,上体稍向右转,右臂向后上方抬起,身体成反弓形。挥臂时应迅速转体并收腹,依次带动肩、肘、腕各部关节成鞭甩动作向前上方挥动。击球的后中部,并主动用力屈腕、指向前甩腕,使击出的球产生强烈的前旋。

击球点应保持在起跳后手臂伸直点的前面。近网扣球时击球点应略靠前,远网扣球击球点应保持在右肩上方。扣直线击球点应靠左,扣斜线击球点应靠右(图 5-3-6)。

图 5-3-6　正面扣球

(5) 落地:落地时,以前脚掌先着地再过渡到全脚掌着地,并迅速屈膝收腹以缓冲下落力量及迅速做好下一个动作的准备。

2. 单脚起跳扣球

可运用一步、两步或多步助跑,助跑路线与网的夹角要小,也可以顺网助跑。在助跑之后,左脚跨出一大步,身体重心后倾,在右腿迅速向前上方摆动时,左腿迅速蹬地起跳。两臂配合上摆动作帮助起跳。起跳后的扣球动作与双脚起跳正面扣球动作相同。

3. 扣快球

快球可分为以下几种。

(1) 近体快球:在二传队员体前或体侧约 50 cm 处扣球的快球,统称为近体快球。扣球时,队员利用快速挥臂,将刚刚传到网口的球立即扣过网去。这种快球与二传距离近,因而速度、节奏快,有掩护作用。

(2) 半快球:在二传队员附近起跳,扣超出网口两个半球高度的球叫半快球。

(3) 快抹球:这是在扣各种近网快球时,为了加速节奏,利用手指手腕动作把球抹过网去的一种击球方法。

(六) 拦网是阻止对方进攻的第一屏障

拦网是在球网附近(高于球网上沿),阻挡对方击过来的球,是排球基本技术之一。拦网不仅可以减轻后排防守的压力,而且还可以直接得分。比赛中可以单人拦网也可以由二三人组成集体拦网。

拦网前的准备姿势要求队员面对球网,两脚平行开立与肩同宽,距球网30～40 cm。两膝稍屈,两臂置于体侧,自然屈肘。采用与网平行的移动,常用的移动步法有并步、滑步、交叉步、跑步。原地起跳时,重心降低,两膝弯曲用力蹬地,同时两臂在体侧屈肘作划弧摆动,使身体垂直起跳。起跳的时机应根据对方的扣球变化而有所不同,一般应比扣球队员起跳晚半拍,但拦快球时应与扣球者同时起跳。

起跳拦网时,两臂贴耳伸直,两肩上提,两手距离不能超过球的直径,尽力接近球的上空。拦网时手指自然张开,手腕略后仰,手指微屈,分开呈勺形,以便包住球。当手触球时,两肩上送,两手突然紧张,手腕用力下压,盖住球的前上方,将球拦在对方场内。拦远网球时,可以不做压腕动作,尽量向上伸直手臂、手腕,以提高拦网点。如果拦网高度低,可用后仰手腕的办法,争取把球挡起。拦网后要正面对网屈膝,缓冲落地,若未拦到或拦起球在本方时,则应在身体下落时向落球方向转体,便于后撤接应或反攻。

运动性中暑的处理

运动性中暑是指肌肉运动产生的热超过身体散发的热而造成的人体过热状态。运动性中暑的发生比较突然,主要症状是身体高热、中枢神经系统功能障碍,头晕、无力、恶心、身体虚脱。对于中暑的一般处理方法是将患者移至阴凉通风处,脱去过多的衣物,喝凉盐水或含盐饮料,口服藿香正气水。

三、排球运动的比赛规则

(一) 如何开展排球比赛

1. 球

球是圆形的,由柔软皮革或合成革制成外壳,内装橡胶或类似材料制成的球胆。球的圆周为65～67厘米,球的重量为260～280克,球的气压为0.30～0.325千克/平方厘米。

2. 场地

排球场地为长方形的平面,长18 m,宽9 m,四周应画有5 cm的界线,线的宽度计算在球场面积之内。国际比赛时球网的高度,男子为2.43 m,女子为2.24 m。网高从网的中间丈量。一般基层或青少年比赛的网高,可根据具体情况自行确定,男子一般为2.24～2.30 m,女子网高为2～2.10 m(图5-3-7)。

3. 竞赛方法

排球比赛每方上场6人,其中一人为队长,另外6人为候补队员。比赛采取5局3胜制,前4局每局比分先到达25分且领先2分以上为胜利,若比数为24∶24时,则必须领先对队2分为止(例:26∶24;27∶25);决胜局(第五局)的比赛,先获15分并领先对队2分为胜。

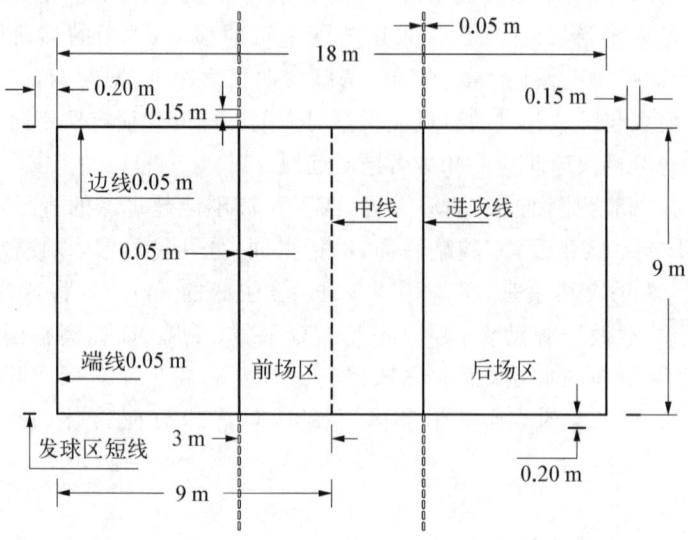

图5-3-7 排球运动的比赛场地

排球比赛的场上轮换和换人

排球比赛中每方的6名球员按顺时针方向轮流发球。每次本队获得发球权后由发球球员在本方半场的右后角将球发入对方半场。该发球队员将继续发球直至本队失去发球权。

根据比赛情况,教练员在比赛期间向裁判申请换人。包括替换自由人在内,教练在每局的比赛中共有6次的机会替换队员。替补队员可以换下某一名先发队员或再被相同的队员替下。

(二)排球比赛常见犯规类型

1. 持球犯规

当球在队员身体任何部位停留时间较长时,则球为"持球"。判断持球的依据主要是停留时间,击球声音可作为参考。持球尺度的掌握,要根据比赛的情况,严要严得合理,宽要宽得不违背规则精神。球在手上停留时间的长短和出手是否过慢来决定是否判罚持球。对于积极、主动、快速多变的技术、战术以及勇猛顽强的救球动作,应放宽尺度表示鼓励;相反,对于华而不实、消极被动、不合理的技术则应严格要求。

2. 连击犯规

以身体一个或几个部位明显地连续击球一次以上时,应判为连击,反之,在同一时间内接触身体不同部位,只要清晰地将球击出,可不判断连击。除利用手指动作进行的上手传球之外,在接对方来球及拦网后第一次击球时,允许连续触球。垫球时两臂一高一低,或挡球时两手一前一后,一上一下;球触手面积较大,形成明显滚动造成"倒轮"则连击可能性也比较大。此外,拦网队员触球后,可连续做第二次击球,不判为连击。集体拦网时,不论球触及二或三人的手,即使并不是同时触球,均算为一次击球。

3. 触网犯规

比赛进行中,队员身体任何部分触及球网(包括标志带以外的球网及多绳),则判为触网犯规。下列情况均不属触网犯规:比赛成死球后触网;如因同一方队员用力击球入网,而造成另一方队员的触网;室外比赛,因风太大把球网吹成弧形,接触逆风一边队员的身体而不是主动去触网等。

4. 击球犯规

在比赛过程中,球进入一队球场时总共被队员连续击球超过3次(即4次)时,即为犯规判对方球队得分。但拦网的触球不算作球队3次击球的1次,拦网触球后该队还可以击球3次。

(三) 排球比赛欣赏

1. 看球员的动作之美

从1895年正式诞生至今,排球由最初的纯白色逐渐过渡到了活泼的蓝、黄、白三色,近年来,足球世界杯、欧洲四大联赛和美国NBA职业联盟的逐渐火爆冲击了排球在世界范围内的影响力,但由于排球规则的改变、世界排球竞技水平尤其是女子排球水平的提高、沙滩排球兴起等原因,排球仍然一直拥有庞大且稳定的球迷群体,且因其运动强度适中、简便易行等特点,在全球范围内也仍然具有广泛的群众运动基础。

比起足球、篮球的激烈对抗和激情四溅,排球相对要宁静、柔和许多,这份宁静和柔和也激活了体育运动中不同于足球、篮球的另一种魅力。由于隔网对抗,队员更能表现出个人的技术动作和特点,巧妙的传球、舒展的扣球、精准的拦网、顽强的救球等,都深深地打动着场外的观众。

2. 看球员的技术特点

体育比赛中,技术是完成战术配合的基础,而战术的不断演变和发展又对技术提出了更高的要求。为最大限度地发挥运动员个人和运动队群体的体能和技能,取得优异的运动成绩,体育比赛表现了高度的技艺性。观众产生出浓厚的兴趣,主要是对运动员和运动队高超技术和战术的欣赏。

排球比赛中除了常见的基本技术,快球技术发展很快。比较常见的有近体快球、短平快球、远网快球等。在欣赏排球比赛时,不仅要注意运动员完成技术动作的情况,更应当欣赏运动员是如何利用自身的有利条件形成独特的技术特点的。

3. 看球队的战术和组织

体育比赛中的战术,是指比赛双方根据赛场情况变化,正确分配力量和采取合理行动,充分发挥自己的优势,限制对方的特长,以此达到取得比赛胜利的竞赛艺术。它由战术思想、战术意识和战术行动构成,不同的体育比赛项目具有不同的战术特点。现代排球战术在不断变化、发展,过去的高快结合逐渐变成高快活(灵活多变)。高快不仅指高打强攻及快攻结合,而且指发展高度和高点快攻的结合。因此,现代排球比赛的控制权是非常重要的。排球比赛的主要战术有"中一二":一传给3号位队员作二传,2、4号位进攻。"边一二":一传给2号位队员作二传,3、4号位进攻。这是最基本的战术形式。"两次球"：当一传垫到网边扣球点的位置时，前排队员随即扣球。"两次球"战术运用传转扣、扣转传，真真假假、虚虚实实，使对方拦网捉摸不透，防不胜防，能起到突然袭击的作用。"后排插上"：对方发球后，后排一个二传队员迅速插上到前排作二传，使2、3、4号位的队员不担负二传的任务，这样可以保证前排有三点进攻。此外还有拦网和防守战术。战术的内容和质量是很重要的，有时，简单的战术形式可以打出高质量、多变的球来。

有人觉得我在球场上耗费了青春，没有专业，一身伤病，很可惜，但我觉得值得。

——郎平

思考题

1. 足球运动都有哪些锻炼价值？
2. 足球运动中常见的战术有哪些？在运用这些战术时要注意什么？
3. 篮球运动都有哪些锻炼价值？
4. 篮球运动中常见的战术有哪些？在运用这些战术时要注意什么？
5. 排球运动中常见的战术有哪些？在运用这些战术时要注意什么？

第六章　乒乓球、网球、羽毛球

第一节　乒乓球运动

一、乒乓球运动概述

（一）走进奇妙的乒乓王国

1. 源于网球的一项全新运动

乒乓球运动于19世纪后期创始于英国，是从网球中演变而来的一项具有独特魅力的运动项目。关于它的起源有许多版本，其中最流行的一种说法是：19世纪末，两个年轻人在争论网球技术时，不经意间用雪茄烟盒将酒瓶上的软木塞在餐桌上打来打去，这一举动吸引了不少顾客，大家都觉得很有意思，后经媒体报道，这一"桌上网球"游戏流行开来。还有一种较为流行的说法则是：1890年，几位驻守印度的英国海军军官偶然发觉在一张不大的台子上玩网球颇为刺激。后来他们改用空心的小皮球代替弹性不大的实心球，并用木板代替了网拍，在桌子上进行这种新颖的"网球赛"。无论从哪个版本来看，乒乓球运动都与网球运动有着不解之缘，在比赛场地、比赛道具等方面都有很大的相似性，可谓"浓缩到桌面上的网球运动"，因此，人们也将乒乓球运动命名为"Table Tennis"。

"乒乓球"名称的由来

1890年，有位名叫詹姆斯·吉布的越野跑选手，在赛璐珞（celluloid，指塑料）制成的空心玩具球基础上稍加改进，替代了其他用球，由于球打在羊皮纸制成的球拍上会发出"乒乓乒乓"的声音，"Table Tennis"也常被音译为"乒乓球"。

2. 传遍世界的乒乓球运动

（1）乒乓球运动传入亚洲。1902年，在英国游学的日本东京高等师范学校教授坪井玄道将乒乓球运动带入了日本。1904年，上海一家文具店经理王道平去日本采购物品时,看到了乒乓球表演并买了10套器材带回上海。为招揽顾客,王道平就在店中亲自进行乒乓球表演,吸引了很多人的兴趣。时间一长,乒乓球运动在上海学生中兴起,随之流行于广州、北京、天津等大城市。从此,乒乓球运动与中国结下了不解的缘分。

(2) 国际乒联的诞生。国际乒乓球联合会(International Table Tennis Federation,ITTF),简称国际乒联,1926年成立于柏林,总部设在瑞士洛桑。国际乒联是由各个国家和地区的乒乓球协会组成的联合体,截至2016年,国际乒联的成员协会已经达到222个,成为世界第五大体育组织。中国于1952年3月正式加入国际乒联,中国的徐寅生曾任国际乒联第五任主席。2020年刘国梁出任WTT世界乒乓球职业大联盟理事会主席。

(3) 世界乒乓球锦标赛。世界乒乓球锦标赛,简称"世乒赛",是由国际乒联最早主办、影响最大和水平最高的乒乓球国际赛事。它与世界杯乒乓球赛、奥运会乒乓球赛并称乒乓球运动的三大赛事。截至2022年在成都举办的第56届世乒赛,共举办了56届世乒赛(2020年世乒赛团体赛因故取消)。中国队共获得男团冠军22个,女团冠军22个,男子单打冠军21个,女子单打冠军24个,男子双打冠军19个,女子双打冠军23.5个(其中0.5个是和朝鲜选手合作),混合双打冠军20.5个(其中0.5个是和韩国选手合作)。

(4) 世界杯乒乓球赛。为进一步推动乒乓球运动在世界范围内的开展,国际乒联决定从1980年起每年举办一届世界杯男子单打比赛,并于同年8月在中国香港举办了第1届世界杯乒乓球赛。1990年又增设了世界杯团体赛和双打比赛。1996年9月又在中国香港举办了首届世界杯女子单打比赛。参赛者均是世界优秀选手和各大洲单打冠军。世界杯赛由于参赛人数少,比赛时间短,竞技水平高,很受观众欢迎。

(5) 奥运会乒乓球赛。乒乓球加入奥运大家庭的时间并不算长,在1988年汉城奥运会上,乒乓球才成为正式比赛项目,当时设男子单打、女子单打、男子双打和女子双打4块金牌。在2008年北京奥运会上,国际乒联出于增加比赛精彩程度的考虑决定由男女团体比赛代替原有的男女双打比赛。在2020年东京奥运会上又增加了混合双打项目。从汉城奥运会到东京奥运会的9届奥运会中,中国队共获得乒乓球项目37枚金牌中的32枚金牌,占据绝对优势。

乒乓球大满贯

一般来说,如果运动员能获世界杯、世界锦标赛、奥运会三项赛事的冠军就会被称为单打"大满贯"。目前能获得此称号的有:瓦尔德内尔、邓亚萍、刘国梁、王楠、张怡宁、李晓霞、丁宁、马龙、樊振东等。如果说加上世界锦标赛所有项目冠军的真正"大满贯"则只有刘国梁一人。

3. 小球推着大球转

乒乓球在中国被亲切地称为"国球",不仅仅是因为它为中国的体育事业取得了无数的荣誉,更因为它与中国文化有着深层契合。乒乓球在中国有着深厚的群众基础,从城市到农村,从学校到工厂,从机关到医院,无处不见乒乓球的身影。

我国乒乓球教练员们在实践中总结出的"借力打力、人重我轻、人轻我重、人快我转、人转我快"等经验,充分体现了中华民族的智慧,把中国人的特长发挥到了极致。除此之外,乒乓球还对我国的外交发展起到了重要作用。1971年中国邀请美国乒乓球队访华,开启了中美两国关闭了22年之久的外交大门。"乒乓外交"实现了中美外交的破冰之旅,为促进中美两国的友谊和世界的和平发展做出了重大贡献。这一"小球推动了大球"的历史故事至今为人们津津乐道。

(二)小小银球的独特魅力

1. 乒乓球运动的健身魅力

乒乓球运动是一项以有氧运动为主,运动强度可大可小,适合不同年龄、不同性别练习者进行锻炼的运动项目。乒乓球运动的活动范围较小,避免了强度过大的运动负荷。同时,连续挥拍和持续的快速移动,满足了锻炼心肺功能的活动量要求。

另外,打乒乓球时需要双眼紧盯住来球,使眼球随着乒乓球不断地转动,促进了眼球周围肌肉的收缩和血液循环。对于经常用眼的学生、办公室职员、科研人员来说,打乒乓球是缓解眼睛疲劳,避免近视眼发生的有效手段。

乒乓对神经——肌肉系统的影响

乒乓球运动需要对球的飞行路线、落点、旋转、球速等做出准确的判断。经常打乒乓球会不断刺激人体的视觉与听觉反射弧,使神经反射弧中的感受器对物体的敏感性增强,从而提高练习者的灵敏性和反应速度。同时,打乒乓球时参与者要不断改变身体的重心和姿势,并在快速移动中做出各种击球动作,这极大地锻炼了不同肌肉间相互配合完成工作的协调能力,从而提高了人体的协调性。

2. 乒乓球的健心魅力

经常参加乒乓球运动,可以在锻炼中不断得到心理满足,在与他人的交流中忘掉烦恼,缓解压力。在全身心地投入后会产生积极的快乐情绪,这种快乐情绪又会促进乒乓球技术的提高,从而增强锻炼效果。这种良性循环会不断加强练习者的自信心,进而保持良好的情感体验和精神状态,更好地完成学习和工作。

参加乒乓球运动,经常会碰到比自己水平高的对手,也经常会在比赛中处于落后的境地。这就需要练习者具有坚强的意志品质,能够在困境中顶住压力,跨越障碍,超越自我。经常打乒乓球可以培养练习者坚强的意志和百折不挠的品质,并反过来作用于工作和学习中,从而更好地克服各种困难。同时,在打球的过程中我们经常要观察对手的技术特点,从而找到克敌制胜的方法,这一发现问题、分析问题、解决问题的过程可以有效锻炼参与者的创新能力和分析问题的能力,从而更好地解决学习、工作中的各种问题。

3. 乒乓球的社交魅力

乒乓球练习需要两个人甚至更多人在一起才能开展,而且在动作的学习过程中,都需要老师的讲解、示范和指导。这时,无论是技术动作的纠正,还是练习中的相互配合,都需要双方的沟通。特别是在进行双打比赛时,只有和队友之间贯彻统一的战术思想,配合默契,步调一致,才能战胜对手。在乒乓球运动中,沟通无处不在,这种沟通不仅具有直观性、及时性和准确性,还体现出主动性和信息交流的充分性。因此,经常打乒乓球可以有效地提高与他人的沟通能力。

另外,乒乓球运动群众基础广泛,参与者众多,只要你喜欢上了这一项运动,就会接触到不同职业、不同年龄、不同性别的人,通过乒乓球运动,实现"以球会友"的目的。在打球的过程中,人与人之间会建立起更为自然、简单、纯洁的关系。久而久之,在乒乓球锻炼中交朋友,和好友一起打球,会充实你的生命,使工作和生活变得更加丰富多彩。

二、乒乓球运动的技术

（一）起步——乒乓球的基本技术

1. 握拍

目前,在乒乓球比赛中常见的握拍方法有两种,一种是直拍握法,另一种是横拍握法。这两种握拍方法各自都存在着不同的优点和缺点,乒乓球初学者可根据自己的习惯和爱好选择适合自己的握拍方法。

（1）直拍握法：拇指、食指自然弯曲,虎口钳住拍柄,其余三指自然弯曲,以中指第一和第二指节顶住球拍背面(图6-1-1)。

直拍握法的特点是灵活、出手快。正手攻球快速有力,由打直线变为打斜线时,拍面变化小,对手不易察觉。但是反手攻击性稍弱。

（2）横拍握法：虎口贴于拍肩,中指、无名指和小拇指自然弯曲握于拍柄,拇指在球拍正面,食指自然伸直贴于球拍反面(图6-1-2)。

6-1 乒乓球握拍方法

图6-1-1 直拍握法

图6-1-2 横拍握法

其特点是攻防之间握拍手法变化不大,正反手攻球时发力较好,攻守比较均衡,对攻时略强于直拍握法。但动作隐蔽性差,容易被对方识破。

2. 步法

乒乓球运动动作频率快,要想在快速的攻防变化之间高质量地完成动作,找到对方漏洞,寻找得分机会,就一定要有快速的移动、灵活的步法作为保障。经常用到的移动步法有单步和并步。

（1）单步移动：当来球离身体较近时,以持拍手对侧脚为轴,另一只脚向各个方向移动,移动步幅可大可小,但要做到脚落地、移重心、引拍击球同步进行(图6-1-3)。

（2）并步移动：当来球离身体太近,无法完成侧身攻球时,离球近的一只脚先向另一只脚并一小步,离球远的一只脚再迈出一步,让出攻球的空间。当球离身体太远,在原地无法够到球时,离球远的一只脚先向另一只脚并一小步,离球近的一只脚再迈出一步,击打来球(图6-1-4)。

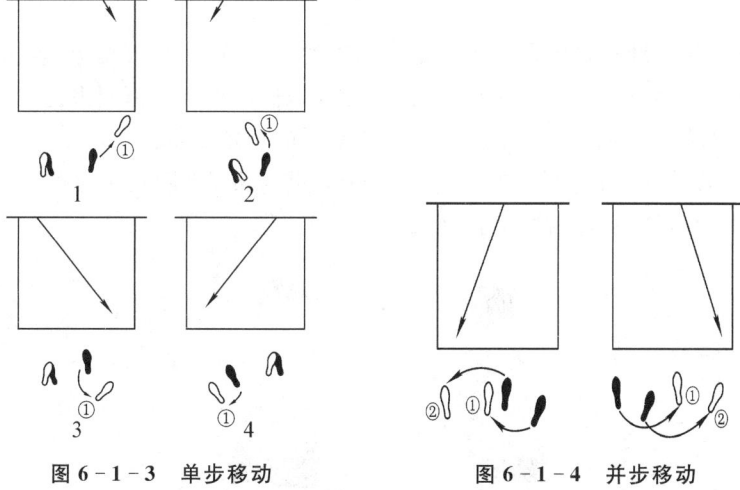

图 6-1-3 单步移动　　　　图 6-1-4 并步移动

(二) 进阶——乒乓球运动的常用技术

1. 发球技术

发球是乒乓球比赛中最为简单、有效的得分手段,高质量的发球能造成对方回球失误,或者回球质量不高,从而限制对方技战术的发挥,起到先发制人的效果。这里介绍两种最常用的发球技术。

(1) 正手发平击球:以右手持拍为例,发球时两脚开立,左脚稍前,左手向上抛球时,右手向右后方向引拍,当球下落至腰间左右的位置时,以腰带动手臂向前挥拍,拍面稍前倾,击球的中上部(图 6-1-5)。

6-2 乒乓球发球技术

图 6-1-5 正手发平击球

(2) 正手发下旋球:当抛出的球下落至球网左右位置时,持拍手拍面上仰,前臂迅速向下切削球的中部,触球瞬间用拍推球,使球向下旋转(图 6-1-6)。

图 6-1-6 正手发下旋球

2. 推挡技术

推挡技术是乒乓球比赛中最常用也是最基础的一项技术,在接发球、多拍相持以及防守过程中经常用到。特别是对于乒乓球初学者来说,推挡技术掌握起来比较容易,学会该技术后可以尝试着两人对练。这里介绍两种最常用的推挡技术。

(1) 挡球:以直拍握法为例,击球前手臂外旋,拍面稍前倾,击来球的中上部,将球挡出。挡出时,手臂前伸,触球瞬间手腕外展(图6-1-7)。

6-3 乒乓球推挡球技术

图6-1-7 挡球技术

(2) 快推球:以直拍握法为例,击球前,上臂带动前臂迅速前迎,击球瞬间前臂用力前推,同时手腕外展,触球中部偏上,食指稍压拍面(图6-1-8)。

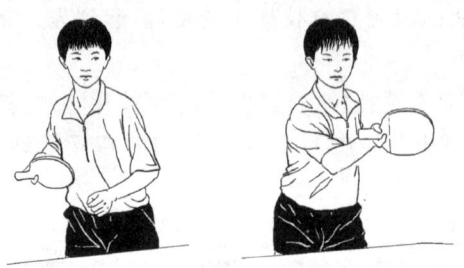

图6-1-8 快推球技术

推挡技术注意事项

1. 推、攻都要有线路变化、落点变化和节奏变化。
2. 推挡一般以压对方反手为主,然后突然变正手,以创造进攻机会。如果对方正手较差,才可以推对方正手为主。
3. 在推挡中突然加力推对方中路,然后用正手或侧身扣杀。
4. 遇到机会球时要果断扣杀,这是推攻战术得分的主要手段。
5. 推攻战术要坚持近台,又不能死守近台,要学会近台和中台的位置转换,掌握对手节奏。

3. 攻球技术

攻球是乒乓球比赛中最为主要的得分手段。当你掌握了攻球技术之后,就可以尝试着在比赛中将推挡技术与攻球技术结合使用,使技术变化更为多样,得分手段也更为丰富。总的来说攻球技术可以分为正手攻球技术和反手攻球技术两类。

(1) 正手攻球技术:以右手直拍握法为例,击球前,右脚稍后撤,身体稍右转,右手向后引拍,拍面稍前倾,手腕保持水平。击球时,右脚蹬地,身体左转,带动手臂发力,向前上方挥拍击球的中上部,触球瞬间有一摩擦动作(图6-1-9)。

6-4 乒乓球攻球技术

图6-1-9 正手攻球技术

(2) 反手攻球技术:以右手直拍握法为例,击球前,右脚稍前,左脚稍后,身体稍左转,前臂引拍至身体左侧。击球时,用腰髋的转动带动前臂向右前方发力,大臂贴近躯干,肘关节内收,手腕压住球拍略带摩擦,在球的高点期击球的中上部(图6-1-10)。

图6-1-10 反手攻球技术

(三) 提高——乒乓球运动的高级技术

1. 弧圈球技术

弧圈球是以攻击技术为基础的,带有很强上旋能力的进攻技术。主要包括正手高吊弧圈球、正手前冲弧圈球和反手弧圈球等(图6-1-11,图6-1-12)。与攻球技术相比,这种技术在预摆和挥拍时动作幅度更大,爆发力更强。在击球时向前的力较小而摩擦力较大,使球产生强烈的旋转。从而在球接触球台后快速下落,造成对手回球出界或回球弧线高,为扣杀创造机会。

图 6-1-11 正手弧圈球

图 6-1-12 反手弧圈球

2. 搓球技术

搓球是在近台和内台回击下旋球的基本技术之一。可以分为正手搓球、反手搓球、快搓球、慢搓球等(图 6-1-13,图 6-1-14)。在搓球时,拍面稍后仰,手臂要迅速前伸迎球,向前下方切动,给来球中下部以强烈的摩擦,使球快速旋转,从而起到牵制对方的作用,不让对手轻易发起进攻。运用搓球技术时,速度上要快慢结合,旋转上要强弱结合,落点上要深浅结合,只有使搓球富于变化才能争取主动,伺机进攻。

6-5 乒乓球搓球技术

图 6-1-13 正手搓球

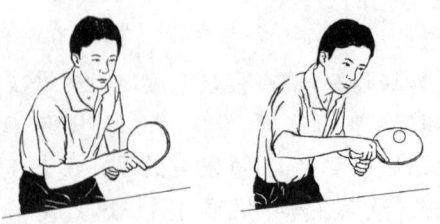

图 6-1-14 反手搓球

球拍材料对乒乓球技术的影响

1. 正胶海绵拍。正胶就是胶皮颗粒向上、高度与直径相等的胶皮。它弹性好,击球稳且速度快,略带下沉的感觉,适合近台快攻型的球员使用。

2. 生胶海绵拍。生胶就是颗粒向上、直径大于高度的胶皮。特点是击球有下沉,搓球旋转弱,适合近中台选手使用。

3. 反胶海绵拍。反胶就是粘贴时粗面向下、光面向上,黏性较大的一种胶皮,反胶打球的旋转力特强,所以适合打法以旋转为主的球员(如弧圈球、削球)使用。当然,反胶容易制造旋转,也容易"吃转儿",掌握有一定难度。

4. 长胶海绵拍。一般来说,高度超过 1.5 mm 的胶皮称为长胶。这种胶皮的胶粒很软,颗粒细长,支撑力小。主动制造旋转的能力很差,主要依靠来球的强旋转或冲力大来增加回球的旋转度。由于长胶的性格特殊,不利于少儿掌握,而且会干扰球感,因此国家已经禁止少儿比赛使用长胶。初学者和技术不高的爱好者同样不适合用长胶。

三、乒乓球运动的比赛规则

(一)器材要求

1. 球台

(1)乒乓球台是与水平面平行的长方形,长 2.74 m,宽 1.525 m,台面离地面高 76 cm。

(2)比赛台面不包括球台台面的垂直侧面,球打到垂直侧面是无效的。

(3)比赛台面应是均匀的暗色,无光泽。沿每个 2.74 m 的比赛台面边缘各有一条 2 cm 宽的白色边线,沿每个 1.525 m 的比赛台面边缘各有一条 2 cm 宽的白色端线。

(4)各台区由一条 3 mm 宽的白色中线,中线与边线平行,划分为两个相等的"半区",中线被视为右半区的一部分。

2. 球网装置

(1)球网装置包括球网、悬网绳、网柱及将它们固定在球台上的夹钳部分。

(2)球网应悬挂在一根绳子上,绳子两端系在高 15.25 cm 的直立网柱上,网柱外缘离开球台边线外缘的距离为 15.25 cm。球网的顶端距离比赛台面 15.25 cm。

3. 球

(1)乒乓球是一个圆球体,直径为 40 mm,重 2.7 g。呈白色或橙色,且无光泽。

(2)目前使用的乒乓球都由新型塑料制成,按制作工艺又分为有缝球和无缝球两种。

4. 球拍

(1)乒乓球球拍的大小、形状和重量都没有限制,但底板必须平整。底板至少应有厚度占比为 85% 的天然木料。加强底板的黏合层可以用碳纤维、玻璃纤维或压缩纸等材料,每层黏合层不超过底板总厚度的 7.5% 或 0.35 mm。

(2)用来击球的球拍拍面如果是由颗粒向外的普通颗粒胶覆盖的,连同黏合剂,其厚

第六章 乒乓球、网球、羽毛球

度不能超过 2 mm。如果是由颗粒向内或向外的海绵胶覆盖，连同黏合剂，其厚度不能超过 4 mm。

（3）乒乓球胶皮必须完整覆盖整个拍面，但不能超过底板边缘部分 2 mm。

（4）球拍两面不论是否有覆盖物，都必须无光泽，且一面必须为黑色，另一面为与黑色及比赛用球颜色有明显区别的鲜艳颜色。运动员可以使用一面有胶皮、另一面没有胶皮的球拍比赛，只是没有胶皮的一面不能用来击球，否则就会被判失分。

（二）比赛条件要求

乒乓球比赛场地应至少长 14 m、宽 7 m，高度不低于 5 m。太阳光不能直接照进比赛场地，场地的窗户应该由深色窗帘遮盖。光源距离地面不得少于 5 m。

地板颜色不能太浅或反光强烈或打滑，而且表面不得为砖、陶瓷、水泥或石头，但轮椅比赛的地板可以是水泥地板。目前正规比赛地面都普遍使用塑胶，在木地板上铺贴塑胶，地面既有弹性又防滑。

（三）乒乓球比赛规则主要条款

1. 合法发球

（1）发球开始时，球自然地置于不持拍手的手掌上，手掌张开，保持静止。

（2）发球员须将球几乎垂直地向上抛起，不得使球旋转，并使球在离开不持拍手的手掌之后上升不少于 16 cm，球在上升和下降至击球前不应触及任何物品。

（3）当球从抛起的高点下降时，发球员方可击球，使球首先触及本方台区，然后直接触及接发球员台区。在双打中，球应先后触及发球员和接发球员的右半区。

（4）从发球开始，到球被击出，球要始终在比赛台面的水平面以上和发球员的端线以外；而且从接发球方看，球不能被发球员或其双打同伴的身体或他（她）们所穿戴（带）的任何物品挡住。球一旦被抛起，发球员不持拍的手及其手臂应立即从球和球网之间的空间移开。

2. 合法还击

对方发球或还击后，本方运动员必须击球，使球直接触及对方台区，或触及球网装置后，再触及对方台区。

3. 比赛中的击球次序

（1）在单打中，首先由发球员发球，再由接发球员还击，然后发球员和接发球员交替还击。

（2）在双打中，首先由发球员发球，再由接发球员还击，然后由发球员的同伴还击，再由接发球员的同伴还击。此后，运动员按此次序轮流还击。

4. 重发球

回合出现下列情况应判重发球。

（1）如果发球员发出的球触及球网装置后成为合法发球或被接发球员或其同伴阻挡。

（2）如果接发球员或接发球方未准备好时球已发出，而且接发球员或接发球方没有企图击球。

(3) 由于发生了运动员无法控制的干扰,而使运动员未能成功发球、还击或遵守规则。

(4) 裁判员或副裁判员暂停比赛。

5. 得一分

除被判重发球的回合外,下列情况该运动员得一分。

(1) 对方运动员未能合法发球。

(2) 对方运动员未能合法还击。

(3) 运动员在发球或还击后,对方运动员在击球前,球触及了除球网装置以外的任何东西。

(4) 对方击球后,球没有触及本方台区而越过本方台区或端线。

(5) 对方击球后,球穿过球网,或从球网和网柱之间、球网和比赛台面之间通过。

(6) 对方阻挡。

(7) 对方故意连续两次击球。

(8) 对方用不符合规定的拍面击球。

(9) 对方运动员或其穿或戴(带)的任何东西使比赛台面移动。

(10) 对方运动员或其穿或戴(带)的任何东西触及球网装置。

(11) 对方运动员不持拍手触及比赛台面。

(12) 双打时,对方运动员击球次序错误。

(13) 执行轮换发球法时,接发球方进行了13次合法还击。

6. 一局比赛

在一局比赛中,先得11分的一方为胜方。10平后,先多得2分的一方为胜方。

7. 一场比赛

一场比赛由奇数局组成。一般有三局两胜制、五局三胜制和七局四胜制,但重要的国际比赛一般都是五局三胜制或七局四胜制。

8. 发球、接发球与方位次序

(1) 选择发球、接发球或方位的权利应由抽签来决定。中签者可以选择先发球或先接发球,或选择先在某一方位。在一方运动员选择了先发球或先接发球,或选择了先在某一方位后,另一方运动员必须有另一个选择。

(2) 发球方发完2分球后,接发球方即成为发球方,依此类推,直至该局比赛结束,或者直至双方比分都达到10分或实行轮换发球法,这时,发球和接发球次序仍然不变,但每人每轮只发1分球。

(3) 双打第一局比赛,先由有发球权的一方确定第一发球员,再由接发球方确定第一接发球员。以后每局比赛开始前由先发球方确定第一发球员,则第一接发球员就是前一局发球给他(她)的运动员。在双打中,每次换发球时,上一回合的接发球员应成为发球员,上一回合发球员的同伴应成为接发球员。

(4) 一局中首先发球的一方,在该场比赛的下一局应首先接发球。在双打决胜局中,当一方先得5分时,接发球方应交换接发球次序。

（5）一局中，在某一方位比赛的一方，在该场下一局应换到另一方位。在决胜局中，一方先得5分时，双方应交换方位。

9. 发球、接发球次序和方位的错误

（1）裁判员一旦发现发球、接发球次序错误，应立即暂停比赛，并按该场比赛开始时确立的次序，按场上比分由应该发球或接发球的运动员发球或接发球。在双打比赛中，则按发现错误时那一局中首先有发球权的一方所确立的次序进行纠正，纠正后继续比赛。

（2）裁判员一旦发现运动员应交换方位而未交换，应立即暂停比赛，并按该场比赛开始时确立的次序，按场上比分运动员应站的正确方位进行纠正，再继续比赛。

（3）在任何情况下，发现错误之前的所有得分均有效。

健康：健康饮食靠乐观

心情阳光一些，饮食也就会健康一些，这是美国一个研究小组公开发表的研究成果。

针对参与美国"女性健康行动"研究的3万余名志愿者，年龄在50～79岁的更年后期女性的健康与膳食评估结果显示，对生活态度最积极乐观的女性，其膳食结构的改善幅度也是最高的；而最消极悲观的被调查者，不仅从一开始便倾向于选择较不健康的饮食，而且在运用各种手段加以干预后，改善情况也不理想。研究者指出，自控能力令乐观者更易成功，并且是戒除抽烟、喝酒和暴饮暴食等坏习惯的关键。

第二节　网　球　运　动

一、网球运动概述

（一）网球简史

1. 源远流长的"绅士运动"

网球运动孕育在法国，诞生在英国，普及和高潮在美国，现在盛行于全世界。它与高尔夫球、保龄球、桌球并称为"四大绅士运动"，同时也是目前世界范围内第二大球类运动。

在12—13世纪的法国，当时的传教士们为了调剂单调的生活，发明了一种将球从绳子上丢来丢去的游戏，成为现代网球运动的雏形。后来这一游戏传入法国宫廷，并于14世纪中叶经法国传入英国，成为一种供贵族们消遣的室内活动。由于平民很难参与这项运动，因此网球和当时的马术、击剑等运动被称为贵族运动。15世纪穿弦球拍取代了原来的游戏手套。16世纪古式室内网球运动成为法国的国球，并有了自己的规则。

1873年，英国人温菲尔德少校在古式网球游戏的基础上进行了改造，设计出了一种适合于户外活动并且男女都可参加的运动项目，称为"草地网球"，标志着近代网球的诞生。同年他还出版了一本以《草地网球》为题的小册子,对这种运动进行宣传和推广。因此,温菲尔德也被称为"近代网球的创始人"。1875年全英网球运动俱乐部成立,并于1877年举办了全英草地网球男子单打锦标赛,即后来闻名于世的温布尔登网球赛。

1874年,美国人玛丽·奥特布里奇将网球规则、网拍和网球带到纽约。很快网球运动就在东部各学校中得到开展,不久就传到中部、西部,进而在全美得到普及。此时的网球比赛场地也已经由草地演变到可以在沙土上、水泥地上、柏油地上举行比赛。网球运动也由此从宫廷走向社会,成为一项广泛开展的世界性体育运动项目。

重要网球国际组织

1. 国际网球联合会。简称国际网联(缩写为ITF),1913年在法国巴黎成立,是世界网球组织的最高权力机构。现有协会会员210个。

2. 世界男子职业网球协会。缩写为ATP,成立于1972年,号称"球员工会",是世界男子职业网球运动员的"自治机构"。

3. 世界女子职业网球协会。缩写为WTA,成立于1973年,主要职责是组织女性职业选手的各种比赛,管理职业选手的积分、排名、奖金分配等。

2. 风靡世界的网球赛事

(1) 戴维斯杯。戴维斯杯又称世界男子网球团体赛,是由国际网联组织的国家对国家的男子网球团体赛事。因其由美国人戴维斯倡议举办,并捐赠银质奖杯授予冠军队,故因此得名。1900年第1届比赛在美国波士顿举办,后每年举行一次,比赛采取分为两级的升降级比赛的办法。第一级称世界组,这一级的冠军队即获奖杯;第二级分欧洲A区、欧洲B区、美洲区和东方区四个区比赛,获得各区第一名的可参加下一年第一级的比赛。戴维斯杯赛采用4单1双的5场3胜制,比赛分3天进行:第一天2场单打;第二天1场双打;第三天2场单打。

(2) 联合会杯。联合会杯网球赛是每年一度的世界女子网球团体赛。1963年,为了庆祝国际网联成立50周年,特举办了该比赛。联合会杯网球赛是和戴维斯杯赛齐名的团体赛事,是各国网球整体实力的大检阅。联合会杯网球赛仿效戴维斯杯赛的比赛办法,实行"联合会杯新赛制",由上年联合会杯赛四分之一决赛的8个队组成世界组,其余8个队成为A组。这两组的比赛采用一次主场和一次客场的比赛方法。世界组和A组的比赛采用5场3胜制,第一天进行2场单打,第二天进行2场单打和1场双打。其双打放在最后进行。

(3) 四大满贯赛。网球四大满贯是澳大利亚网球公开赛、温布尔登网球公开赛、法国网球公开赛、美国网球公开赛的总称。

澳大利亚网球公开赛(简称"澳网")是每年在澳大利亚墨尔本市墨尔本公园举办的网球比赛。比赛在室外硬地球场上进行,通常在每年1月的最后两个星期举办,是每年第1

个进行的大满贯赛事。澳大利亚网球公开赛于1905年创办,是最年轻的大满贯赛事。

法国网球公开赛(简称"法网")是一项在法国巴黎罗兰·加洛斯球场举办的网球大满贯赛事。通常在每年的5月至6月进行,是每年第2个进行的大满贯赛事。该赛事创办于1891年,是唯一一个在红土球场上进行的大满贯比赛,标志着红土赛事的最高荣誉,同时也标志着每年红土赛季的结束。我国优秀网球运动员李娜,曾于2011年夺得法网女子单打冠军。

温布尔登网球公开赛(简称"温网")通常于每年6月或7月在英国伦敦西郊温布尔登的中心球场举办,是每年度网球大满贯的第3项赛事,是唯一一个在草地球场上进行的大满贯比赛。该比赛由全英俱乐部和英国草地网球协会于1877年创办,是网球运动中最古老和最具声望的赛事。

美国网球公开赛(简称"美网")是每年度第4项也是最后一项网球大满贯赛事,通常在每年8月底至9月初于美国纽约的阿瑟·阿什球场举行,比赛场地为硬地球场。首届比赛于1881年在罗得岛新港举行。

网球金满贯

网球金满贯是指一位网球选手在职业生涯中获得所有四大满贯赛事的冠军和夏季奥运会网球项目金牌。由于奥运会是4年一届,且直到1988年的汉城奥运会上网球才被列为正式比赛项目,所以历史上赢得金满贯的球员很少。目前取得金满贯的选手有:格拉芙(1988年完成)、阿加西(1999年完成)、纳达尔(2010年完成)和小威廉姆斯(2012年完成)。

(二)强健身心的网球运动

1. 锻炼身体的有效途径

网球运动量较大,且以有氧运动为主。经常参加网球运动能使呼吸系统机能得到改善,有效地增强练习者的心肺功能。另外,网球球速较快,落点变化多样,练习者要想准确地击球,一方面需要大脑对球速、落点、线路的快速判断;另一方面还需要身体快速地移动。经常打网球,会对练习者的感受器官和运动器官形成良好的刺激,从而使练习者的行动更敏捷、准确。同时,由于网球运动经常需要连续地快速击球,因此对力量耐力和速度力量要求较高,特别是对上肢力量的要求更为突出。经常从事网球活动,可以有效地提高练习者的速度、力量和耐力。

2. 提升心理素质的良好手段

经常参加网球运动可以使练习者的情绪得到有效改善,使紧张、烦躁、疲劳、焦虑、抑郁和愤怒等不良情绪得到有效缓解,从而让练习者以一种积极向上的心态投入到日常生活与工作中去。另外,在打网球的过程中,练习者一方面要观察对手的身体移动和击球动作,从而判断来球的方向。另一方面,还要对来球的空间落点、反弹时间、运动轨迹等进行准确的感知,才能完成有效的击球。这就对练习者的观察力和感知觉产生了有效锻炼。

同时,网球运动具有一定运动量,在比赛和练习过程中会产生不同程度的疲劳。在疲劳状态下进行比赛或技术学习,有助于培养练习者顽强、坚忍的意志品质。

3.社会交往的重要平台

网球从最初的贵族运动,发展到现在深受大众喜爱的运动项目,除了因为它独特的健身和娱乐作用,还离不开它在社会交往中扮演的重要作用。

(1)进行网球运动的过程也是一个和他人进行沟通交流的过程。在学习动作的过程中,我们要与教练进行有效的交流,才能更好地掌握技术。在比赛过程中,我们要与队友进行有效的沟通,才能在场上步调一致,默契配合。因此,经常参加网球活动,能够提高人的沟通能力,对形成良好的人际关系产生积极影响。

(2)进行网球运动的过程也是一个结交新朋友的过程。随着现代生活节奏的加快,"单位—家庭"两点一线的生活模式,成为越来越多年轻人的生活写照。加之网络技术的普及,虚拟社交也让越来越多的年轻人变为"宅男宅女"。而网球运动,恰恰为人们提供了一个在现实生活中的交友平台。通过打网球,可以接触到不同行业、不同性别的球友,不但可以收获切磋球技的快乐,更可以拓宽自己的朋友圈,积累更多的人脉,让自己的生活更加丰富。

> **科技前沿**
>
> **新材料引发的网球革命**
>
> 20世纪70年代后期,以碳素纤维为筋骨的碳素网球拍及其复合材料制成的网球拍,一经面世便很快取代了原有的木制和金属球拍,成为继橡胶网球之后网球器材上又一次重大改革。碳素材料球拍刚度大,击球更加有力;质量轻,挥动灵活;抗扭变性好,击球稳定。新球拍推进了网球技术的提高,使网前截击更灵活,后场破网更犀利,增加了比赛的精彩程度。

二、网球运动的基本技术

(一)打好网球从熟悉球性开始

1.常见握拍方法

根据手与网球拍柄相对位置的不同,目前常用的网球基本握拍方法有:东方式、大陆式、西方式和半西方式等。不同的握拍方式会产生不同的击球效果,但各种握拍方式之间并无好坏优劣之分,练习者可根据个人爱好和习惯选择握拍方式。

(1)东方式握拍:最先流行于美国东海岸一代,因此得名。正手握拍时虎口对准拍柄右上斜面(图6-2-1)。该握拍方式的优点是易于击正手平击球且击球比较稳定,对于网球初学者来说是不错的选择。缺点是击球的旋转性较差,不适用于喜欢打上旋球的选手。

图6-2-1
东方式握拍法

(2)大陆式握拍:因曾经广泛流行于欧洲大陆而得名,现多用于上网截击和发侧旋球。正手握拍时虎口对准拍顶上部与左上斜面的棱线(图6-2-2)。该握拍方式的优点是有利于击出正手平击球和处理低球。缺点是很难打出上旋球和削球。

(3) 西方式握拍：曾流行于美国西海岸加利福尼亚州一带，因而得名。正手握拍时虎口对准拍柄右垂面与右下斜面之间的棱线(图6-2-3)。该握拍方式的优点是击球时会产生更多的上旋，落地后球弹起较高，对手不易进行回击。缺点是不适于回击低球。半西方式握拍则是介于西方式握拍和东方式握拍之间的一种握拍方法。

6-6 网球握拍法

图6-2-2 大陆式握拍法

图6-2-3 西方式握拍法

2. 常见站位方法

在网球比赛中常见的站位方法有开放式站位、关闭式站位和半开放式站位三种。

(1) 开放式站位：双脚向两侧自然分开站立，脚尖垂直于底线。引拍时，扭转上半身使左肩朝前，同时往后引拍。挥拍时，右脚蹬地，身体重心从右往左移动(图6-2-4)。这种站位是西方式、半西方式正手握拍选手多采用的击球站位。

图6-2-4 开放式站位

图6-2-5 关闭式站位

(2) 关闭式站位：左脚向右前方上步，右脚向右转90°，与底线平行。引拍时，转肩带动右臂向后摆动。挥拍时，右脚蹬地，身体重心从右往左移动(图6-2-5)。这种站位多用于东方式握拍选手。半开放式站位调整脚步时，左脚介于关闭式和开放式站位之间。

3. 常见球性练习方法

(1) 持拍拍球练习：采用西方式握拍法，微屈臂持拍于胸前，原地在体前用手腕的力量和借球的反弹力触球顶部，连续向下拍球，球反跳高度大约同腰高。也可以在移动中边向前跑边向下拍球，球位于身体前方，触球顶部，稍朝前下方用力，采用二比一的节奏，即跑两步，拍一下球，球反弹高度大约同腰高。

(2) 持拍颠球练习：采用大陆式握拍，屈臂持拍于胸前，触球底部，手腕稍用力连续向上颠球(球向上弹起大约30 cm)，或连续对墙颠球，人距离墙大约1.5 m，击球点位于体前

30~40 cm,微屈臂持拍于胸前,稍用手腕的力量,呈开拍面颠球,也可以变换正手、反手对墙颠球。变换正、反手颠球的练习,应根据个人掌握技术水平的情况而定。

(3)对墙击球练习:采用东方式正手握拍或反手握拍,离墙 3 m 左右对墙击球,人随球走,在体前右前方或左前方,呈闭拍面击球,动作幅度要小,击球力量稍轻,可落地一次击球,也可以落地两次击球,主要加强单位时间内对墙击球的次数。

(二)打好网球的基本技术

1. 正手击球——场上得分的法宝

正手击球是网球比赛中使用最多的击球技术,也是初学者首先应该掌握的技术。正手击球有上旋球、下旋球、平击球、侧旋球等不同旋转的打法。这里对初学者最常用到的正手平击球进行介绍。

正手平击球动作如图 6-2-6 所示。击球时拍面垂直于地面,手腕固定,挥拍方向和出球方向一致,将球向前推送出去。特点是球速快,着地后反弹较低。

图 6-2-6 正手平击球

2. 反手击球——攻守兼备的武器

反手击球同正手击球一样,也是网球比赛中常用到的击球技术。由于反手击球时,不论是击球力量还是击球的范围都较正手击球小很多。因此,反手位置常常在比赛中被当成弱点而受到攻击。练习好反手击球技术,可以使场上的攻守更加平衡,掌握比赛主动性。这里对初学者最常用到的反手平击球进行介绍。

反手平击球动作如图 6-2-7 所示。准备时双手握拍,引拍至身体后下方。挥拍时以转髋带动转体,以上体转动带动双臂向前上挥摆。击球时拍面垂直于地面,将球向前推送。

图 6-2-7 反手平击球

> **练习提示**
>
> 1. 正手击球的发力感觉：正手击球引拍时身体充分扭转并夹紧右肋，就像生活中以夹紧两肋的姿势推动重物一样，就很容易发出最大的力量。
> 2. 要想打出有威力的上旋球，最重要的是扭转上体充分挥动球拍，正手击球要夹紧右肋，以右脚为轴转体击球，触球时从右向左雨刷器似的大幅度挥拍，就能打出强力上旋球。

6-7 网球发球

3. 发球——先发制人的技术

发球也是网球比赛的基本技术之一，高质量的发球一方面可以直接得分，另一方面可以先发制人，造成对方回球质量不高，从而创造得分机会。常见的发球技术有发上旋球、平击球和切削发球三种，这里对初学者最常用到的平击发球进行介绍。

平击发球动作如图 6-2-8 所示。平击发球时，抛球点在身体前上方，在手臂伸展最高点击球，击球时前臂"旋内鞭打"，拍面与击球方向垂直，用拍面中心击球。其特点是力量大、速度快，但命中率相对不高。

图 6-2-8 平击发球

> **知识窗**
>
> ### 网球比赛中的 ACE 球
>
> 网球中，ACE 球是指对局双方中一方发球，球落在有效区内，但对方却没有触及球而使之直接得分的发球。如果对方触到球，而出界或下网，则只称作发球得分，而不是 ACE 球。ACE 球的特点是速度极快，角度刁钻。

4. 接发球——后发制人的武器

在网球比赛中，当对方发球时，能否高质量地完成接发球决定着能否化被动为主动，起到后发制人的效果。接发球技术可以分为正手接发球和反手接发球(图6-2-9,图6-2-10)。

图 6-2-9　正手接发球　　　　图 6-2-10　反手接发球

接发球时首先要做好预判,提前判断对手发球的落点,充分准备并想好回球的方式和路线。当接一发时,要保证成功率,不可贸然发力进攻,一般选择斜线比较安全。接二发时要灵活处理,可回斜线、直线或打脚下直接进攻。当接反手位发球时,由于反手位不易进攻,可通过切削回球提高接发球成功率。

5. 截击球——网前进攻的利剑

截击技术是上网进攻时必备的武器,特别是在双打比赛中,截击技术应用十分广泛。网前截击技术是提高网球技术水平等级的标志。初学者可以把这项技术放在正反手击球、发球等技术之后进行学习。

正手截击时,向前下方挥拍,挥拍同时左脚向前跨出半步成半开放式站立。拍面倾斜,与地面成一定角度,截击后使球下旋(图6-2-11)。反手截击时,击球点比正手截击更靠前,击球转体动作小,非持拍手后伸,以保持身体平衡(图6-2-12)。

图 6-2-11　正手截击　　　　图 6-2-12　反手截击

6-8　网球截击球

三、网球运动的比赛规则

(一) 网球比赛规则简介

1. 比赛场地

标准网球比赛场地规格见图6-2-13。根据场地材料的不同,可将网球场地分为硬地、土地和草地3种。

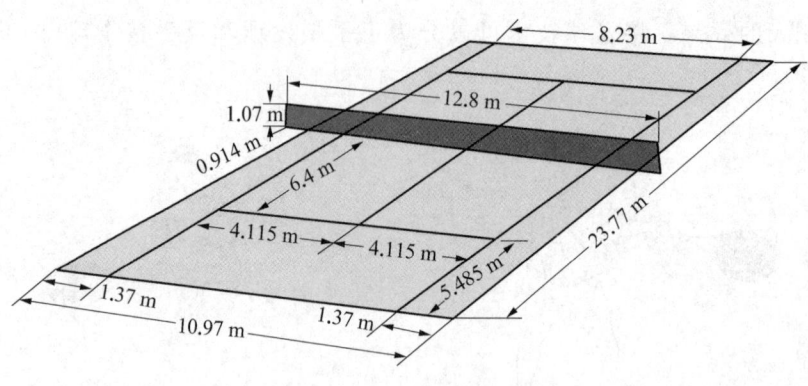

图 6-2-13　网球场地图

(1) 硬地球场以美网和澳网的比赛场地为代表。这种场地平整、硬度高,球速适中,适合各种打法的球员,是最为常见的一种比赛场地。

(2) 土地球场以法网比赛场地为代表。这种场地用专制的红土铺成,特点是球速慢,弹跳不规则,可变性高。适合于底线型打法球员。

(3) 草地球场以温网比赛场地为代表。这种场地使用天然草地铺成,造价昂贵且保养困难。这种场地上球的反弹速度最快,属于快速球场,比较适合于发球上网型选手。

2. 计分办法

(1) 胜 1 分:遇到下列情况时,判对方胜 1 分。

① 发球员连续两次发球失误或脚误时。

② 接球员在发来的球没有着地前用球拍击球,或球触及自己的身体及所穿戴的衣物时。

③ 在球第二次落地前未能还击过网时。

④ 还击球触及对方场区界线以外的地面、固定物或其他物件时。

⑤ 还击空中球失败时。

⑥ 在比赛中,击球员故意用球拍拖带或接住球,或故意用球拍触球超过一次时。

⑦ "活球"期间运动员的身体、球拍(不论是否握在手中)或穿戴的其他物件触及球网、网柱、单打支柱、绳或钢丝绳、中心带、网边白布或对方场区以内的场地地面。

⑧ 还击尚未过网的空中球(过网击球)。

⑨ 对方发球或回球时出界(出界的判法为球的第一个落点是否过第二白线)。

(2) 胜一局:遇到以下情况时,算一方胜 1 局。

① 每胜 1 球得 1 分,先胜 4 分者胜 1 局。

② 双方各得 3 分时为"平分",平分后,净胜 2 分为胜 1 局。

(3) 胜 1 盘:遇到下列情况时,算一方胜 1 盘。

① 一方先胜 6 局为胜 1 盘。

② 双方各胜 5 局时,一方净胜 2 局为胜 1 盘。

③ 当和对手赢得的局数是 6:6 时,则以决胜局定胜负。决胜局的比赛计分方式有两种。

长盘制:一方净胜 2 局为胜 1 盘。

短盘制(抢七):双方再赛一局,先得 7 分者为胜该局及该盘(若分数为 6 平时,一方须净胜 2 分）。

（4）胜一场：一场比赛男子最多打 5 盘，采取 5 盘 3 胜制。女子最多打 3 盘，采取 3 盘 2 胜制。

(二)网球比赛欣赏

1. 看不同球员的技术风格

网球比赛是世界性的，每一次赛事都汇集了来自世界各国的优秀选手。从不同地区的选手身上我们可以看到不同的民族精神和技术风格。从费德勒变化多端、落点精准的正手击球和无与伦比的反手削球，我们看到了瑞士人的严谨和精细。从纳达尔有力的上旋球、快速的脚步移动和坚强的意志力，我们看到了西班牙斗牛士的旺盛斗志。从德约科维奇强劲旋转的发球，强大的接发球，稳定的底线相持和均衡的正反手，我们看到了塞尔维亚人的沉重与坚毅。从小威廉姆斯活力十足的正反拍，具有统治性的力量压制和极其过硬的心理素质，我们看到了黑人运动员的凶悍和不屈不挠。

2. 看不同场地的比赛特点

网球比赛的场地分为硬地、红土和草地，不同的比赛场地又会演绎出各具特色的精彩比赛。硬地球场是全能选手的舞台，既利于进攻又利于防守，底线抽球、网前截击、高压球、切削球，各种网球技术尽显其能，精彩纷呈。红土球场则是底线防守型选手的天地，由于红土球场会使球速减低，许多重炮球员和上网型球员的特长没法发挥，精彩的多拍，快速的移动，大幅的滑步，这些都成为红土球场的亮丽风景。而草地比赛，由于球速较快，擅长大力发球的选手则占据优势，常常在比赛过程中突然上网，或进行截击，或进行穿越，一前一后，一左一右，打得难解难分。

3. 看运动员的意志品质

网球比赛是对运动员身体极限和心理极限的挑战，随着现代网球竞技水平和对抗水平的不断提高，经常会出现"马拉松"式的比赛。如 2004 年澳网罗迪克对阵阿诺伊的比赛，双方历时 5 个多小时才分出胜负。比赛结束时，两人都瘫倒在地。还是在澳网比赛中，2012 年，塞尔维亚球王德约科维奇和世界排名第二的纳达尔展开了两人职业生涯的第 30 次对决，这也是一场网球历史上史诗般的对决，结果卫冕冠军德约科维奇在决胜盘 2∶4 落后的情况下力挽狂澜，上演翻盘好戏，勇夺个人第三座澳网冠军奖杯。全场比赛耗时 5 小时 53 分钟，此役也成为澳网历史上耗时最长的比赛。看运动员们在体力已达极限时仍奋勇拼搏，看运动员们在绝境中用顽强的意志反败为胜。此时，胜负已经不再重要，运动员们永不放弃的拼搏精神已然让他们成为观众心目中的英雄。

网球观赛礼仪

1. 赛前体检进入观众席就座。比赛进行时，除暂停时间外不得随意走动。
2. 观看比赛时不得大声喧哗。

3. 服从裁判员的规劝,当听到裁判员"安静"提示时,应立即停止鼓掌,保持场内安静。
4. 观众不得向场地内投掷任何物品及随意进入场地。

第三节　羽毛球运动

一、羽毛球运动概述

（一）走进羽毛球运动

1. 羽毛球运动的起源与发展

早在两千多年前,一种类似羽毛球运动的游戏就在中国、印度及一些西欧国家出现。中国叫"打手毽",印度叫"普那",西欧等国则叫作"毽子板球"。19世纪60年代,英国军人将在印度学到的"普那"游戏带回国,作为茶余饭后和休息时的消遣娱乐活动。

现代羽毛球运动诞生在英国。1873年,在英国格拉斯哥的伯明顿镇有一位叫鲍弗特的伯爵,在他的庄园开游园会,有几个从印度回来的退役军官就向大家介绍了一种隔网用拍子来回击打毽球的游戏,人们对此产生了很大的兴趣。因这项活动极富趣味性,很快就在上层社会社交场上风行开来。"伯明顿"（Badminton）即成为英文羽毛球的名字。1893年,英国14个羽毛球俱乐部组成羽毛球协会。

20世纪20年代初,羽毛球运动传入中国,在新中国成立前,只在上海、广州、北京、天津等少数几个城市的一些教会学校开展羽毛球运动。

20世纪20到40年代欧美国家的羽毛球运动发展很快,其中英国、丹麦、美国、加拿大的水平相当高。50年代亚洲羽毛球运动发展很快,马来西亚取得两届汤姆斯杯赛冠军。同时印度尼西亚队在技术和打法上有所创新,很快取得了霸主地位。60年代以后羽毛球运动的发展逐渐移向亚洲。1981年5月国际羽毛球联合会重新恢复了中国在国际羽联的合法席位,从此揭开了国际羽坛历史上新的一页,进入了中国羽毛球选手称雄世界的辉煌时代。

在1988年第24届汉城奥运会上,羽毛球被列为表演项目,1992年第25届巴塞罗那奥运会被列为正式比赛项目,1996年第26届亚特兰大奥运会混双被列为比赛项目。从此羽毛球运动进入新的发展时期。

国际羽联

国际羽毛球联合会简称国际羽联（BWF）,1934年由加拿大、丹麦、英格兰、法国、爱尔兰、荷兰、新西兰、苏格兰和威尔士等发起成立。截至2019年,有193个协会会员。国际羽联的主要任务是普及和发展世界羽毛球运动,加强各国羽毛球协会之间的联系,举办奥运会、世界锦标赛、世界杯赛和其他国际比赛。

2. 扣人心弦的羽毛球赛事

（1）汤姆斯杯赛。汤姆斯杯赛即世界男子团体羽毛球锦标赛,是世界上最高水平的男子羽毛球团体赛。1948年举行第一届比赛,每三年举行一次,从1984年开始改为两年一届,在偶数年举行。比赛由三场单打,两场双打组成。

（2）尤伯杯赛。尤伯杯赛即世界女子团体羽毛球锦标赛,是世界上最高水平的女子羽毛球团体赛。1956年开始举行第一届比赛,每三年举行一次,从1984年开始改为两年一届,在偶数年举行。比赛由三场单打,两场双打组成。

（3）世界羽毛球锦标赛。世界羽毛球锦标赛即世界羽毛球单项锦标赛。设有男、女单打、双打和混合双打五个比赛项目。1977年起开始为三年一届,1983年改为两年一届,在奇数年举行。

（4）苏迪曼杯。苏迪曼杯即世界羽毛球混合团体比赛。1989年开始举办,两年一届,在奇数年举行,比赛由男女单打、男女双打组成。

（5）世界杯羽毛球赛。世界杯羽毛球赛是重要的国际性赛事,从1981年开始已连续办了17届,1997年因多种原因而中断。2005年世界杯羽毛球赛恢复,2006年再次中断。按照国际惯例,世界杯羽毛球赛将邀请世界排名男单前16名、女单前12名、男双前8名、女双和混双前6名的选手参赛。

羽毛球全满贯

羽毛球全满贯指运动员在含有羽毛球项目的各项赛事中均获得冠军。对中国选手或亚洲选手而言——男子获得"奥运会、世锦赛、全英赛、亚锦赛、全运会、世界杯、亚运会、苏迪曼杯团体赛、汤姆斯杯"冠军;女子获得"奥运会、世锦赛、全英赛、亚锦赛、全运会、世界杯、亚运会、苏迪曼杯团体赛、尤伯杯"冠军,即达成羽毛球全满贯。著名羽毛球选手林丹是世界羽坛历史上第一个"全满贯"的羽毛球运动员。蔡赟/傅海峰是第一对实现"全满贯"的男子双打选手。

（二）羽毛球运动的健身价值

1. 羽毛球运动与身体健康

无论是进行正式比赛或是作为一般性的健身活动,羽毛球运动都需要在场地上不停地移动、跳跃、挥拍、转体,运用各种击球动作和步法将球击到对方的场地。经常打羽毛球,可以加快人体血液循环,增强心血管系统、呼吸系统等人体内脏器官的功能,发展人体的力量、速度和耐力,提高动作速度和上、下肢的活动能力,提高身体素质,使身体全面发展,达到增强体质的目的。此外,羽毛球运动要求练习者在短时间对瞬息万变的球路做出判断,果断地进行反击,因此,它能提高人体神经系统的灵敏性和协调性。

2. 羽毛球运动与心理健康

羽毛球运动属于隔网对抗型项目,虽然没有身体上的接触,但是因其竞争性、对抗性、大强度等特点突出,场上选手需要满足诸多比赛的要求。首先,羽毛球比赛节奏较快,要想在快节奏、高强度的对抗中占得先机,就要不停揣摩对方战术意图,提前想好应对策略,从而争取战术上的主动。因此,经常打羽毛球可以很好地训练练习者的瞬间决断能力,使人的思维更加敏捷,判断更加准确。此外,羽毛球技术水平的发挥,很大程度上依赖选手的心理稳定性,特别是在处理关键球时,只有顶住压力、稳住心态,才能把握住得分机会。因此,羽毛球练习能很好地发展练习者的心理素质和抗压能力。

3. 羽毛球运动与社会适应

目前,羽毛球越来越受到各年龄段爱好者的推崇。校园里、社会上,涌现出众多羽毛球俱乐部和球友会,以球会友,交流球技,增进友谊。在进行羽毛球对抗的过程中,需要与同伴(双打)或与对手进行交流和沟通,既要发挥个人的技术和积极性,更要发挥同伴协作的力量,默契配合,取长补短。对青少年来说,这有助于促进个体的社会化进程。获胜的比赛能让欣赏者从中获得一种满足感、成功感。从中体会到羽毛球运动的永恒魅力。失败的结果能让欣赏者分析、总结,给人生以启迪。

二、羽毛球运动的基本技术

(一)起步——打好羽毛球的准备

1. 羽毛球握拍

(1)正手握拍技术:以下介绍的所有基本技术均以右手握拍者为例,左手持拍者则反之。一切在身体右侧的正手正拍面击球及头顶后场击球都采用正手握拍法。

正手握拍动作要领:先用左手握住球拍的中杠,使拍框与地面垂直。张开右手,使虎口对准拍柄斜棱上的第二条棱线,然后用近似握手的方法握住拍柄,拇指和食指贴在拍柄两侧的宽面上,其余的三指自然握住拍柄。拍柄与掌心不要握紧,应留有空隙。握拍不要很紧,要尽量放松握拍手指。发力时才要握紧(图6-3-1)。

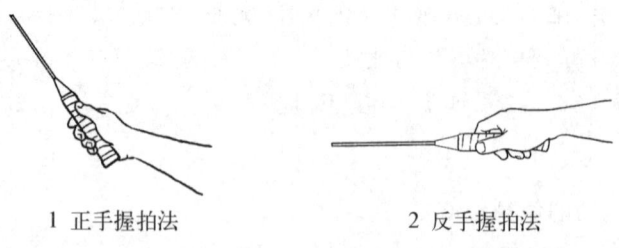

1 正手握拍法　　　　2 反手握拍法

图 6-3-1　正反手握拍

(2)反手握拍技术:一切在身体左侧的反手反拍面击球都采用反手握拍法。

反手握拍技术的动作要领是:在正手握拍的基础上,将球拍柄稍向外旋,食指收回,拇指第二指节顶贴在拍柄第一斜棱旁的宽面上,也可将大拇指放在第一、第二斜棱之间的小窄面上,食指稍向下靠;击球时,靠食指以后的三指紧握拍柄,同时拇指前顶发力击球;为了便于发力,掌心与拍柄间要留有充分的空隙(图6-3-1)。

2. 步法

(1)上网步法:可以分成正手上网步法、反手上网步法和上网扑球步法三种。上网的准备姿势应为两脚稍前后开立,右脚在前上,左脚在左后,调整身体的重心准备随时启动。

上网移动到位后,后脚的脚尖向外呈15°角,弓步后后脚要向前跟进半步以便于回到中场防守位置(图6-3-2)。上网步法具体可分为跨步、垫步、蹬步。

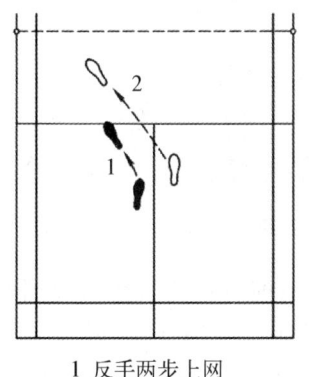

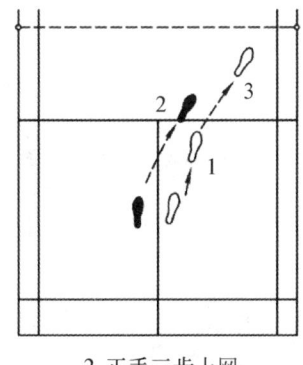

6-9 羽毛球步法

1 反手两步上网　　　　　　2 正手三步上网

图6-3-2　上网步法

（2）退后场步法：是指从中心位置后退到后场底线的步法。退后场步法,特别是向反手后场底线,对运动员的灵活性和协调性的要求很高。正手退后场击球的主要步法有：交叉步、垫步和跨步。反手退后场的主要步法有：两步移动退后场和多步移动退后场(图6-3-3)。

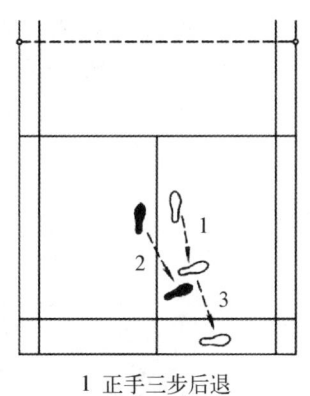

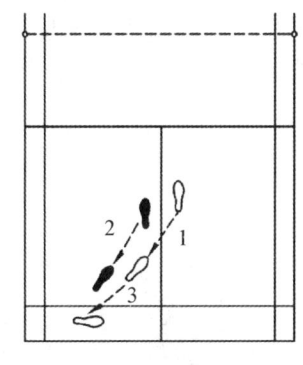

1 正手三步后退　　　　　　2 反手后退

图6-3-3　退后场步法

（二）进阶——羽毛球的基本击球技术

1. 发球

（1）正手发高远球：以右手持拍为例,发球时站位靠中线距前发球线约一米的位置,左脚在前,脚尖指向球网,右脚指向右前方,两脚距与肩同宽,重心在右脚,左手持球与肩同高,两眼注视对方。随着左手放球,身体自然由右向左转体、重心前移,持拍臂由后上方向下经身体侧下,向前上方挥拍,带动手腕由屈到伸,闪动手腕,握紧球拍,以正拍面发力将球击出。击球点在身体的右侧前下方。球击出后,持拍手臂随动作惯性自然向左上方挥动,随着挥拍的过程,身体重心由右脚移到左脚,右脚跟稍提起,保持住身体的平衡。然后将拍收回至体前并将握拍调整成放松的正手握拍形式(图6-3-4)。

6-10 羽毛球发球与接发球

图 6-3-4 正手发高远球

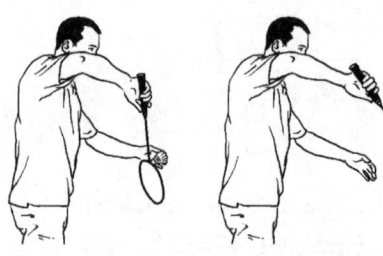

图 6-3-5 反手发网前球

(2) 反手发网前球：击球时，前臂带动手腕使球拍对球作横切推送（图 6-3-5）。

2. 中后场击球

(1) 正手击高远球：以右手持拍为例，当判断来球时，迅速启动，运用后场后退步法向后场区域移动，球拍持于体侧，左手自然上举保持平衡，侧身对网，重心放在右脚，当球下落到适合击球的高度时，持拍手臂肘部向上，手臂外旋，身体后仰，以肩为轴引拍。击球时，击球点选择在右肩的前上方，前臂快速内旋带动手腕加速向前上方挥动，屈臂收手腕，屈指发力，在最高点将球向前上方击出（图 6-3-6）。

6-11 羽毛球后场击球技术

图 6-3-6 正手击高远球

(2) 反手击高远球：看准对方的来球落向左后场区的时候，迅速把身体转向左后方，移动到适合的击球位置，背对球网，并用反手握拍法握拍，最后一步右脚跨向左后方，球拍由身前举到左肩附近，以大臂带动前臂转动，击球时前臂由左肩上方往下绕半弧形，在最后一刹那手指紧握球拍，击球点应在右肩上方为好，以手腕往右后上方或者根据还击的需要掌握好球拍的角度鞭打击球,把球击向后上方。击球后,转身手臂回收至胸前(图6-3-7)。

(3)击平高球:与击高远球一样,平高球也可以分别用正手、头顶或者是反手技术去击打。不论是用正手、头顶或者是反手技术击打平高球,其击球前的准备动作与用正手、头顶或者是反手技术击打高远球的准备动作都相似,只是在击球的一刹那,手腕是向前使劲而不是向前上方使劲(图6-3-8)。

图6-3-7 反手击高远　　　　　　图6-3-8 正手击平高球

3. 网前击球

(1)挑球:正手挑球时,引拍动作采用跨步上网,上臂前伸,不要后摆。指、腕、前臂外旋向下做小回环,击球动作与正手发高远球一样(图6-3-9)。

图6-3-9 正手挑球

6-12 羽毛球前场击球技术

反手挑球时,首先换成反手握拍,引拍动作采用跨步上网,注意抬起肘关节,指、腕、前臂内旋向下做小回环,使拍头低于肘部。用屈指发力,反拍面向前上击球。击球后换成正手握拍。

(2)搓球:正手搓球在伸臂举拍时应展腕、稍屈肘,使球拍自然地稍往后拉,然后再以肘关节为轴,通过小臂的补旋及收腕动作,用正拍面切削球托的后底部使球翻滚过网(图6-3-10)。

反手搓球时,动作与正手搓球相似,只是换成反手握拍。

(3)推球:正手推球时,准备和引拍动作与正手搓球相同。主要靠前臂内旋、指力击球(图6-3-11)。

反手推球时,主要靠前臂外旋、指力击球。

图 6-3-10 正手搓球

图 6-3-11 正手推球

(三)制胜——羽毛球的高级技术

1. 吊球

(1) 正手吊球:击球前动作同正手击高球。击球的一刹那,前臂突然减速,通过手腕的闪动向前下轻轻切击球托的右侧后下部。关键是用力方向向前下,使球越网后即下落。击球后,手臂随惯性自然回收到胸前(图 6-3-12)。

(2) 反手吊球:击球前的动作同反手击高球。不同点是前臂上摆,拇指内侧顶住拍柄,手腕向后"甩腕闪动"(由屈到后伸外展)轻击球托的后下部位,使球的受力向前下方,球沿直线方向落到对方网前。

图 6-3-12 正手吊球

图 6-3-13 正手扣杀球

2. 扣杀球

(1) 正手扣杀球:准备姿势与正手击高球相似。不同之处是右脚起跳后,身体后仰成反弓后收腹用力,靠腰腹带动大臂、大臂带动前臂、前臂带动手腕,形成向下鞭打的用力,球拍正面击球托的后部,无切击,使球沿直线向前下方快速飞行。击球后立即成还原准备姿势(图 6-3-13)。

(2) 反手扣杀球:动作方法与反手击高球相同。不同之处是击球前的挥拍用力要大,身体反弓加上手臂、手腕的延伸、外展的鞭打用力,可向对方的直线或对角线的下方用力,击球瞬间球拍与扣杀球方向的水平夹角小于90°。

(3)腾空突击扣杀:击球前,右脚稍前,左脚稍后,身体稍前倾、屈膝,重心落在右脚上,准备起跳。起跳后,身体向右后方腾起,上身右后仰成反弓形,右臂向上抬,肩尽量后拉。击球前臂快速举起,手腕从后伸至前臂旋内跟着屈收压腕鞭打高速向前下击球。杀球后,屈膝缓冲,右脚右侧着地,重心在右脚前;左脚在左侧前着地,并迅速还原。

每天10种果蔬保健康

卫生专家表示:健康的饮食应该确保每天摄入10种水果和蔬菜。

英国伦敦大学进行的研究发现:食用大量的水果和蔬菜能明显降低早亡风险。每天食用至少7份水果和蔬菜能将各种原因的死亡概率降低42%。

专家建议:每天吃10种水果和蔬菜。

三、羽毛球运动的比赛规则

(一)如何开展羽毛球比赛

1. 场地

羽毛球场成长方形,如图示各条线宽均为4 cm(包括在有效区内),场地上空12 m以内和四周4 m以内无障碍物。球场中央网高1.524 m,双打边线处网高1.55 m,场地长13.40 m,总宽6.10 m,单打场地宽5.18 m(图6-3-14)。

2. 器材

(1)球:国际羽联羽毛球比赛规则规定,球可以由天然材料、人造材料或它们混合制成;每一个球应有16根羽毛固定在球托部;羽毛长62~70 mm,羽毛从球托面到羽毛尖的长度应该一致;羽毛顶端围成圆形,直径58~68 mm;球托底部为圆球形,直径为25~28 mm;羽毛球重4.74~5.50 g;由于合成材料与天然羽毛在比重、性能上的差异,可允许有不超过10%的误差。

(2)羽毛球拍:羽毛球规则对羽毛球拍有很详细的规定。球拍的长度不超过680 mm,宽不超过230 mm;拍弦面应该是平的,用拍弦穿过拍头十字交叉或其他形式编织而成。编织的式

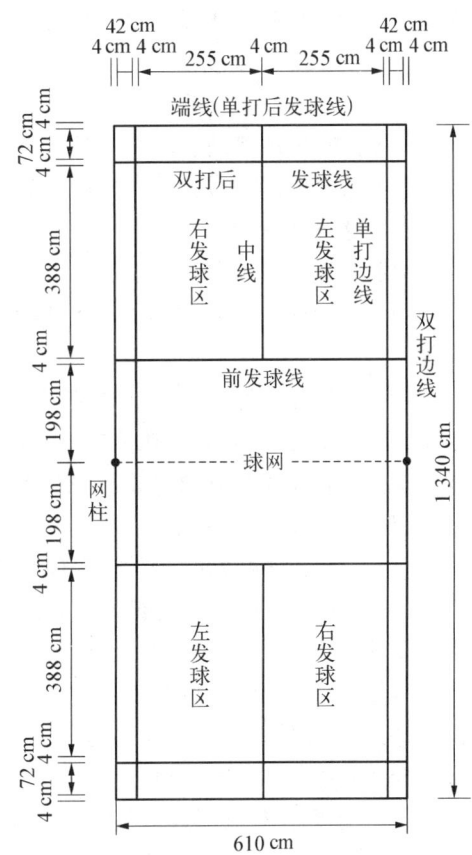

注:网高:场地两侧网柱高155 cm,中间高152.4 cm

图6-3-14 羽毛球场地

样应保持一致,尤其是拍弦面中央的编织密度不得小于其他部分;拍弦面长不超过280 mm,宽不超过220 mm;不论拍弦用什么方法拉紧,规定拍弦穿进连接喉的区域不超过35 mm,连同这个区域在内的整个拍弦面不超过330 mm。

(二)比赛方法和主要规则

1. 比赛项目

羽毛球比赛包括:男子单打、女子单打、男子双打、女子双打、混合双打、男子团体、女子团体、混合团体。

2. 比赛的计分方法及规则

(1) 记分方法,采用21分制,即双方分数先达到21分者胜,3局2胜。每局双方打到20平后,一方领先2分即算其该局获胜;若双方打成29平后,先得到30分的一方胜该局。

(2) 比赛采取每球得分,并且除了特殊情况(比如地板湿了,球打坏了),球员不可提出中断比赛的要求。当每局一方以11分领先时,比赛进行1分钟的技术暂停,让比赛双方进行擦汗、喝水等。

(3) 得分方才有发球权,在失去发球权之前一直由一人发球。如果本方得单数分,从左边发球,得双数分,从右边发球。在第三局或只进行一局的比赛中,当一方分数首先达到11分时,双方交换场区。

(4) 发球时整个羽毛球必须低于1.15 m。

(5) 比赛中球擦网后落在有效区是有效球。

(6) 活球期,若触及球网违例,即失分。

3. 比赛中的站位

单打比赛中的站位如下。

(1) 当发球员的分数为0或双数时,双方运动员均应在各自的右发球区发球或接发球。

(2) 当发球员的分数为单数时,双方运动员均应在各自的左发球区发球或接发球。

(3) 球发出后,双方运动员就不再受发球区的限制而自由击到对方场区的任何位置,运动员的站位也可以在自己这方场区的界内或界外。

双打比赛中的站位如下。

(1) 一局比赛开始时和获得发球局的一方发球时,都应从右发球区开始发球。

(2) 只有接发球员才能接发球;如果他的同伴去接球或被球触及,发球方得一分。

① 每局开始首先发球的运动员,在该局本方得分为0或双数时,必须在右发球区发球或接发球;得分为单数时,则应在左发球区发球或接发球。

② 每局开始首先接发球的运动员,在该局本方得分为0或双数时,必须在右发球区接发球或发球;得分为单数时,则应在左发球区接发球或发球。

③ 上述两条相反形式的站位适用于他们的同伴。

(3) 每局开始,首先发球方只有一次发球权,赢一球得1分,发球员继续拥有发球权,直至输了该球,则失去该次发球权,随后原接发球方成为发球方,原接发球方成为发球方。夺得发球权的一方,发球后赢一球得1分,发球员应在不同的发球区交替发球直至输了该球,失去发球权,对手(原发球员的同伴)发球后输了该球则同样失去发球权,此时为原接发球员的同伴发球,如此传递发球权。

(4) 运动员不得有发球错误和接发球错误,一名运动员在同一局比赛中不得连续两次接发球(重发球除外)。

(5) 一局胜方的任一运动员可在下一局先发球,负方中任一运动员可先接发球。

(6) 球发出后就不再受发球区的限制了。运动员可在本方场区自由站位和将球击到对方场区的任何位置。

(三) 羽毛球比赛欣赏

1. 看运动员场上的战术发挥

羽毛球比赛中,战术是千变万化的,尤其在双方实力相近、竞争激烈的情况下,一方不可能始终处于主动的进攻状态,另一方也不可能一直处于被动的防守中,进攻与防守根据双方回球质量的好坏在不断变化。一方一旦处于主动就应该把握机会,抓住战机积极进行抢攻;当处于被动时,应努力调整战术,坚持"积极防守、守中反攻",避免"消极防守",寻找机会转守为攻。优秀的羽毛球运动员能够在场上合理分配体能,进行复杂的战术安排,并根据对手发挥的情况及时进行调整应对。在观赏比赛时,应在注意欣赏运动员精彩动作的同时,看他们是如何发挥自己的"灵性"的。

2. 看双打比赛时的配合

双打比赛中,队员之间的默契和配合是非常重要的,分工是否合理、阵形转换是否有针对性直接影响着比赛的胜负。双打比赛中攻与防随时在不停地转换:主动进攻时,两人的队形成前后站位;被动防守时,两人队形成左右站位。由于攻防的转换,站位的队形就不能保持不变,必须随攻防的转换进行相应的变化,这种变化不是盲目地变,而是遵循一定规律来进行的。观赏比赛时,应注意观察高水平运动员的场上配合及变化,汲取精华为我所用。

思考题

1. 乒乓球运动都有哪些锻炼价值?
2. 乒乓球比赛中常见的攻球技术有哪些?它们的技术特点是什么?
3. 网球运动都有哪些锻炼价值?
4. 网球比赛中常见的击球技术有哪些?它们的技术特点是什么?
5. 羽毛球比赛中常见的网前击球技术有哪些?它们的技术特点是什么?

第七章 游泳和轮滑

第一节 游 泳

一、游泳的锻炼价值

（一）游泳与身体健康

游泳的运动量较大，而且水温一般低于体温，人在游泳时新陈代谢会比较旺盛，对机体各器官的机能要求较高。经常游泳可以有效地提高各器官与神经系统的协调配合能力，并提高毛细血管系统机能和呼吸系统的功能。

同时，游泳可以消耗大量的热量，增强人体耐寒能力，并能改善人体体温调节系统的功能，提高神经系统对温度的感知和调节能力。

另外，游泳消耗的能量比跑步等陆上项目多很多，有很好的减肥作用。人体在水中热量散失较快，身体中的大量热量会在游泳时被消耗掉，这些热量消耗需要体内的糖类和脂肪来补充。经常游泳可以有效减少体内过多的脂肪，从而避免肥胖的发生，塑造健美身材。

（二）游泳与心理健康

游泳除了能锻炼身体，也是培养意志力、注意力、自信心等心理素质的过程。通过游泳运动可以发泄不良情绪，释放压力，从而保持良好的心理状态。

游泳所处的环境是水，对于初学者来说，入水前都会有恐惧心理。通过游泳练习，逐渐克服这种恐惧心理的过程本身就是一种积极的心理体验。游泳还具有改善人的情绪、培养意志品质、增进智力等好处。学习游泳的过程会对练习者的感觉、知觉、思维、记忆、情感，特别是意志品质方面产生积极影响，促进练习者良好个性心理特征的形成。通过游泳练习，从开始克服对水的恐惧到后来学会游泳的过程，每一点的进步都是一种成功体验，能够有效提高练习者的自信心。

（三）游泳与社会适应

游泳的活动环境较为特殊，开始学习游泳就是一个对个体环境适应能力的锻炼。特殊的运动环境,改变着个体对环境的已有认知,各种刺激都可能成为一种信息来源。经过认识水中环境到适应水中环境,最后在水环境中行动自如,是一个人对环境的完整适应过程。此外,游泳还会结交许多新朋友,带来各种各样的信息,使生活更加丰富多彩。

另外,游泳还可以培养适应社会需要的价值观。游泳锻炼处处体现着人的自由与平等,可以培养人的平等精神、进取精神。积极主动地参与游泳锻炼,可以有效地提高人们适应社会的能力。游泳又使每一位参与者领略胜利的喜悦和失败的痛苦,锻炼参与者享受成功及承受失败的适应能力。

奥运会游泳比赛

在奥运会比赛中,游泳项目共设 34 枚金牌,是名副其实的金牌大项。其中,自由泳比赛包括:50 m、100 m、200 m、400 m、800 m(女)和 1 500 m(男)。仰泳、蛙泳和蝶泳比赛包括:100 m 和 200 m。个人混合泳比赛包括:200 m 和 400 m。自由泳接力包括:4×100 m 和 4×200 m。混合泳接力为 4×100 m。公开水域比赛为 10 000 m。

二、游泳基本技术

(一) 水性练习

1. 水中行走

(1) 技术要领:略抬大腿,伸小腿下踏站稳,以手臂拨水保持平衡。

(2) 练习方法:① 在齐胸深水中,向不同方向迈步行走;② 几个练习者站成纵队或横队,手搭旁边同伴的肩行走。

2. 水中呼吸

(1) 技术要领:尽量用口吸气,吸气要快、深,呼气要缓、匀;要连贯、有节奏地深吸,稍闭气后快呼,要呼净、吸足。

(2) 练习方法:① 俯卧或者扶同伴的手,把头全部浸入水中呼气,然后抬头吸气,反复进行练习;② 站立在水中:头全部浸入水中呼气,然后抬头吸气,反复进行练习(图 7-1-1)。

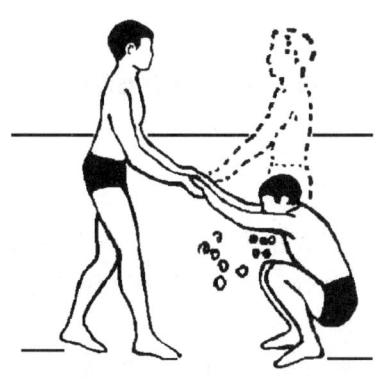

图 7-1-1 水中呼吸

7-1 熟悉水性

3. 漂浮与滑行

(1) 技术要领：臂、腿伸直并拢，吸足气，身体呈流线型贴近水面。

(2) 练习方法：① 抱膝浮体（图 7-1-2）；② 蹬地滑行（图 7-1-3）；③ 蹬池壁滑行（图 7-1-4）。

图 7-1-2 抱膝浮体

图 7-1-3 蹬地滑行

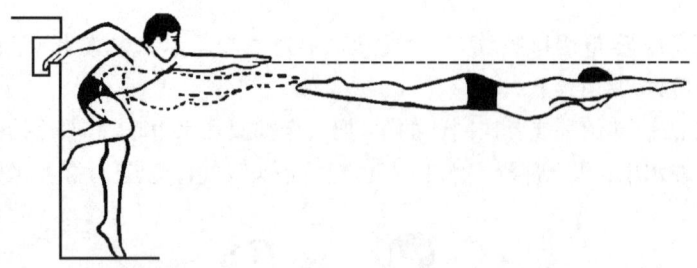

图 7-1-4 蹬池壁滑行

(二) 蛙泳

1. 技术要点

游蛙泳时，身体几乎成水平姿势俯卧在水中。头微抬起，腿、手臂始终在水下进行对称运动。腿、臂配合的原则是先划臂后收腿、先伸臂后蹬腿。动作配合一般是划臂一次、蹬腿一次、呼吸一次（图 7-1-5）。

学习蛙泳时，可以牢记一个顺口溜："划手腿不动，收手再收腿，先伸胳膊后蹬腿，并拢伸直漂一会儿"。在蛙泳时，手的动作先于腿的动作，一定要在收手后再收腿，伸手后再蹬腿。

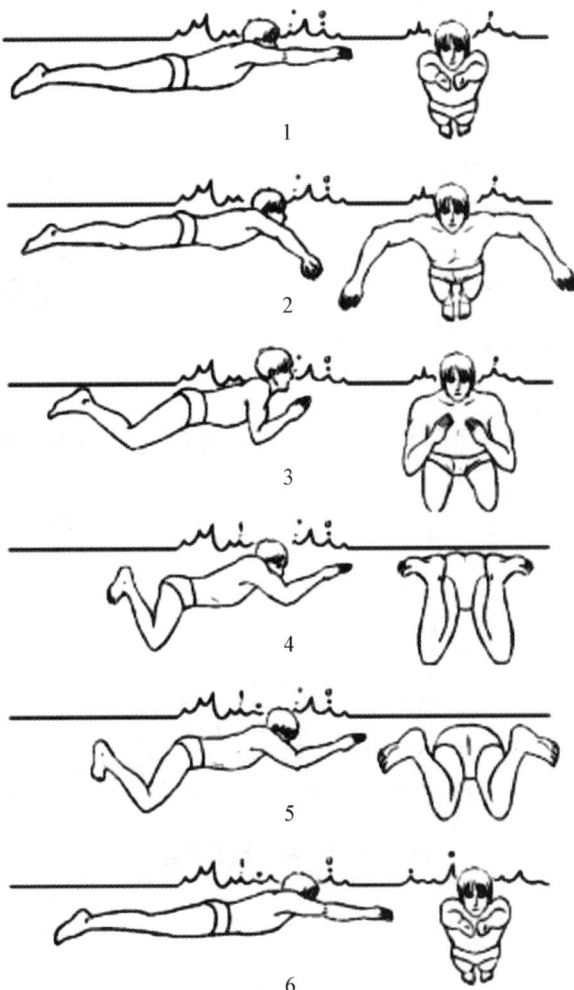

图 7-1-5 蛙泳基本动作

2. 蛙泳练习方法

(1) 陆上仰坐模仿蹬腿动作练习(图 7-1-6)。

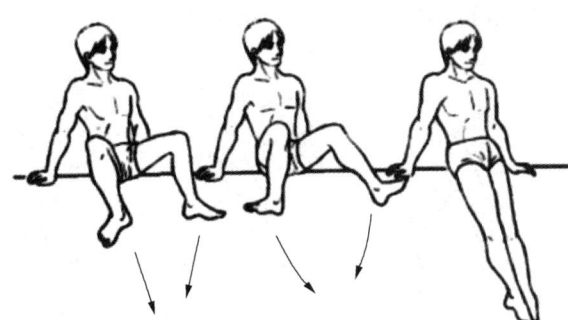

图 7-1-6 陆上蹬腿

(2) 俯卧模仿蹬腿动作练习(图7-1-7,图7-1-8)。

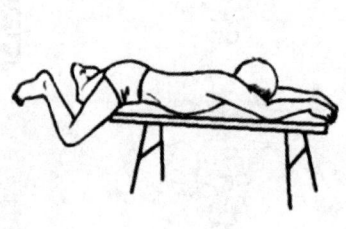 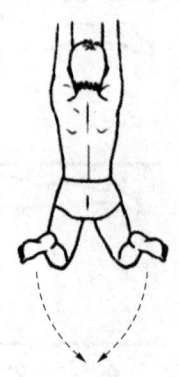

图7-1-7 俯卧蹬腿(侧面)　　　图7-1-8 俯卧蹬腿(背面)

(3) 有帮助的蹬腿动作练习(图7-1-9)。

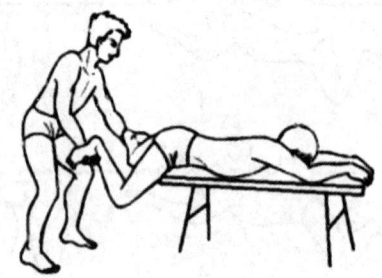

图7-1-9 有帮助的蹬腿

(4) 水中扶板蹬腿滑行动作练习(图7-1-10)。

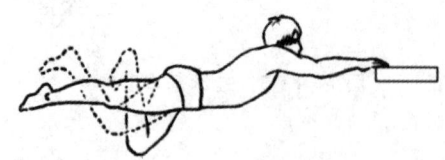

图7-1-10 水中扶板蹬腿

(5) 陆上或水中划臂加呼吸动作配合练习(图7-1-11)。

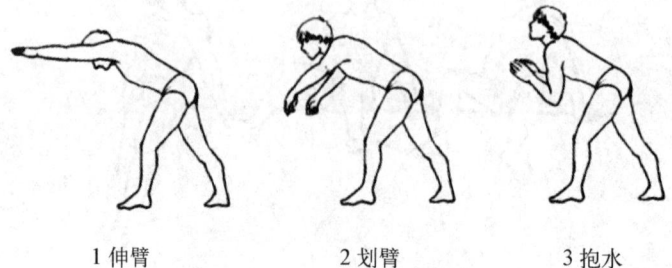

1 伸臂　　　2 划臂　　　3 抱水

图7-1-11 划臂与呼吸的配合

（三）自由泳

1. 技术要点

游自由泳时，身体俯卧在水中几乎与水面平行，两腿上下交替做鞭状打水动作。两臂经空中前移，在肩前入水，经腹下向后划水。上体随着两臂划水动作围绕着身体纵轴自然转动，同时向侧转头呼吸，并与臂的动作协调配合，以推动身体前进和保持身体平衡。动作配合一般是：两臂各划水一次，两腿打水6次（或4次或2次），呼吸一次（图7-1-12）。

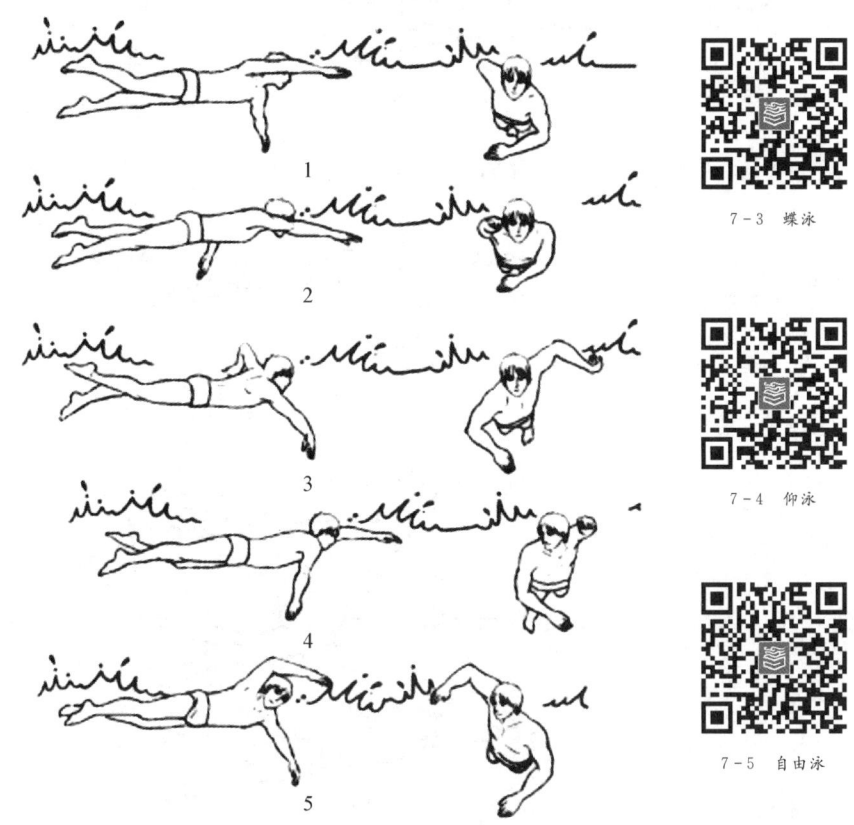

图 7-1-12　自由泳基本动作

2. 自由泳练习方法

(1) 陆上打腿模仿练习（图7-1-13）。

(2) 扶边打腿练习（图7-1-14）。

图 7-1-13　陆上打腿模仿练习

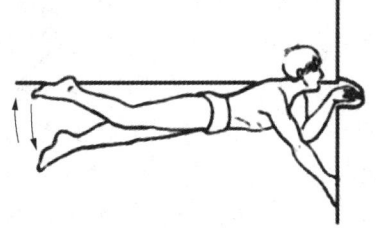

图 7-1-14　扶边打腿练习

(3) 水中滑行打水练习(图7-1-15)。
(4) 陆上划臂模仿练习(图7-1-16)。

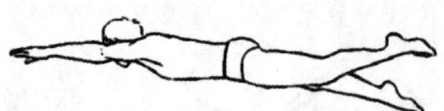
图7-1-15 水中滑行打水练习

图7-1-16 陆上划臂模仿练习

(5) 分解划臂的腿臂配合练习(图7-1-17)。

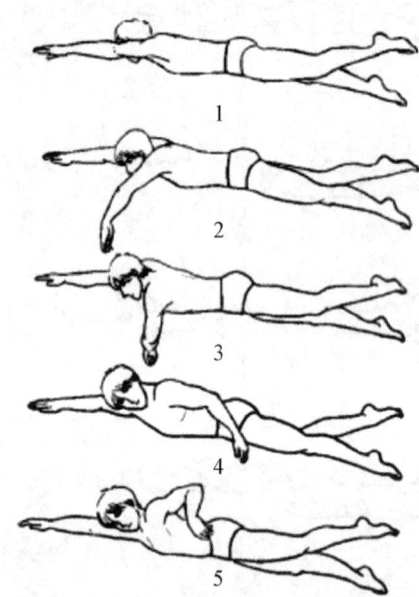

图7-1-17 分解划臂的腿臂配合练习

科技前沿

鲨鱼皮泳衣

鲨鱼皮泳衣,是Speedo公司出产的一种模仿鲨鱼皮肤制作的高技术泳衣。1999年10月,国际泳联(FINA)正式允许运动员穿鲨鱼皮泳衣参赛。2000年悉尼奥运会,伊恩·索普穿着鲨鱼皮泳衣一举夺得3枚金牌,使得鲨鱼皮泳衣名震泳界。这款泳衣充分融合了仿生学原理:在接缝处模仿人类的肌腱,为运动员向后划水时提供动力;在布料上模仿人类的皮肤,富有弹性。2009年7月,FINA决定于2010年5月之前全球禁用高科技泳衣。从2000年开始到高科技泳衣被禁止使用,鲨鱼皮泳衣在打破世界纪录上起了巨大的作用。

三、水上救护

(一) 踩水

踩水技术动作简单、方便、省力、持久,具有较大的实用价值。踩水时,身体直立于水中稍前倾,头露出水面,髋微收、两腿微屈勾腿、两臂胸前平屈,掌心向下,类似蛙泳臂动作。两腿交替蹬水或同时蹬夹水,与蛙泳腿动作相似。两臂弯曲,在胸前做抱水动作,手臂动作不宜过大。腿和臂的动作配合要连贯,一般是:两腿各蹬夹一次或两腿同时蹬夹一次,两手做一次抱水动作(图7-1-18)。

图 7-1-18 踩水

(二) 侧泳拖带

当溺水者被解救后,一般采用侧泳和反蛙泳姿势将溺水者拖带上岸(图7-1-19)。

图 7-1-19 侧泳拖带

1. 侧泳基本技术

侧泳时,身体侧卧于水中,两臂交替划水,上面手臂动作与自由泳相似,下面手臂在水中靠近胸前侧斜下方进行前伸、划水动作。侧泳腿的技术动作包括收腿、翻腿、蹬剪腿三个部分,上腿动作幅度大,方向向正后方,下腿动作幅度小,方向向侧后方。

2. 侧泳练习方法

(1) 陆上模仿练习:侧卧地上,做腿的蹬剪动作练习;站立(以右腿支撑)做单腿(左)与双臂配合动作练习。

(2) 水上练习:侧身,双手扶水池边,做腿的蹬剪动作练习;站立浅水处,做单腿与双臂配合动作练习;一手扶水板,做单臂与双腿配合动作练习;滑行,做腿臂配合动作练习。

（三）岸上急救措施

当溺水者被救上岸后，首先应迅速清理口鼻内的分泌物及其他异物；倒完水后，接着对溺水者施行口对口的人工呼吸（图7-1-20，图7-1-21）。

图7-1-20　单腿衬垫倒水

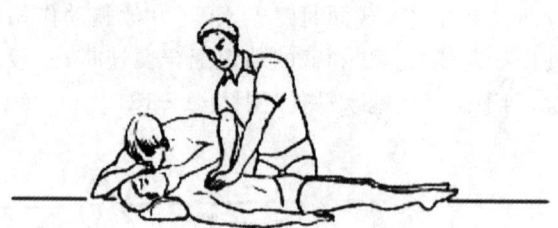

图7-1-21　人工呼吸

知识窗

人工呼吸方法介绍

人工呼吸方法很多，有口对口吹气法、俯卧压背法、仰卧压胸法，但以口对口吹气式人工呼吸最为方便和有效。进行人工呼吸时要注意如下事项。

1. 有效心脏按压：要求产生适当血流，频率60～80次/min，压/放比相等，中断按压时间控制在5 s以内。
2. 人工呼吸：每次人工呼吸吹气时间1 s以上，并要见到胸部起伏。

（四）自我救护

1. 手指抽筋缓解法

先将手指握成拳，然后用力张开。反复做几次即可消除（图7-1-22）。

2. 大腿、小腿或脚趾抽筋缓解法

先吸一口气，使身体浮在水面上，用抽筋脚的对侧手握住抽筋的脚趾，用力向身体方向拉；同时用同侧手压在抽筋腿的膝盖上，使抽筋腿伸直即可解除（图7-1-23）。

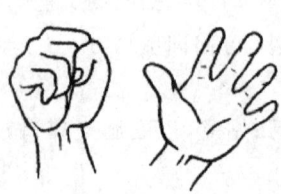

图7-1-22　手指抽筋缓解法

图7-1-23　大腿、小腿或脚趾抽筋缓解法

第二节 轮　　滑

一、轮滑运动概述

(一) 轮滑的锻炼价值

轮滑运动是以身体驱动滑鞋的轮子进行的滑行运动,对人体的平衡能力有很高的要求。轮滑时,人体要保持各种特殊的平衡姿势,做出各种高速度、高难度的技术动作,这就需要练习者具有很好的肌肉力量、身体协调性和灵活性。所以,轮滑不仅可以促进力量、速度、灵敏度、柔韧性、协调性和平衡能力的发展,也能提高心、肺和神经系统的功能,同时,轮滑能使人的身体素质、心理素质、生理机能得到全面、协调的发展,培养勇敢、顽强的精神。

(二) 轮滑运动的装备与特点

1. 轮滑运动的装备

(1) 轮滑鞋：一般来说,按照所参加轮滑项目的不同轮滑鞋可分为休闲轮滑鞋、跑鞋、花样轮滑鞋、特技轮滑鞋和轮滑球鞋5类。其中,休闲轮滑鞋是我们接触最多,也是教学中经常用到的一种轮滑鞋。这种鞋一般有内套及鞋壳,强调舒适、安全,以符合大众需求为原则,为一般人休闲娱乐而设计并符合人体工效学。轮子与轴承可根据使用者的兴趣和爱好进行更换。

(2) 轮滑护具：轮滑护具是根据轮滑运动的特点而专门设计的。它是为了防止练习者或运动员在进行轮滑练习、比赛和表演时出现伤害事故,对练习者或运动员进行保护的一系列穿戴用具。轮滑护具一般包括头盔、护肘、护腕、手套、护膝等。

(3) 轮滑服装：轮滑运动的活动量和活动空间都很大,为了更好地学习和掌握正确的轮滑技术,在练习和比赛中更好地发挥技术水平,预防受伤,在进行轮滑运动时,应穿着合体的运动服装或能使自己活动自如的休闲服装。

2. 轮滑运动的特点

(1) 容易普及：轮滑运动虽然对场地有一定的要求,但这只是针对竞赛项目而言。如果只是为了健身和游戏,那么不论是在街头巷尾,还是在公园马路,只要有一块平坦的空地就可以进行轮滑运动。加上轮滑鞋价格便宜,一般家庭都消费得起,因此普及起来非常容易。现在许多学校中也将轮滑列为体育课学习内容之一。

(2) 技术简单易学：轮滑初步滑行的技术比较简单,只要在走路的基础上将蹬地方向稍改向侧面,即可滑行起来。因此,不用花很多的时间就可以初步掌握轮滑技术,体验轮滑运动的乐趣。

(3) 趣味性强：轮滑的初步滑行技术很容易掌握,当人们开始学习轮滑时,会产生很强的兴趣和继续学习的欲望。当人们能轻松滑行、自如转弯,随心所欲地做动作时,就会被吸引着去掌握更高级的技术,挑战更高的难度。

二、轮滑运动的分类

(一) 速度轮滑

速度轮滑是运动员脚穿轮滑鞋,在轮滑场地内或公路上,在规定距离内,以滑跑速度快慢决定胜负的运动项目。速度轮滑按比赛形式又分为计时赛、开放赛和接力赛。

计时赛要求选手依次出发,裁判计时,以计时结果判定名次。开放赛要求所有选手从同一起跑线出发,以抵达终点的顺序判定名次。接力赛一般由 4 名选手轮流滑完比赛的距离。

(二) 花样轮滑

花样轮滑是运动员脚穿轮滑鞋,在轮滑场地内,在音乐的伴奏下,进行各种曲线、步伐、跳跃、转体、旋转、舞蹈动作的滑行,是一项体育与艺术紧密结合的表演性运动项目。

同花样滑冰一样,花样轮滑也分为单人花样轮滑、双人花样轮滑和轮滑舞蹈等多种形式,其中单人花样轮滑是基础。

(三) 轮滑球

轮滑球是运动员脚穿单排或双排轮滑鞋,手持轮滑球棍,在轮滑球场地上快速滑行、运球、传接球、射球,力争将球射入对方球门的对抗性集体运动项目,也是一项快速敏捷的轮滑技术与娴熟高超的控球技巧相结合的运动项目。

轮滑球运动量大,场面精彩火爆,很受年轻人喜欢。轮滑球比赛中,运动员只能用球棍的下三分之一部位触球,其带有颜色的部位则用来拦截空中球。

(四) 极限轮滑

极限轮滑是运动员脚穿轮滑鞋,在轮滑场地内的各种道具上进行各种惊险的滑行、跳跃、转体、翻转等动作,是一项惊险、刺激、技巧性极强的表演性运动项目。

在极限轮滑中,所有动作都由选手自由选定,选手也可以创新动作,其中腾越可以不单只是腾越一个动作,还可以以任何方式衔接另外的动作,使其难度增加,也让动作更具观赏性。

三、轮滑的基本技术

(一) 原地站立

(1) 丁字步站立:两脚成丁字步站立,前脚跟靠在后脚的脚弓处,两膝微屈,重心稍偏于后脚,上体稍前倾。这一姿势站立时,脚下轮子不容易滑动,可以较稳定地站立(图 7-2-1)。

(2) 八字站立:两脚尖自然分开,两脚跟靠近,上体稍前倾,两膝微屈,两臂自然下垂于体侧,重心落在两脚之间,这样可防止两脚的轮子前后滑动,使站立稳定(图 7-2-2)。

图 7-2-1 丁字步站立

图 7-2-2 八字站立

(二)原地移动

(1)原地左右移重心:两脚平行站立,上体向一侧移动,逐渐将重心完全移至一条腿上,待身体平稳后,上体再依照上述方法向另一侧移动,如此反复练习(图7-2-3)。

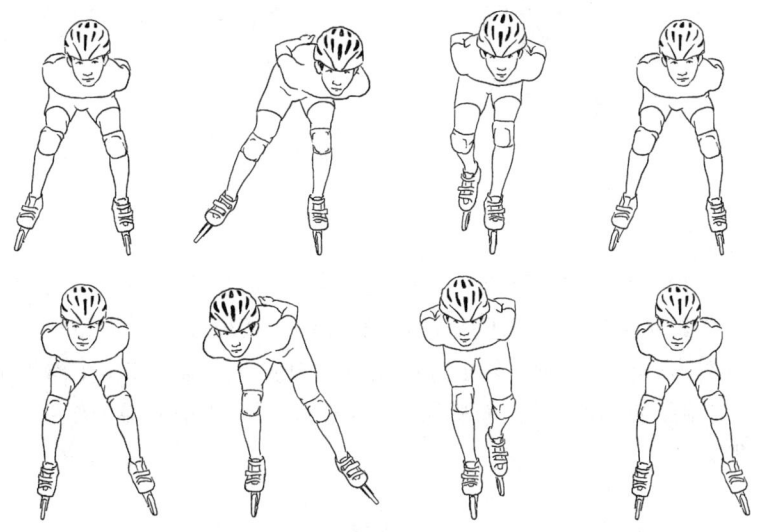
图 7-2-3 原地左右移重心

(2)原地踏步:在八字站立的基础上,重心先移至左脚,另一腿微屈上抬,使脚离地10 cm左右,然后落下站稳。依照上述方法抬起左脚,交替进行。这是向前迈步的基础(图7-2-4)。

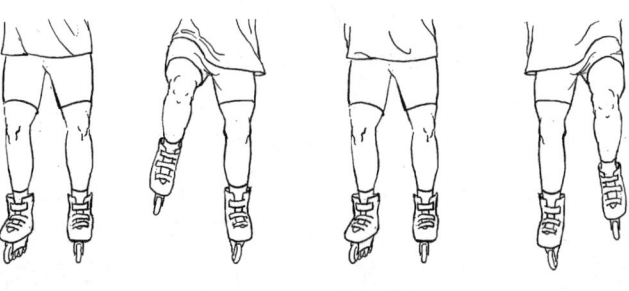
图 7-2-4 原地踏步

(三) 向前滑行

向前滑行的动作要领如下。

(1) 左脚向左斜侧方向蹬地面,右脚向右斜前方滑行。左脚蹬地后随即将重心移向右脚,左脚离开地面,并及时向右脚靠近,以准备下一个滑步。右脚蹬地左脚滑行的方法要领与上相同。

(2) 两腿弯曲,重心下降,两臂于体侧配合左右腿的动作交替摆动,以维持身体平衡(图 7-2-5)。

图 7-2-5 向前滑行

(四) 转弯滑行

以向左转弯为例,右脚蹬地结束时,身体重心向左移动,同时左膝深屈,右脚抬离地面后迅速屈膝,以大腿带动膝盖向内侧摆动,两膝靠拢。接着左脚用力蹬地,右脚同步协调配合加速前摆,右脚后轮从左脚前轮上方越过在左脚前方着地。在整个弯道滑行过程中,两臂的摆动要与两腿协调配合,当右脚蹬地时,右臂前摆、左臂后摆;当左脚蹬地时,左臂前摆,右臂后摆(图 7-2-6)。

图 7-2-6 转弯滑行

(五) 刹车技术

(1) 内"八"字停止法:在向前滑行时,两脚平行分开站立,随后脚尖内转,两脚以内侧轮柔和地压紧地面,两腿弯曲,上体稍前倾,臀部下蹲,两臂前伸维持身体平衡,逐渐减速停止。这是一种柔和的刹车技术,不会使自己马上停止,适用于长距离内的制动和滑行中的减速(图 7-2-7)。

（2）"T"字急停法：当左脚向前滑行时，将右脚脚尖外转，并以鞋的中部贴近左脚轮滑鞋的后面，形成直角，重心逐渐移向右脚，两臂在体侧斜下方自然伸展以维持平衡。这种急停方法动作简单，适合初学者在速度较慢时使用（图7-2-8）。

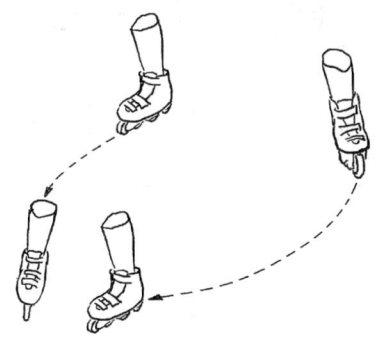

图7-2-7 内"八"字停止法

图7-2-8 "T"字急停法

四、安全措施

（1）不要顺时针滑行和倒滑滑行。
（2）练习时需做好保护措施，禁止追逐、打闹，避免受伤。
（3）不要相互间扶肩、搂腰滑行。
（4）要注意场地边上的急停、急转，以防止滑倒。
（5）如身体失去平衡，应迅速屈膝下蹲，顺势滚翻或用手撑地，做好自我保护。

思考题

1. 蛙泳和自由泳的技术要点分别是什么？
2. 在游泳过程中出现抽筋时应如何处理？
3. 轮滑练习时的基本要求是什么？
4. 轮滑练习时有哪些注意事项？

第八章 民族传统体育和跆拳道

第一节 武 术

武术是中华民族在长期的社会实践中不断积累和丰富起来的宝贵文化遗产,也是我国的传统民族体育项目。武术以中国传统文化为理论基础,以徒手和器械的攻防动作为主要锻炼内容,以套路运动为主,兼有功法运动和格斗运动,具有极其广泛的群众基础和健身锻炼及防身自卫价值。

一、武术的锻炼价值

（一）强身健体

武术套路练习时往往节奏快、强度大,对爆发力、速度和耐力要求较高。另外,武术运动中多使用腹式呼吸,与自然呼吸相比更强调"深、长、细、缓、匀、柔",从而促进了心肺功能的改善。

武术中各种拳法、腿法、摔法的练习都需要全身的肌肉进行协调运动,不仅要求肌肉收缩力度大,还要求肌肉收缩速度快。经常进行武术动作的锻炼,可以提高肌肉的爆发力和身体协调运动的能力,从而表现出良好的速度素质和力量素质,使身体更加强壮。

武术运动中的许多动作都对练习者的柔韧性有很高要求,"控腿、耗腿、压腿"等练习都是学好武术动作的基础。经常进行武术基本功的练习,可以有效提高练习者腿部、髋部、腰部以及肩部的柔韧性,使武术动作更为舒展,关节活动更为灵活。

（二）提高道德品质

经常参加武术活动有助于练习者不良情绪的改善。快节奏的长拳练习,可以使练习者的情绪得到宣泄;而节奏舒缓的太极拳则可以让人心境平和,忘却烦恼。通过武术练习可以让人保持良好的心境面对日常工作。

武术运动强调"以武育人",武术练习的过程也是修身养性的过程。在中国几千年的历史中,武德始终被列为习武教武的先决条件。激烈的攻防技术和人生修行结合起来,是中国武术传统道德观念的体现。尚武而崇德不仅能很好地陶冶情操,还会大大有益于社会精神文明建设。同时,武术练习需要坚持不懈,经过长期锻炼,可以培养人们勤奋、刻苦、果敢、顽强的意志品质。

武术中的五戒十禁

武术运动不仅注重对身体的锻炼,更注重练习者的品德修养。在传统文化中,习武之人必须遵守"五戒":一不杀生;二不偷盗;三不邪淫;四不妄语;五不好赌;"十禁":一禁叛师;二禁异思;三禁妄言;四禁浮艺;五禁偷窃;六禁违戒;七禁狂斗;八禁抗诏;九禁欺弱;十禁酒淫。

二、初级长拳第三路

初级长拳第三路是武术长拳类中最基础的套路之一,共分为四段。该套路深受广大人民群众,特别是青少年学生的喜爱。

(一) 动作过程

1. 预备动作

① 虚步亮掌(图8-1-1);② 并步对拳(图8-1-2)。

图 8-1-1 虚步亮掌

2. 第一段动作

① 弓步冲拳(图8-1-3);② 弹腿冲拳(图8-1-4);③ 马步冲拳(图8-1-5);④ 弓步冲拳(图8-1-6);⑤ 弹腿冲拳(图8-1-7);⑥ 大跃步前穿(图8-1-8);⑦ 弓步击掌(图8-1-9);⑧ 马步架掌(图8-1-10)。

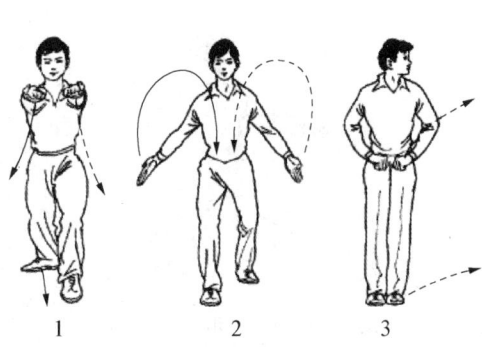

图 8-1-2 并步对拳

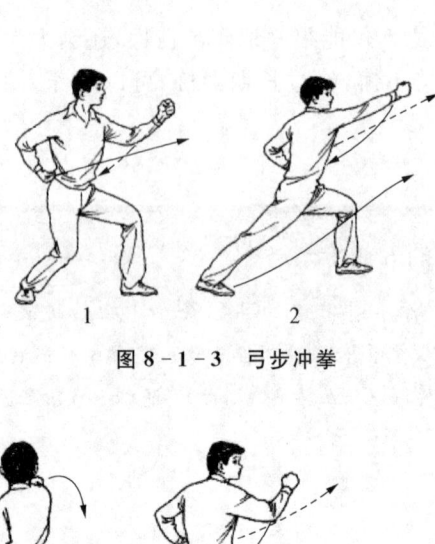

图 8-1-3 弓步冲拳　　　　　图 8-1-4 弹腿冲拳

图 8-1-5 马步冲拳　　　图 8-1-6 弓步冲拳　　图 8-1-7 弹腿冲拳

图 8-1-8 大跃步前穿

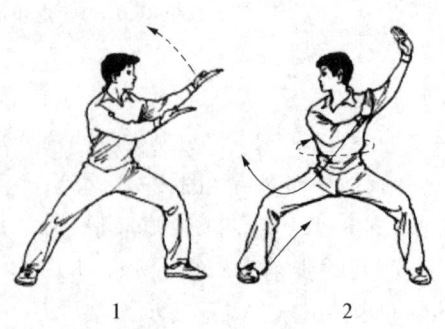

图 8-1-9 弓步击掌　　　　　图 8-1-10 马步架掌

3. 第二段动作

① 虚步栽拳(图8-1-11);② 提膝穿掌(图8-1-12);③ 仆步穿掌(图8-1-13);④ 虚步挑掌(图8-1-14);⑤ 马步击掌(图8-1-15);⑥ 叉步双摆掌(图8-1-16);⑦ 弓步击掌(图8-1-17);⑧ 转身踢腿马步盘肘(图8-1-18)。

图8-1-11 虚步栽拳　　　　　图8-1-12 提膝穿掌

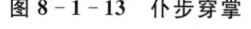

图8-1-13 仆步穿掌　　　　　图8-1-14 虚步挑掌

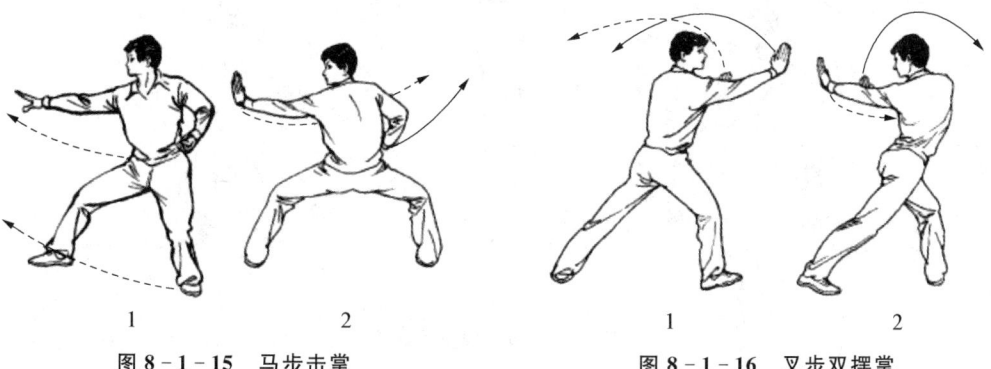

图8-1-15 马步击掌　　　　　图8-1-16 叉步双摆掌

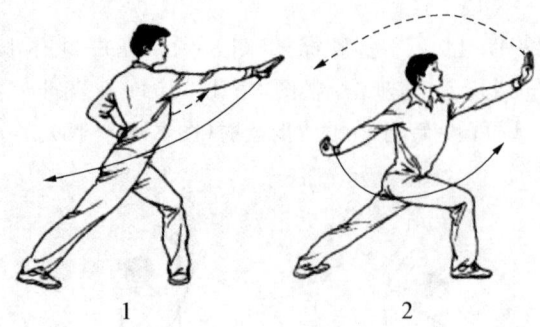

图 8-1-17 弓步击掌

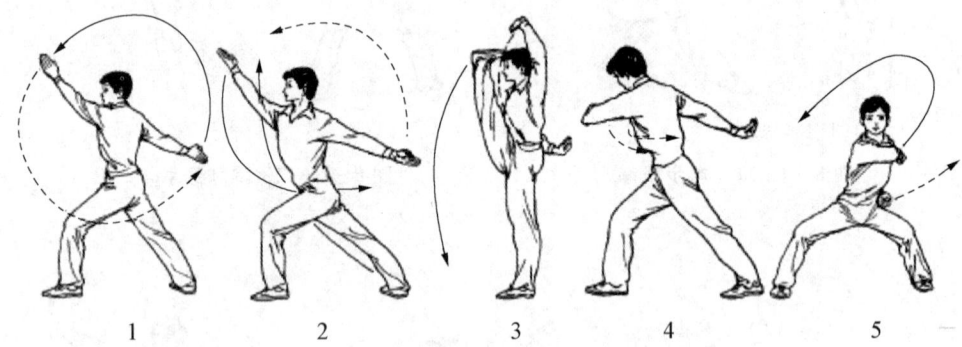

图 8-1-18 转身踢腿马步盘肘

4. 第三段动作

① 歇步抢砸拳(图 8-1-19);② 仆步亮掌(图 8-1-20);③ 弓步劈拳(图 8-1-21);④ 换跳步弓步冲拳(图 8-1-22);⑤ 马步冲拳(图 8-1-23);⑥ 马步下冲拳(图 8-1-24);⑦ 叉步亮掌侧踹腿(图 8-1-25);⑧ 虚步挑拳(图 8-1-26)。

图 8-1-19 歇步抢砸拳

图 8-1-20 仆步亮掌

图 8-1-21 弓步劈拳

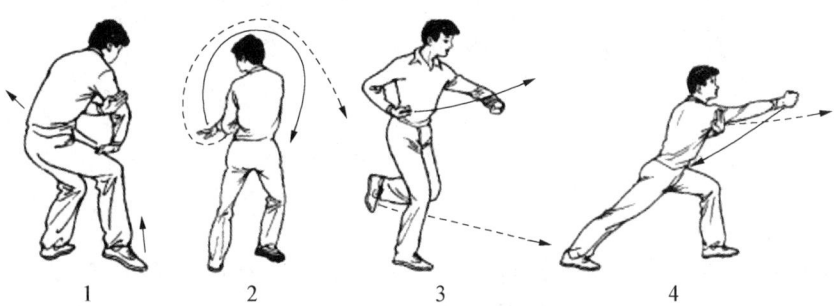

图 8-1-22 换跳步弓步冲拳

图 8-1-23 马步冲拳　　图 8-1-24 马步下冲拳

图 8-1-25 叉步亮掌侧踹腿

图 8-1-26 虚步挑拳

5. 第四段动作

① 弓步顶肘(图 8-1-27);② 转身左拍脚(图 8-1-28);③ 右拍脚(图 8-1-29);④ 腾空飞脚(图 8-1-30);⑤ 歇步下冲拳(图 8-1-31);⑥ 仆步抡劈拳(图 8-1-32);⑦ 提膝挑掌(图 8-1-33);⑧ 提膝劈掌弓步冲拳(图 8-1-34)。

图 8-1-27 弓步顶肘

图 8-1-28 转身左拍脚　　　　图 8-1-29 右拍脚

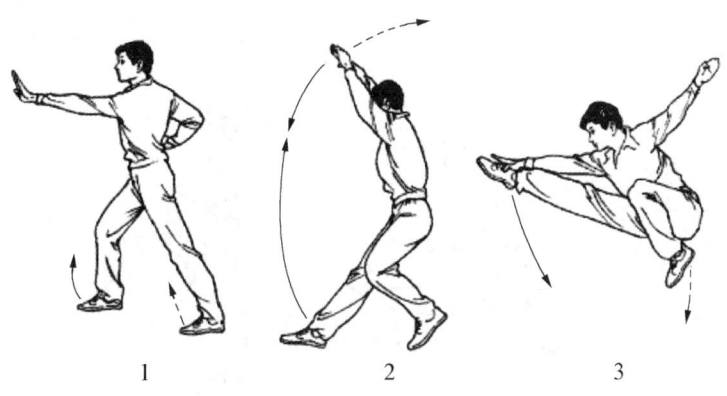

图 8-1-30 腾空飞脚

图 8-1-31 歇步下冲拳

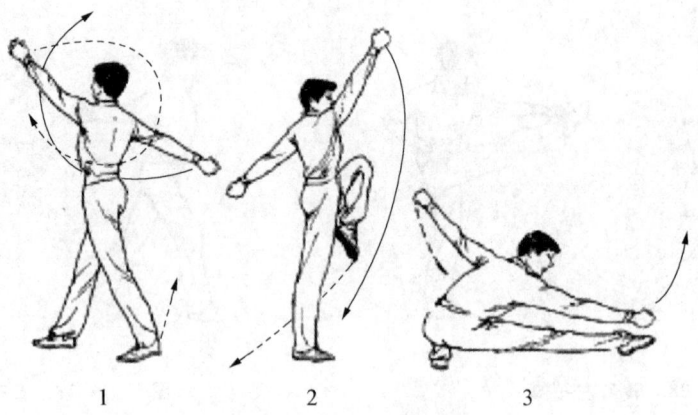

图 8-1-32　仆步抡劈拳

图 8-1-33　提膝挑掌

图 8-1-34　提膝劈掌弓步冲拳

6. 收势

① 虚步亮掌(图 8-1-35)；② 并步对拳(图 8-1-36)；③ 还原(图 8-1-37)。

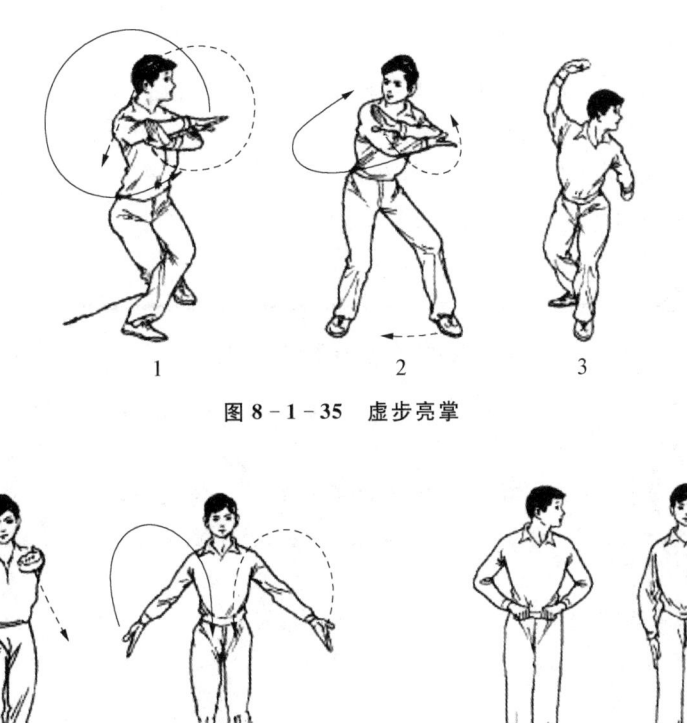

图 8-1-35 虚步亮掌

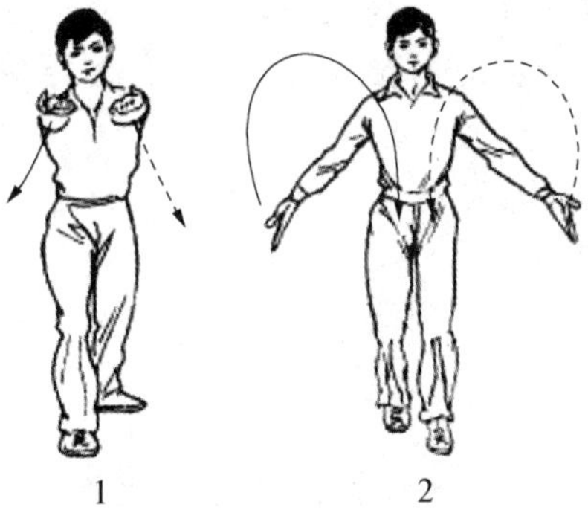

图 8-1-36 并步对拳

图 8-1-37 还原

(二) 练习要求

1. 姿势准确

练习时要求做到"式正招圆"。"式"通常指各种静止姿势。基本要求是：头正、项竖、肩沉、胸挺、腰直、臀敛；上肢动作要挺拔、舒展；下肢动作要稳健、匀称，轮廓清楚。"招"主要是指由动到静，一个完整的技术方法，要求做得有头有尾，过程清楚，各种拳法、掌法、步法、身法的变化做到路线清晰、力点准确、攻防有序。

2. 劲力顺达

一般来说，上肢发力应是"梢节起，中节随，根节催"，下肢则是"起于根，顺于中，达于梢"，牵涉到上下肢的动作，则是"起于腿，发于腰，传于肩，顺于肘，达于手"。除讲究发力的顺序外，还要做到发劲的刚柔变化，肌肉的松紧配合要得当。通常动作开始时要放松，逐渐加速，力达末端时达到最高速，这种劲力既迅速敏捷，又有弹性。

3. 节奏鲜明

长拳中主要表现为动与静、重与轻、快与慢、起与伏、长与短的变化。动与静，动则疾风般迅速，静则山岳般稳定；重与轻，重则力沉千钧，轻则若风飘柳絮；起与伏，高的动作要有顶天立地的气概，低的动作要有鱼翔浅底的本领；快与慢，练习时常出现以慢带快或快慢结合的节奏变化；长与短，挂串动作，与顿挫动作结合，长短相参，使节奏更加多变。

4. 精神饱满

武术中通常称作为"精、气、神",主要指精神、意念和气质。练套路时,首先,要精神饱满,严肃认真,思想集中,充满信心,要有假设性的攻防含义和击打形象,表现出勇敢、机智、无所畏惧的气概来。其次,在每个动作中,要注意手与眼的严密配合,通过眼睛的传神会意来表现动作的攻防变化,"眼随手动,步随身行"。

来自十字花科的福音

让盛满食物的盘子里更多地出现白菜、卷心菜、西蓝花和抱子甘蓝吧,这对身体健康大有益处!

一项针对1 005名中国中年女性的研究显示:每天平均摄入1.5杯上述十字花科蔬菜的调查对象,血液中的炎性分子浓度明显低于很少吃这种蔬菜的对照组。

与其他种类的蔬菜相比,十字花科植物的抗炎效果最为明显。除此之外,这类蔬菜往往也是钙的理想来源。

三、24式太极拳

24式太极拳又称"简化太极拳",是在杨式太极拳基础上,按由简入繁、循序渐进、易学易记的原则,去其繁难和重复动作而编成的太极拳简易套路,是一种群众基础广泛的健身拳术。

(一)动作过程

1. 第一组

① 起势(图8-1-38);② 左右野马分鬃(图8-1-39);③ 白鹤亮翅(图8-1-40)。

8-2 二十四式太极拳

1　　　　2　　　　3　　　　4　　　　5

图8-1-38　起势

第一节 武 术

图 8-1-39 左右野马分鬃

图 8-1-40 白鹤亮翅

2. 第二组

① 左右搂膝拗步（图8-1-41）；② 手挥琵琶（图8-1-42）；③ 左右倒卷肱（图8-1-43）。

图8-1-41 左右搂膝拗步

图8-1-42 手挥琵琶

图 8-1-43 左右倒卷肱

3. 第三组

① 左揽雀尾(图 8-1-44);② 右揽雀尾(图 8-1-45)。

第八章 民族传统体育和跆拳道

图 8-1-44 左揽雀尾

图 8-1-45 右揽雀尾

4. 第四组

① 单鞭(图 8-1-46);② 云手(图 8-1-47);③ 单鞭(图 8-1-48)。

图 8-1-46 单鞭

图 8-1-47 云手

图 8-1-48 单鞭

5. 第五组

① 高探马(图8-1-49);② 右蹬脚(图8-1-50);③ 双峰贯耳(图8-1-51);④ 转身左蹬脚(图8-1-52)。

图 8-1-49 高探马

图 8-1-50 右蹬脚

图 8-1-51 双峰贯耳

图 8-1-52 转身左蹬脚

6. 第六组

① 左下势独立(图 8-1-53);② 右下势独立(图 8-1-54)。

图 8-1-53 左下势独立

图 8-1-54 右下势独立

7. 第七组

① 左右穿梭(图 8-1-55);② 海底针(图 8-1-56);③ 闪通背(图 8-1-57)。

图 8-1-55 左右穿梭

图 8-1-56 海底针

图 8-1-57 闪通背

8. 第八组

①搬拦捶(图8-1-58);②如封似闭(图8-1-59);③十字手(图8-1-60);④收势(图8-1-61)。

图 8-1-58 搬拦捶

图 8-1-59 如封似闭

图 8-1-60 十字手

图 8-1-61 收势

健康体适能

健康体适能包括以下几类。

有氧适能,是指人体摄取、运输和利用氧的能力。它是实现有氧工作的基础,又称有氧工作能力。

肌适能,主要包括肌肉力量和肌肉耐力。肌肉力量是肌肉在紧张或收缩时所表现出来的一种能力,即肌肉抵抗阻力的能力。肌肉耐力(muscular endurance)是指肌肉在某一负荷下能长时间保持持续收缩的能力。

柔韧适能,是指在不造成身体伤害的前提下,身体各个关节的最大活动幅度及跨过关节的肌肉、肌腱、韧带、皮肤和其他组织的弹性和伸展能力,又称柔韧性。

(二) 练习要求

1. 虚实分明

太极拳以虚实分明为第一要义。练习时,如全身重心落在右腿,则右腿为实,左腿为虚;反之,则左腿为实,右腿为虚。只有虚实分明才能够转动灵活,攻防变化毫不费力。如果不能做到虚实分明,则移动迈步时处处重滞,站立不稳,容易失去重心。

2. 上下相随

太极拳理论指出:其根在脚,发于腿;主宰在腰,形于手指。每一个攻防动作,都是由脚蹬地开始发力,经腿及腰,汇集为完整一体的强大劲力。所以,太极拳所有动作都要求:手动、腰动、足动,眼神亦随之而动,形成上下相随的运动形式。

3. 形神不离

太极拳理论认为:神为主帅,身为驱使。练拳时,只要能够提得起精神,身体动作自然处处轻灵。练习时不外乎虚实开合,所谓开者,不但手足开,心意亦与之俱开;所谓合者,不但手足合,心意亦与之俱合。因此,练拳时要做到形神不离,精神与形体统一。

4. 以静制动

练习太极拳时,速度宜慢,慢则呼吸深长,气沉丹田。练习初期,需要细心体会"静"的理念,逐渐从静中求动,最后达到以静制动的效果。太极拳的"静"并不是僵硬的死一般的寂静,而是非常机警的"静",所谓彼不动,我不动;彼微动,己先动。

> **知识窗**
>
> **咏 春 拳**
>
> 咏春拳,中国拳术中南拳之一,早年流行于广东、福建各地。此拳主要手型为凤眼拳、柳叶掌。拳术套路主要有小念头、寻桥、标指、套拳及木人桩。基本手法以三傍手为主,还有挫手、撩手、破排手、沉桥、粘打。主要步型有四平马、二字马、追马、跪马、独立步等。目前,以由梁挺创立的"梁挺咏春"课程系统影响最大,遍及全球,成为最多人修习的中国武术之一。

第二节 民族传统养生

我国古代流传下来的传统养生方法博大精深,种类繁多。民族传统养生主要是通过肢体运动、呼吸运动和意念活动这三种手段来对人体产生作用,每种功法都依据和遵循"养生之道"。

一、五禽戏(新编五禽戏)

(一)预备式

1. 动作方法

起势调息(图8-2-1)。

8-3 传统五禽戏

图 8-2-1 预备式

2. 功效

（1）排除杂念，诱导入境，调和气息，宁心安神。

（2）吐故纳新，升清降浊，调理气机。

（二）虎戏

虎戏体现了虎的威猛。神发于目，虎视眈眈；威生于爪，伸缩有力；神威并重，气势凌人。动作变化要做到刚中有柔、柔中生刚、外刚内柔、刚柔相济，具有动如雷霆无阻挡、静如泰山不可摇的气势。

1. 虎戏动作方法

虎戏包括虎举（图 8-2-2）和虎扑（图 8-2-3）两式。

图 8-2-2 虎举

2. 功效

（1）虎举的功效。

① 两掌举起，吸入清气；两掌下按，呼出浊气。一升一降，疏通三焦气机，调理三焦功能。

② 手成虎爪变拳，可增强握力，改善上肢远端关节的血液循环。

（2）虎扑的功效。

① 虎扑形成了脊柱的前后折叠伸展运动，尤其是引腰前伸，增加脊柱各关节的柔韧性和伸展度，使脊柱保持正常的生理弧度。

图 8-2-3 虎扑

② 脊柱运动能增强腰部肌肉力量,对常见的腰部疾病,如腰肌劳损、习惯性腰扭伤等症有防治作用。

③ 督脉行于背部正中,任脉行于腹部正中。脊柱的前后折叠伸展,牵动任、督两脉,起到调理阴阳、疏通经络、活跃气血的作用。

(三) 鹿戏

鹿喜挺身眺望,好角抵,运转尾闾,善奔走。习练"鹿戏"时,动作要轻盈舒展,神态要安闲雅静,意想自己置身于群鹿中,在山坡、草原上自由快乐地活动。

1. 动作方法

鹿戏包括鹿抵(图 8-2-4)和鹿奔(图 8-2-5)两式。

2. 功效

(1) 鹿抵的功效。

① 腰部的侧屈拧转,使整个脊椎充分旋转,可增强腰部的肌肉力量,也可预防腰部的脂肪沉积。

图 8-2-4 鹿抵

图 8-2-5 鹿奔

② 目视后脚脚跟可加大腰部在拧转时的侧屈程度,可防治腰椎小关节紊乱等症。

③ 中医认为,"腰为肾之府"。尾闾运转,可达到强腰补肾、强筋健骨的功效。

(2) 鹿奔的功效。

① 两臂内旋前伸,肩、背部肌肉得到牵拉,对颈肩综合征、肩关节周围炎等症有防治作用;躯干弓背收腹,能矫正脊柱畸形,增强腰、背部肌肉力量。

② 向前落步时,气充丹田。身体重心后坐时,气运命门,加强了人的先天与后天之气的交流。尤其是重心后坐,整条脊柱后弯,内夹尾闾,后凸命门,打开大椎,意在疏通督脉经气,具有振奋全身阳气的作用。

(四) 熊戏

熊戏要表现出熊憨厚沉稳、松静自然的神态。运势外阴内阳,外动内静,外刚内柔,以意领气,气沉丹田;行步外观笨重拖沓,其实笨中生灵,蕴含内劲,沉稳之中显灵敏。

1. 动作方法

熊戏包括熊运(图8-2-6)和熊晃(图8-2-7)两式。

图 8-2-6 熊运

图 8-2-7 熊晃

2. 功效

(1) 熊运的功效。

① 活动腰部关节和肌肉,可防治腰肌劳损及软组织损伤。

② 腰腹转动,两掌划圆,引导内气运行,可加强脾、胃的消化功能。

③ 运用腰、腹摇晃,对消化器官进行体内按摩,可防治消化不良、腹胀纳呆、便秘腹泻等症。

(2) 熊晃的功效。

① 身体左右晃动,意在两肋,调理肝脾。

② 提髋行走,加上落步的微震,可增强髋关节周围肌肉的力量,提高平衡力,有助于

防治老年人下股无力、髋关节损伤、膝痛等症。

(五) 猿戏

猿生性好动,机智灵敏,善于纵跳,折枝攀树,躲躲闪闪,永不疲倦。习练猿戏时,外练肢体的轻灵敏捷,欲动则如疾风闪电,迅敏机警;内练精神的宁静,欲静则似静月凌空,万籁无声,从而达到"外动内静""动静结合"的境界。

1. 动作方法

猿戏包括猿提(图8-2-8)和猿摘(图8-2-9)两式。

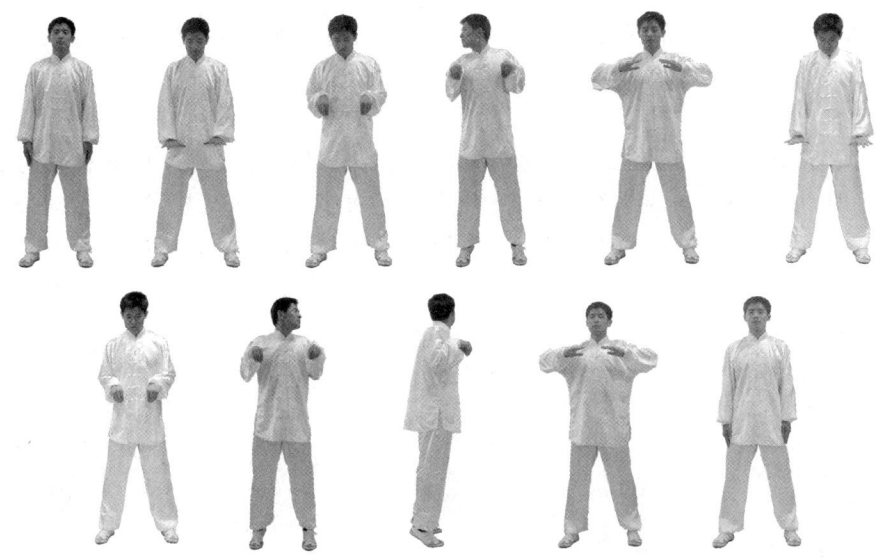

图 8-2-8 猿提

图 8-2-9 猿摘

2. 功效

（1）猿提的功效。

① 猿钩的快速变化意在增强神经肌肉反应的灵敏性。

② 两掌上提时，缩项，耸肩，团胸吸气，挤压胸腔和颈部血管；两掌下按时，伸颈，沉肩，松腹，扩大胸腔体积，可增强呼吸，按摩心脏，改善脑部供血。

③ 提踵直立，可增强腿部力量，提高平衡能力。

（2）猿摘的功效。

① 眼神的左顾右盼，有利于颈部运动，促进脑部的血液循环。

② 动作的多样性体现了神经系统和肢体运动的协调性，模拟猿猴在采摘桃果时愉悦的心情，可减轻大脑神经系统的紧张度，对神经紧张、精神忧郁等症有防治作用。

（六）鸟戏

鸟戏取形于鹤。鹤是轻盈安详的鸟类，人们对它进行描述时往往寓意它的健康长寿。习练时，要表现出鹤的昂然挺拔、悠然自得的神韵。仿效鹤翅飞翔，抑扬开合。两臂上提，伸颈运腰，真气上引；两臂下合，含胸松腹，气沉丹田。可活跃周身经络，灵活四肢关节。

1. 动作方法

鸟戏包括鸟伸（图8-2-10）和鸟飞（图8-2-11）两式。

图8-2-10 鸟伸

2. 功效

（1）鸟伸的功效。

① 两掌上举吸气，扩大胸腔；两手下按，气沉丹田，呼出浊气，可加强肺的吐故纳新功能，增加肺活量，改善慢性支气管炎、肺气肿等病的症状。

图 8-2-11 鸟飞

② 两掌上举,作用于大椎和尾闾,督脉得到牵动;两掌后摆,身体成反弓状,任脉得到拉伸。这种松紧交替的练习方法,可起到疏通任、督两脉经气的作用。

(2) 鸟飞的功效。

① 两臂的上下运动可改变胸腔容积,若配合呼吸运动,可起到按摩心肺的作用,增强血氧交换能力。

② 拇指、食指的上翘紧绷,意在刺激手太阴肺经,加强肺经经气的流通,提高心肺功能。

③ 提膝独立,可提高人体平衡能力。

(七) 收势

1. 动作方法

引气归元(图 8-2-12)。

图 8-2-12 引气归元

2. 功效

(1) 引气归元就是使气息逐渐平和,意将练功时所得体内、外之气,导引归入丹田,起到和气血、通经脉、理脏腑的功效。

（2）通过搓手、浴面,恢复常态,收功。

二、八段锦

（一）预备式

1. 动作方法(图 8-2-13)

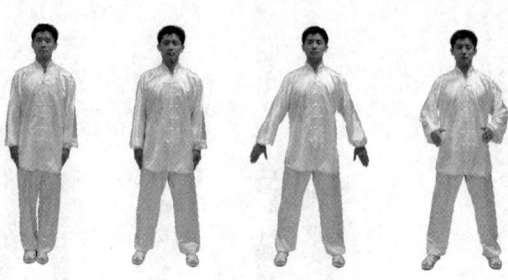

图 8-2-13　预备式

2. 功效

宁静心神,调整呼吸,内安五脏,端正身形,在精神与肢体上做好练功前的准备。

（二）双手托天理三焦

1. 动作方法(图 8-2-14)

图 8-2-14　双手托天理三焦

2. 功效

（1）双手交叉上托,缓慢用力,保持伸拉,可使"三焦"通畅,气血调和。

（2）拉长躯干与上肢各关节周围的肌肉、韧带及关节软组织,对防治肩部疾患、预防颈椎病等具有良好的作用。

（三）左右开弓似射雕

1. 动作方法(图 8-2-15)

2. 功效

（1）展肩扩胸,可刺激督脉和背部俞穴,同时刺激手三阴三阳经等,可调节手太阴肺经等经脉之气。

图 8-2-15 左右开弓似射雕

(2) 可有效发展下肢肌肉力量,提高平衡和协调能力;同时,可增加前臂和手部肌肉的力量,提高手腕关节及指关节的灵活性。

(3) 有利于矫正不良姿势,如驼背、肩内收,预防肩、颈疾病等。

(四) 调理脾胃须单举

1. 动作方法(图 8-2-16)

图 8-2-16 调理脾胃须单举

2. 功效

(1) 左右上肢一松一紧上下对拉(静力牵张),可以牵拉腹腔,对脾胃、中焦、肝胆起到按摩作用;同时可以刺激位于腹、胸胁部的相关经络以及背部俞穴等,达到调理脾胃(肝胆)和脏腑经络的作用。

(2) 可使脊柱内各椎骨间的小关节及小肌肉得到锻炼,从而增强脊柱的灵活性与稳定性,有利于预防和治疗肩、颈等疾病。

(五) 五劳七伤往后瞧

1. 动作方法(图 8-2-17)

2. 功效

(1) 本式动作通过上肢伸直、外旋扭转的静力牵张作用,可以扩张牵拉胸腔、腹腔内的脏腑。

(2) 本式动作中"往后瞧"的转头动作,可刺激颈部大椎穴,达到防治"五劳七伤"的目的。

图 8-2-17 五劳七伤往后瞧

（3）可增加颈部及肩关节周围参与运动肌群的收缩力，增加颈部运动幅度，活动眼肌，预防眼肌疲劳以及肩、颈与背部等疾患。同时，可改善颈部及脑部血液循环，有助于解除中枢神经系统疲劳。

（六）摇头摆尾去心火

1. 动作方法（图 8-2-18）

图 8-2-18 摇头摆尾去心火

2. 功效

（1）心火，即心热火旺的病症，属阳热内盛的病机。两腿下蹲，摆动尾闾，可刺激脊柱、督脉等；摇头，可刺激大椎穴，从而达到疏经泄热的作用，有助于去除心火。

（2）在摇头摆尾过程中，脊柱腰段、颈段大幅度侧屈、环转及回旋，可使整个脊柱的头颈段、腰腹及臀、股部肌群参与收缩，既增加了颈、腰、髋的关节灵活性，也增强了这些部位的肌力。

(七) 两手攀足固肾腰
1. 动作方法（图 8-2-19）

图 8-2-19　两手攀足固肾腰

2. 功效

（1）前屈后伸可刺激脊柱、督脉以及命门、阳关、委中等穴，有助于防治生殖系统、泌尿系统方面的慢性病，起到固肾壮腰的作用。

（2）脊柱大幅度前屈后伸，可有效发展躯干前、后伸屈脊柱肌群的力量与伸展性，同时对腰部的肾、肾上腺、输尿管等器官有良好的牵拉、按摩作用，可以改善其功能，刺激其活动。

(八) 攒拳怒目增气力
1. 动作方法（图 8-2-20）

图 8-2-20　攒拳怒目增气力

2. 功效

（1）中医认为，"肝主筋，开窍于目"。本式中的"怒目瞪眼"可刺激肝经，使肝血充盈，肝气疏泄，有强健筋骨的作用。

(2) 两腿下蹲、十趾抓地、双手攒拳、旋腕、手指逐节强力抓握等动作,可刺激手、足三阴三阳十二经脉的俞穴和督脉等;同时,运动中使全力牵张刺激,长期锻炼可使全身筋肉结实、气力增加。

(九) 背后七颠百病消

1. 动作方法

背后七颠百病消的动作主要是颠足,难以用图片展示。具体动作可上网搜索相关视频。

2. 功效

(1) 脚趾为足三阴、足三阳经交会之处,脚十趾抓地,可刺激足部有关经脉,调节相应脏腑的功能;同时,颠足可刺激脊柱与督脉,使全身脏腑经络气血通畅、阴阳平衡。

(2) 颠足而立可发展小腿后部肌群力量,拉长足底肌肉、韧带,提高人体的平衡能力。

(3) 落地震动可轻度刺激下肢及脊柱各关节内外结构,并使全身肌肉得到放松和复位,有助于解除肌肉紧张。

(十) 收势

1. 动作方法(图 8-2-21)

图 8-2-21 收势

2. 功效

气息归元,放松肢体肌肉,愉悦心情,进一步巩固练功效果,逐渐恢复到练功安静时的状态。

三、易筋经

(一) 预备式

1. 动作方法(图 8-2-22)
2. 功效

宁心安神,调整呼吸,内安五脏,端正身形。

(二) 韦驮献杵第一式(拱手环抱)

1. 动作方法(图 8-2-23)

图 8-2-22 预备式

8-4 易筋经

图 8-2-23　韦驮献杵第一式

2. 功效

(1) 古人云:"神住气自回。"神敛和两掌相合的动作可起到气定神敛、均衡身体左右气机的作用。

(2) 可改善神经、体液调节功能,有助于血液循环,消除疲劳。

(三) 韦驮献杵第二式(两臂横担)

1. 动作方法(图 8-2-24)

图 8-2-24　韦驮献杵第二式

2. 功效

(1) 伸展上肢和立掌外撑的动作可起到梳理上肢等经络的作用,并具有调练心、肺之气,改善呼吸功能及气血运行的作用。

(2) 可提高肩、臂的肌肉力量,有助于改善肩关节的活动功能。

(四) 韦驮献杵第三式(掌托天门)

1. 动作方法(图 8-2-25)

图 8-2-25　韦驮献杵第三式

2. 功效

（1）上肢撑举和下肢提踵的动作可调理上、中、下三焦之气，并且将三焦及手足三阴五脏之气全部发动。

（2）可改善肩关节活动功能，提高上下肢的肌肉力量，促进全身血液循环。

（五）摘星换斗式

1. 动作方法

本式包括左摘星换斗式（图8-2-26）和右摘星换斗式（图8-2-27）。

图8-2-26　左摘星换斗式

图8-2-27　右摘星换斗式

2. 功效

（1）通过本式阳掌转阴掌（掌心向下）的动作导引，目视掌心，意存腰间命门，将发动的真气收敛，下沉入腰间两肾及命门，可达到壮腰健肾、延缓衰老的功效。

（2）可增强颈、肩、腰等部位的活动功能。

（六）出爪亮翅式

1. 动作方法（图8-2-28）

2. 功效

（1）中医认为"肺主气，司呼吸"。伸臂推掌、屈臂收掌、展肩扩胸的动作，可反复启闭云门、中府等穴，促进自然之清气与人体之真气在胸中交汇融合，达到改善呼吸功能及全身气血运行的作用。

（2）可提高胸背部及上肢肌肉力量。

图 8-2-28　出爪亮翅式

(七) 倒拽九牛尾式

1. 动作方法

本式包括右倒拽九牛尾式(图 8-2-29)和左倒拽九牛尾式(图 8-2-30)。

图 8-2-29　右倒拽九牛尾式

图 8-2-30　左倒拽九牛尾式

2. 功效

(1) 腰的扭动带动肩部活动,可刺激背部夹脊、肺俞、心俞等穴,达到疏通夹脊和调练心肺的作用。

(2) 四肢上下协调活动,可改善软组织血液循环,提高四肢肌肉力量及活动功能。

(八) 九鬼拔马刀式

1. 动作方法

本式包括右九鬼拔马刀式(图 8-2-31)和左九鬼拔马刀式(图 8-2-32)两式。

图 8-2-31　右九鬼拔马刀式

图 8-2-32　左九鬼拔马刀式

2. 功效

(1) 身体的扭曲、伸展等运动,使全身真气开、合、启、闭,脾胃得到摩动,肾得以强健;此动作还具有疏通玉枕关、夹脊关等要穴的作用。

(2) 可提高颈肩部、腰背部肌肉力量,有助于改善人体各关节的活动功能。

(九) 三盘落地式

1. 动作方法(图 8-2-33)

2. 功效

(1) 下肢的屈伸活动,配合口吐"嗨"音,使体内真气在胸腹间相应地降、升,实现心肾相交、水火既济。

图 8-2-33　三盘落地式

(2) 增强腰腹及下肢力量,起到壮丹田、强腰固肾的作用。

(十) 青龙探爪式

1. 动作方法

本式包括左青龙探爪式(图 8-2-34)和右青龙探爪式(图 8-2-35)两式。

图 8-2-34　左青龙探爪式

2. 功效

(1) 中医认为"两胁属肝""肝藏血,肾藏精",二者同源。转身、左右探爪及身体前屈,可使两胁交替松紧开合,达到疏肝理气、调情畅志的功效。

(2) 可改善腰部及下股肌肉的活动功能。

图 8-2-35　右青龙探爪式

（十一）卧虎扑食式

1. 动作方法

本式包括左卧虎扑食式（图 8-2-36）和右卧虎扑食式（图 8-2-37）两式。

图 8-2-36　左卧虎扑食式

图 8-2-37　右卧虎扑食式

2. 功效

（1）中医认为"任脉，为阴脉之海"，统领全身阴经之气。虎扑之式中身体的后仰、胸腹的伸展，可使任脉得以疏伸及调养，同时可以调和手足三阴之气。

（2）改善腰腿肌肉活动功能，起到强健腰腿的作用。

（十二）打躬式
1. 动作方法（图8-2-38）

图8-2-38 打躬式

2. 功效

（1）中医认为"督脉为阳脉之海"，总督一身阳经之气。头、颈、胸、腰、骶椎逐节牵引屈伸，使背部的督脉得到充分锻炼，可使全身经气发动，阳气充足，身体强健。

（2）可改善腰背及下肢的活动功能，强腰健腿。

（3）"鸣天鼓"有醒脑、聪耳、消除大脑疲劳的功效。

（十三）掉尾式
1. 动作方法（图8-2-39）

图8-2-39 掉尾式

2. 功效

（1）通过体前屈及抬头、掉尾的左右屈伸运动，可使任、督二脉及全身气脉得以调和，练功后全身舒适、轻松。

（2）可强化腰背肌肉力量的锻炼，有助于改善脊柱各关节和肌肉的活动功能。

(十四) 收式

1. 动作方法(图 8-2-40)

图 8-2-40 收式

2. 功效

(1) 通过上肢的上抱、下引动作,可引气回归于丹田。
(2) 起到使全身肌肉、关节放松的作用。

第三节 跆 拳 道

跆拳道起源于朝鲜半岛。"跆拳道"一词,是 1955 年由韩国的崔泓熙将军创造,被韩国视为国技。跆拳道运动是一项典型的东方传统体育项目,蕴含着丰富的东方文化。2000 年悉尼奥运会,跆拳道被列为奥运会正式比赛项目,极大地促进了该项目在世界范围内的开展。

一、跆拳道品势

跆拳道品势,是指练习者以技击为主要内容,通过攻守进退的动作编排,达到强身健体、磨炼意志的一种练习形式。跆拳道品势包括太极一章至太极八章,与《易经》中的"太极八卦"相对应。这里我们取太极一章进行介绍。

(一) 准备姿势(图 8-3-1)

(二) 左转身下截(图 8-3-2)

图 8-3-1 准备姿势 　　　图 8-3-2 左转身下截

(三) 右顺步冲拳(图 8-3-3)

(四) 右转身下截(图 8-3-4)

图 8-3-3　右顺步冲拳

图 8-3-4　右转身下截

(五) 左顺步冲拳(图 8-3-5)

(六) 左弓步下截(图 8-3-6)

图 8-3-5　左顺步冲拳

图 8-3-6　左弓步下截

(七) 左弓步冲拳(图 8-3-7)

(八) 右转身内格(图 8-3-8)

图 8-3-7　左弓步冲拳

图 8-3-8　右转身内格

（九）立步冲拳（图8-3-9）
（十）转身内格（图8-3-10）

图8-3-9　立步冲拳

图8-3-10　转身内格

（十一）立步冲拳（图8-3-11）
（十二）右弓步下截（图8-3-12）

图8-3-11　立步冲拳

图8-3-12　右弓步下截

（十三）右弓步冲拳（图8-3-13）
（十四）左转身格挡（图8-3-14）

图8-3-13　右弓步冲拳

图8-3-14　左转身格挡

(十五) 左前踢冲拳(图 8-3-15)
(十六) 右转身格挡(图 8-3-16)

图 8-3-15　左前踢冲拳　　　　　图 8-3-16　右转身格挡

(十七) 右前踢冲拳(图 8-3-17)
(十八) 左弓步下截(图 8-3-18)

图 8-3-17　右前踢冲拳　　　　　图 8-3-18　左弓步下截

(十九) 右弓步冲拳(图 8-3-19)
(二十) 收势(图 8-3-20)

图 8-3-19　右弓步冲拳　　　　　图 8-3-20　收势

二、跆拳道练习方法

（一）快慢结合重复练习

练习者在学习新动作时宜采用慢速重复练习。为了便于初学者正确理解和掌握动作要领，一般采用慢速模仿练习。在教练员进行讲解、示范或经过自学后，可采用多组少次数的练习，这样有利于动作的掌握。快速重复练习则适用于已经掌握了动作要领的练习者在练习技术时使用。

（二）身法步法结合练习

在练习者掌握了动作要领之后，就可以根据实战的需要结合相应的身法和步法进行练习，使技术与实战紧密联系。例如在练习横踢技术时，可以练习向前上一步再进行横踢，或后退一步再接横踢。这样就可以使练习者避免进行单纯的步法练习，从而较快地将技术与实战结合起来。

（三）互不接触的攻防练习

这种练习方法可以消除练习者对于实战的恐惧心理，预防运动损伤。在练习时要注意：练习者之间要保持合适的距离；练习时要把技术动作做完整；防止胡踢、乱踢，要仔细揣摩步法、抓住击打时机，借鉴对方长处。

（四）固定靶练习

这是一种以沙袋、脚靶、护具等器材为击打对象的练习方法。练习时若要提高动作的速度和打击力度，练习者就要在一定时间内快速完成某一动作。若只要提高练习者的动作频率和耐力，则练习应按规定的时间和组数进行。另外，还可以按照常用技术组合进行击组合靶练习。

思考题

1. 初级长拳第三路的练习要求是什么？
2. 24 式太极拳的练习要点有哪些？
3. 跆拳道练习的常用方法有哪些？

第九章 户外和休闲运动

随着社会经济水平的不断提高,越来越多的人开始关注健康。户外和休闲运动作为一种积极健康的生活方式,以其娱乐性强、亲近自然、休养身心的特点,受到众多的学生、上班族及中老年人的青睐,是一类内容丰富、形式多样、妙趣横生的体育运动项目。

第一节 跳 绳

一、跳绳的健身价值

跳绳运动在我国有着悠久的历史。经常跳绳不但有益健康身心、强健体魄,而且还可以增强心肺功能,提高弹跳能力、灵活度、耐力和身体的协调能力,使身体轻盈健美。跳绳分为跳长绳和跳短绳两种。

二、跳绳的方法与要求

跳长绳动作可分为跑过、跳过和连跳。跳短绳动作分为一人跳短绳和两人跳短绳等。

一人跳短绳:根据摇绳的方向有前摇跳、后摇跳和侧摇跳;根据绳子过脚的次数分为单脚跳、双脚跳、并腿跳等。

两人跳短绳:一人带一人跳;两人摇绳跳;一人摇绳并随意跑动,另一人追跑跳进。

三、安全措施

(1) 跳绳时最好穿软底的运动鞋或布鞋。

(2) 练习前一定要做好准备活动,特别是踝、膝、髋关节要活动开。

(3) 在做跳跃动作时用前脚掌着地,以免大脑受到过大震动。

(4) 活动地点应选择在土地、木板地或塑胶等质地较软、平坦的场地进行。

(5) 练习应保持一定的持续时间,一般不少于 30 min,以便达到较好的锻炼效果。

第二节 登山和攀岩

一、登山

（一）健身价值

登山运动是在特定的地理环境下，以徒步攀登为基本行为特征的休闲运动。它能够增加肺通气量、肺活量，促进血液循环，全面改善心、肺循环系统的机能，提高人体的有氧代谢能力，所以又被称为"心血管体操"。多次数、长时间、中低负荷的登山运动，不但有益于血压、血脂、血糖保持正常的水平，还可以提高肌肉的力量，促进体内钙质的吸收和代谢，对预防骨质疏松具有特殊的作用。此外，通过登山运动可以欣赏到大自然的神奇造化，使人心旷神怡，从而达到改善心境、缓解紧张情绪的目的。

（二）方法与要求

登山作为健身运动，每个人都可以根据自己锻炼目的采取不同的方法。如果想增强耐力，可采用小步幅、中频率配合深呼吸进行；如果想提高腿部力量，可采用中、大步幅，中速进行；如果想提高速度素质，可采用中步幅、高频率等方式进行。如果想以健身为目的，登山时步幅要小，全脚掌着地，步行节奏和呼吸合拍，身体保持稍前倾的姿势，匀速行进，全程应分配好体力并确认好攀登路线。进行登山运动最好是轻装上阵，如距离较远需携带毛巾、食品、饮料或其他物品，最好选择双肩背包。登山运动应结伴而行，穿防滑纹路的软底运动鞋。

（三）安全措施

(1) 了解天气情况，确定适宜的登山时间。

(2) 穿适宜攀登的运动鞋和与气候相适宜的运动服。

(3) 登山时脚要踩稳，不要踩踏浮动的石头，也不要向山下踢石头，避免摔倒或砸伤下面的人。

(4) 下山时不要跑步，以免受伤。

(5) 注意保护环境，不乱扔废弃物，不损害自然环境和植物。

最难攀登的山峰

乔戈里峰，在塔吉克语中意为"高大雄伟的山峰"，海拔 8 611 m，它是喀喇昆仑山脉的主峰。喀喇昆仑山脉海拔仅次于喜马拉雅山脉，位于中国和巴基斯坦边界。乔戈里峰的高度在世界14座海拔8 000 m 以上的山峰中列第二位，国外又称 K2峰，是国际登山界公认的攀登难度较大的山峰之一。1954年7月31日，意大利登山队首次从南侧的巴基斯坦境内登上了乔戈里峰；1982年8月14日，日本登山队第一个从难度更大的北侧成功登顶。

二、攀岩

(一) 健身价值

攀岩运动是一项不用助力工具,仅依靠手脚和身体平衡,克服自身重力,攀登陡峭岩壁或人造岩墙的新兴体育运动项目,是一项属于勇敢者的运动。攀岩时,要采用各种用力方法,如抓、握、挂、抠、撑、推、压等,以保证身体维持平衡,这就有效锻炼了练习者的身体力量及平衡控制能力。攀岩锻炼不仅能够培养力量、灵敏等身体素质,更能培养人勇敢、顽强和坚忍不拔的精神。攀岩运动集健身、娱乐、竞技于一体,练习者既要具有顽强的意志品质,又要具有良好的柔韧性、节奏感和攀岩技巧,这样才能在岩壁上完成轻松准确的腾挪、跳跃、引体等惊险动作。

(二) 方法与要求

1. 身体姿势

攀岩时身体要自然放松,以3个支点稳定身体重心,而重心要随攀登动作的转移而移动,这是攀岩能否稳定、平衡、省力的关键。攀岩时要有节奏,上下肢要协调舒展,上拉、下蹬要同时用力,身体重心一定要落在脚上,保持面向岩壁、三点固定支撑、直立于岩壁上的攀登姿势。

2. 手臂动作

攀登人工岩壁时,第一指关节用力抠紧支点,手腕要紧张,手掌要贴在岩壁上。但攀登自然岩壁时,动作变化很大,要根据支点的不同而采用不同的用力方法,如抓、握、挂、抠、拉、推、压等。

3. 脚的动作

攀岩时,要求两腿膝关节向外打开,大脚趾内侧贴近岩面,两腿微曲,以脚踩支点维持身体重心。切记,膝关节不要接触岩石表面,否则会影响脚的支撑和身体平衡。另外,脚踩支点时切忌用力过猛。

4. 手脚配合

学习攀岩首先要练好上肢力量,上肢又要以手指、手腕和小臂力量为主,再配合脚趾、脚腕以及腿部力量,使身体重心随着用力方向的不同而协调移动,上、下肢协调用力,手脚配合自如。

(三) 安全措施

(1) 攀岩前检查必须装备是否带足,保护设置是否正确。

(2) 要观察清楚攀岩路线,注意可能遇到的难点,提前想好攀登方案。

(3) 攀登途中遇到浮石或松动的石头,一定不要乱扔,避免砸到下面的攀登者。

(4) 攀岩时,切忌以草或者小树枝等作为支点。有积雪或过于潮湿的岩壁不宜进行攀登。

知识窗

全球七大洲七顶峰

1. 亚洲：珠穆朗玛峰，海拔 8 848 m。
2. 南美洲：阿空加瓜峰，海拔 6 964 m。
3. 北美洲：麦金利峰，海拔 6 194 m。
4. 非洲：乞力马扎罗峰，海拔 5 895 m。
5. 欧洲：艾尔布鲁斯峰，海拔 5 642 m。
6. 南极洲：文森峰，海拔 4 897 m。
7. 大洋洲：查亚峰，海拔 5 030 m。

第三节　野外生存

一、锻炼价值

野外生存是指在远离居民点的山区、丛林、荒漠、高原、孤岛等复杂地形区域中，在没有外部提供维持生命所需物品的情况下，依靠个人、集体的努力保存生命、维持健康的手段和方法。进行野外生存训练，能够使参与者在与自然的亲密接触中学会野外生存的基本技能，在挑战各种困难中提高身心素质，在协同解决问题的过程中增强社会适应能力，在陶冶情操的同时培养审美情趣和环保意识。

二、方法与要求

野外取水时，发现带有异常气味，或者水面上漂浮着泡沫、气泡的水源时，切勿饮用。野外燃火时，自备燃料炉和充足的燃料是最佳选择，不仅可以方便快捷地生火，而且不会对周围环境造成较大危害。野外行走时，要合理分配体力，并根据不同的地形选择适合的行走方式，并控制好行走的节奏与速度。选择宿营地时，要选择平坦、开阔、相对避风、离水源较近、便于发出求救信息的地点。野外渡河时，首先要了解河道的深浅、流速、河底结构，仔细观察后再确定渡河的地点和方法。

三、安全措施

（1）进行野外生存训练时，应提前制订日程和安全计划。如有可能，指导教师和领队应做好实地勘察。

（2）野外生存的着装应以宽松、舒适、耐磨为原则，选择通风性好、保温性强、适用性广的服装。

（3）野外遇暴雨时，应根据行进的路段、雨量的大小以及队员的身体状况迅速决定是继续行进还是避雨。

(4) 野外迷路时,要保持冷静,可利用地图与实地地理特征比较,以及指南针等工具找到正确方向,重新调整自己的前进路线。

野营安全注意事项

1. 在搭帐篷之前,必须仔细勘察地形,一旦发现附近有岩石散落的迹象,则应更换宿营的地点。
2. 不要在泥石流多发地带建营地。许多石块有被泥土包裹的痕迹,这是识别发生过泥石流的主要标志。
3. 雷雨天不要在山顶或空旷地带宿营,以免遭受雷击。
4. 雷雨天不要在河滩、河床、溪边及川谷地带宿营,以免遭受洪水袭击。

第四节 瑜 伽

一、锻炼价值

瑜伽起源于印度,是一门历史悠久、内容广泛深刻的科学,它同中国的武术气功一样具有很高的健身价值。近几十年来,瑜伽运动以其独特的魅力传遍世界,其卓越的健身功效和广泛的适应性备受世人关注。

瑜伽运动在强身健体的同时,还可以缓解精神的紧张与烦躁,给人带来清晰的思维和平和的心态。经常进行瑜伽锻炼有以下功效:第一,增强身体内分泌系统功能,促进全身各系统机能平衡。第二,按摩和强化身体各个器官,促进全身血液循环和新陈代谢。第三,调整脊柱,纠正不良体态;减肥塑身,塑造优雅气质。第四,提升心理健康水平,调养心灵,使人内心平和、宁静,提高生命力。第五,预防和减少各类慢性疾病,有效提高身心健康水平。

二、基本练习方法

(一) 基本体位

1. 伸展式(图 9-4-1)

该动作可以扩展胸部,伸展颈、臂、肩及整个身体前侧,减除腹部多余脂肪,并使腹肌平滑、有力,增强胸椎、脊柱弹性。

2. 前屈式(图 9-4-2)

该动作可矫正脊椎弯曲,防治腰背及坐骨神经痛,强化自律神经功能,促进精神官能症的解除,使膝关节柔软,解除神经痛。

图 9-4-1 伸展式

图 9-4-2 前屈式

（二）经典体位

1. 鸽式（图 9-4-3）

该动作可促进血液循环及新陈代谢,有效调节血糖浓度;刺激膝部、腰部、肩部,柔化各关节,塑造优美身材。

图 9-4-3 鸽式

2. 桥式（图 9-4-4）

该动作可活络全身气血,增强体力及免疫力,矫正驼背,消除背痛、腰痛;可预防肩周炎,消除两肩疼痛,促进消化;紧收臀肌,美化全身曲线。

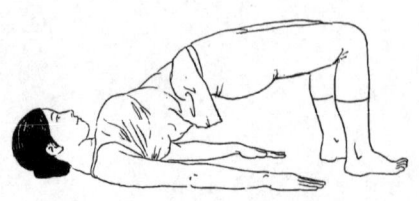
图 9-4-4 桥式

三、安全措施

（1）练习前一个半小时和练习后半小时内尽量避免进食。

（2）女性生理期期间,以及高血压、哮喘病患者和孕妇不宜练习高难度动作,建议只做简单动作。

(3) 练习时睁眼闭眼都可以，把注意力始终专注在体内所产生的感觉上。

(4) 练习中如果肌肉颤抖或抽筋应立即停止，并加以按摩、放松后方可继续练习。

第五节 拓 展 训 练

一、拓展训练与身心健康

拓展训练以体育活动为载体，以自然环境为训练场所。对个体来说，拓展训练是一种体验式的学习。对团队来说，拓展训练则是增强团队凝聚力的有效培训。经过精心设计的拓展训练具有磨炼意志、陶冶情操、完善人格、熔炼团队的作用。

拓展训练可以使参与者获得高峰体验，促进参与者的身心健康发展。拓展训练将各种体验式的拓展游戏带入训练中，激发参与者的学习兴趣，从而提高学习积极性，使其主动参与到拓展项目中来。在这一过程中，参与者的潜能得到最大限度的发挥，体验到强烈的自我认同感，从而获得难得的高峰体验。

拓展训练可以提高参与者勇于战胜困难的品质，在全新的挑战中实现自我超越。有些拓展训练的项目具有一定的难度和危险性。这就要求，在拓展训练中参与者要不断克服自己的恐惧心理，提高情绪调节和自我调控的能力，保持平和的心态，挑战自己，战胜自己，从而塑造冷静、果断、坚忍不拔的优秀品质。

拓展训练还可以改善人际关系，增强参与者的团队协作能力，提高社会角色意识。在拓展训练中，每一个参与者都是团队的一分子，只有大家齐心协力才能完成任务。参与者在获得成功与失败、群体与个体、竞争与合作等多种体验后，能进一步认识自己，在充分发挥个人潜能的同时，树立相互配合、相互支持的团队精神和整体意识，培养有效的人际交往能力，并启发社会角色意识。

二、拓展训练项目介绍

(一) 穿越电网

1. 项目介绍

对面是一个千万伏高压的"电网"，任何人、任何物品触及电网都会被立即烧焦。所有队员要从有效通道依次通过，在规定时间内到达电网的另一端。网上的一个洞就是一条生路。"牺牲"的同志可以继续前进，但每条生路却只能使用一次。只有所有队员安全通过才能取得成功。

2. 培训目的

(1) 培养学员合理计划、有效组织、统一行动、亲密协作的意识。

(2) 增强学员充分利用资源和对资源的配置能力。

(3) 培养学员认识到合理分工与服从组织安排的重要性。

(4) 培养团队的科学决策方法和严谨细致的工作作风。

(5) 培养学员认识合理节约时间的意义和作用。

3. 分享回顾

(1) 对顺利完成任务的学员给予鼓励和肯定,没能完成时慎用溢美之词。

(2) 鼓励每一个学员谈谈自己的感受,并对发表的意见给予肯定,对团队完成任务起关键作用的学员给予特殊的表扬。

(3) 当面对这张网时,我们的第一感觉是什么?通过的信心如何?

(4) 我们可利用的资源是什么?时间?身体?智慧?网眼?如何分配和利用这些资源,自己心中选择的网眼与团队配置有什么不同?

(5) 在被人抬起后,我们的感觉怎样?要做的事情是什么?充分的信任是完成任务的重要部分,有时"保持不动"也是最好的。

(6) 引导学员对讨论、决策、执行的各个环节进行分析,结合实际生活、学习、工作进行分享。

(7) 引导学员讨论寻找方法的经验总结以及借鉴经验重复完成任务的能力,分享现实生活中的批量化生产与成本最低的问题。

(8) 引导学员讨论统筹方法与全局观点的合理运用与提高。

(9) 引导学员讨论"细节决定成败",尽量减少各种不利因素以及在完成任务中的细心与耐心、良好的监督机制对完成任务的价值。

4. 重点细节

(1) 设置网眼时,三角形网眼不超过网眼总数的1/3,以适当降低对学员的心理冲击力。

(2) 重点关注第一位和最后一位通过的学员,对第一位要求要严,对最后一位要根据情况适当掌握尺度。

(3) 发现有体重过大的学员时,在腰高的部位适当调整出相对容易通过的网眼。

(二) 信任背摔

1. 项目介绍

信任背摔属于对个人和团队心理冲击较大的项目,学员从一座1.5 m高的背摔台上直身向后做自由落体运动倒下,其他学员在背摔台下平伸双臂做保护。首先体现一种自信,但更多的却是"他信"——背摔者相信下面的团队会为他提供一个安全屏障,从而让他安全着陆。信任背摔项目对参训人员的心理素质提升有很大帮助。

2. 目的

(1) 培养团队内部的信任感。

(2) 增强学员挑战自我的勇气。

(3) 发扬团队精神、互相帮助精神。

(4) 通过挑战懂得合理突破本能的重要意义。

(5) 感悟制度的制定与保障对完成任务的价值。

(6) 培养学员换位思考的意识。

3. 分享回顾

(1) 对完成挑战任务的所有学员给予鼓励。

(2) 鼓励每一个同学都讲讲自己的感受并给予肯定,可以联系自己的生活进行分享。

(3) 通过项目谈谈自信和互信的问题,可以引申提高,举例说明。

(4) 引导学员讨论如何在学习与工作中突破本能。

(5) 引导学员讨论安全备份——背摔绳、手臂接人、弓步接人三重保护,此外谈谈监督保障制度。

(6) 引导学员讨论是否闭眼,有何感受,躺在他人手臂上的感觉。

(7) 引导学员讨论接人的感受并和大家分享。

4. 重点细节

(1) 摘除身上佩戴与口袋内装的硬物。

(2) 弓步站立的要点与要求——与直立的姿势比较,不易后撤,保护时可以更好地保持全体手臂水平(虽然降低了高度但值得)。

(3) 掌心向上的意义。

(4) 队训的作用。

拓展训练的来历

拓展训练起源于第二次世界大战期间的英国。当时盟军大西洋补给线上的船队屡遭德军炮火及潜艇的袭击,许多缺乏经验的年轻海员葬身海底。针对这种情况,德国教育学家库尔特·汉恩等人便创办了"阿伯德威海上学校",训练年轻海员在海上的生存能力和舰船触礁后的生存技巧,使他们的身体和意志都得到锻炼,取得了显著的效果。战争结束后,许多人认为这种训练仍然可以保留。于是拓展训练的独特创意和训练方式逐渐被推广开来,训练对象由最初的海员扩大到军人、学生、工商业人员等各类群体,训练目标也由单纯的体能训练、生存训练扩展到心理训练、人格训练、管理训练等。

思考题

1. 跳绳练习时应该注意哪些问题?
2. 登山和攀岩时应该注意哪些事项?
3. 野外生存时的基本要求与方法是什么?
4. 瑜伽练习的常见体位有哪些?

第十章 体育美学和欣赏

第一节 体育美学

一、体育的审美价值

体育运动的价值决定了体育的审美价值。在比赛中,运动员的身体美、精神美、意志品质美、心灵美等都成为体育美的构成部分。体育运动不只是人躯体的运动,也是人的力量、意志的体现。体育的审美价值可以归纳为以下三个方面。

(1) 体育的审美价值在于它是对人自身本质力量的自我观照。体育美的创造过程,满足了创造者的自我欣赏,凝结着创造主体的自我欣赏价值,而体育美的创造结果则满足了群体生活的高层次需求和个体自我实现的需求。因此,体育的审美价值首先在于它是人对自身本质力量的自我观照,即创造主体的自我欣赏价值。

(2) 体育的审美价值主要表现在体育美的社会属性。体育运动的不断发展和兴旺发达,关键在于它从社会的角度上,满足了人们的群体和个体自我创造的某种需要。体育美不仅在于创造者具有自我价值,还在于它具有广阔背景和深刻内涵的社会价值,是社会群体的特定需要,也是社会群体的创造。

(3) 体育的审美价值又有它的特殊性。它既是人体自然实体的表现和规定,又是人们社会生活不可缺少的基本内容。创造体育美的运动主体,不仅有自我欣赏价值和社会价值,对运动主体本身即人体的自然实体来说,仍具有美的个体特殊性。

二、竞技体育的审美特点

(一) 观赏性

竞技体育最大的特点就是具有较高的观赏性,观赏的过程就是一个审美的过程。运动员在赛场上拼搏的过程,也是一种表演,是各类高难技术的表演,身体健美的表演,展示力量的表演,战术演练的表演,意志品质的表演。这些精彩的表演给观众带来较强的感官刺激,其欣赏性超过人类许多其他活动。

(二) 平等性

竞技体育比赛都在一定的规则约束下进行,比赛双方处于完全平等的地位,每个运动员都有同样的机会展现自己的才能,大家都有均等的机会去创造优异成绩。来自不同国家和地区的运动员,不论种族,不论肤色,都可以在同一块比赛场地上进行公平竞赛。公平竞争的体育精神也是培养观众平等意识的绝佳途径。

(三) 丰富性

竞技体育不但在竞赛中充分表现出人体美和技战术美,而且在其他方面也颇具审美价值。如雄伟的大型竞技场馆,新颖的造型,优美的场馆环境,各种体育造型的雕塑,运动员们各具特色的服装,以及选手们在赛场上表现出的高尚道德、亲密友情、优美动作和顽强意志等,这些都是极其丰富多彩的审美内容,使人们不但受到审美教育,还陶冶了情操,振奋了精神。

举世闻名的《掷铁饼者》

著名雕塑《掷铁饼者》由希腊雕刻家米隆于约前450年创作。该作品是古希腊雕塑艺术的里程碑,刻画的是一名强健的男子在掷铁饼过程中最具有表现力的瞬间,赞美了人体的美和运动所饱含的生命力。整尊雕像充满了连贯的运动感和节奏感,把人体的和谐、健美和青春的力量表达得淋漓尽致,完美地诠释了田径运动中力与美的结合,被认为是"空间中凝固的永恒"。

第二节 体育欣赏

一、体育欣赏的主要内容

(一) 欣赏运动的技战术

技术和战术是体育竞赛项目的核心,也是体育欣赏的主体。在欣赏比赛时,只有了解了该项目的基本技术和战术有哪些,选择技战术的原则是什么,哪些技战术是当今最流行和最有效的等,才能对比赛有较好的理解,否则只能是看看热闹。另外,在欣赏过程中,还要善于分析不同运动员间技战术水平的差距,善于评价运动员的技术与战术特点。

(二) 欣赏运动员的身体素质

身体素质的好坏是运动员能否充分发挥技战术水平的重要基础。在体育比赛中,观众们欣赏运动员们出色的身体素质,看他们如何将自身的速度、力量、耐力、柔韧、灵敏等素质发挥到极限,去创造一个又一个的好成绩。这一过程,可以反映出运动员平时的训练水平和艰苦磨炼的经历。运动员身体素质和运动技术的良好体现,可以使欣赏者赏心悦目、见贤思齐。

（三）欣赏运动员的心理素质

心理素质的好坏是决定运动员在赛场上比赛成绩的重要因素。比赛的水平、层次越高，对抗越激烈，对运动员心理素质的要求也越高。运动员在比赛中心理素质的良好表现，往往给观赏者带来启示和教育。例如运动员高度的时空感，观察力、判断力、注意力、抗干扰能力，镇静、沉着、稳定的情绪，坚忍不拔、机智果敢、团结协作和顽强拼搏的精神，往往引导比赛进入高潮，扣人心弦，也把观赏者带入忘我的境地。

最美的垫底者

1968年墨西哥城奥运会上，坦桑尼亚选手阿赫瓦里在参加马拉松比赛进程中受伤，当他拖着缠着绷带的伤腿最后一个跨过终点时，虽然时间离起跑已经过去了将近4小时，但人们仍然用经久不息的掌声给予这位勇士最崇高的敬意。当被问及为什么不放弃比赛时，艾哈瓦里答道："我的祖国把我从7 000英里外送到这里，不是让我开始比赛，而是要我完成比赛……"他的名字和这句话从此成为奥运史上的一个经典，被誉为"最美的垫底者"。

（四）欣赏裁判员的执法艺术

在一场紧张激烈的比赛中，裁判员的一举一动往往牵动着亿万观众的心。比赛中裁判员公正准确、严肃认真的作风和举止大方、潇洒、风度翩翩的精神风貌，可以把比赛推向新的高潮，还能激发观众的正义感、责任感以及严守道德准则的意识。

二、体育欣赏的基本方法

（一）充分了解体育比赛的特点

体育观众必须了解体育比赛的特点，才能真正体会到其中的乐趣。例如，有些运动具有强烈的对抗性，如篮球、足球等，竞赛场面往往十分激烈，火花四溅。有些运动具有高度的艺术性，如体育舞蹈、花样滑冰等，比赛时需要运动员优美地完成动作，并具有独特的技术风格。有些运动具有严格的统一性，如跳水、体操等，比赛时需要运动员按照统一的技术规格高质量地完成动作。还有一些运动具有丰富多样性，例如很多民族传统体育运动，它们具有不同的民族风格、技术特点。

（二）充分掌握比赛规则

比赛规则是为了各类比赛制定的统一行为规范和准则。在欣赏体育比赛时，只有预先掌握该项目的竞赛规则，了解在该项目中裁判员的职责、运动员的行为准则、比赛的组织方法、成绩的评定以及场地的规格和规定等，才能更加深入地欣赏体育比赛。正所谓"外行看热闹，内行看门道"，只有掌握了比赛规则，才能成为欣赏体育竞赛的行家。

(三) 了解项目的技战术特点和发展趋势

任何一项体育运动都有自己完整的技术和战术体系,并且不断地发展和演变,有规律地形成、发展成趋势。只有在欣赏体育比赛时对该项目的技战术特点和发展趋势做到心中有数,才能正确评价赛场上的比赛形势,对比赛中的技术、战术运用是否合理,以及在比赛关键时刻应该布置怎样的技战术做出自己的判断。将自己的判断和场上教练员的战术布置进行对照,也构成了欣赏体育比赛的一大乐趣。

(四) 加强个人观赛修养

观赛修养是一个人在欣赏比赛时其自身道德修养、文化修养、艺术修养、情感修养和伦理修养等的集中体现。例如,在观赏田径比赛时,不仅要对第一名予以祝贺,更要对坚持完成比赛的每一名运动员献上掌声。在观看足球比赛时,要通过合理的方式为自己支持的球队加油,不可以侮辱对方球员和球迷。在比赛结束后,要有序退场,带走现场的垃圾,并控制好自己的情绪,避免做出过激行为。做一名高素质的体育比赛欣赏者,不仅是体育比赛顺利进行的保证,也是健康观赛、文明观赛的需要。

思考题

1. 竞技体育的审美特点是什么?
2. 体育欣赏的主要内容有哪些?
3. 体育欣赏的基本方法是什么?

附　录

附录一　国家学生体质健康标准[①]

一、说明

1. 《国家学生体质健康标准》(以下简称《标准》)是国家学校教育工作的基础性指导文件和教育质量基本标准,是评价学生综合素质、评估学校工作和衡量各地教育发展的重要依据,是《国家体育锻炼标准》在学校的具体实施,适用于全日制普通小学、初中、普通高中、中等职业学校、普通高等学校的学生。

2. 本标准的修订坚持健康第一,落实《国家中长期教育改革和发展规划纲要(2010—2020年)》《国务院办公厅转发教育部等部门关于进一步加强学校体育工作若干意见的通知》(国办发〔2012〕53号)和《教育部关于印发〈学生体质健康监测评价办法〉等三个文件的通知》(教体艺〔2014〕3号)有关要求,着重提高《标准》应用的信度、效度和区分度,着重强化其教育激励、反馈调整和引导锻炼的功能,着重提高其教育监测和绩效评价的支撑能力。

3. 本标准从身体形态、身体机能和身体素质等方面综合评定学生的体质健康水平,是促进学生体质健康发展、激励学生积极进行身体锻炼的教育手段,是国家学生发展核心素养体系和学业质量标准的重要组成部分,是学生体质健康的个体评价标准。

4. 本标准将适用对象划分为以下组别:小学、初中、高中按每个年级为一组,其中小学为6组、初中为3组、高中为3组。大学一、二年级为一组,大学三、四年级为一组。

5. 小学、初中、高中、大学各组别的测试指标均为必测指标。其中,身体形态类中的身高、体重,身体机能类中的肺活量,以及身体素质类中的50米跑、坐位体前屈为各年级学生共性指标。

6. 本标准的学年总分由标准分与附加分之和构成,满分为120分。标准分由各单项指标得分与权重乘积之和组成,满分为100分。附加分根据实测成绩确定,即对成绩超过

[①] 引自教育部网站。为了方便大学生使用,本书对《国家学生体质健康标准》的相关指标进行了编排,原件请参照教育部网站的相关内容。

100 分的加分指标进行加分,满分为 20 分;小学的加分指标为 1 分钟跳绳,加分幅度为 20 分;初中、高中和大学的加分指标为男生引体向上和 1 000 米跑,女生 1 分钟仰卧起坐和 800 米跑,各指标加分幅度均为 10 分。

7. 根据学生学年总分评定等级:90.0 分及以上为优秀,80.0~89.9 分为良好,60.0~79.9 分为及格,59.9 分及以下为不及格。

8. 每个学生每学年评定一次,记入《〈国家学生体质健康标准〉登记卡》。特殊学制的学校,在填写登记卡时可以按规定和需求相应地增减栏目。学生毕业时的成绩和等级,按毕业当年学年总分的 50% 与其他学年总分平均得分的 50% 之和进行评定。

9. 学生测试成绩评定达到良好及以上者,方可参加评优与评奖;成绩达到优秀者,方可获体育奖学分。测试成绩评定不及格者,在本学年度准予补测一次,补测仍不及格,则学年成绩评定为不及格。普通高中、中等职业学校和普通高等学校学生毕业时,《标准》测试的成绩达不到 50 分者按结业或肄业处理。

10. 学生因病或残疾可向学校提交暂缓或免予执行《标准》的申请,经医疗单位证明,体育教学部门核准,可暂缓或免予执行《标准》,并填写《免予执行〈国家学生体质健康标准〉申请表》,存入学生档案。确实丧失运动能力、被免予执行《标准》的残疾学生,仍可参加评优与评奖,毕业时《标准》成绩需注明免测。

11. 各学校每学年开展覆盖本校各年级学生的《标准》测试工作,《标准》测试数据经当地教育行政部门按要求审核后,通过"中国学生体质健康网"上传至"国家学生体质健康标准数据管理系统"。测试和数据上传时间由教育行政部门确定。

12. 本标准由教育部负责解释。

二、相关指标与评分表

(一) 单项指标与权重(附表 1-1)

附表 1-1 单项指标与权重

测试对象	单项指标	权重/%
初中、高中及大学各年级	50 米跑	20
	坐位体前屈	10
	立定跳远	10
	引体向上(男)/1 分钟仰卧起坐(女)	10
	1 000 米跑(男)/800 米跑(女)	20

注:体重指数(BMI)=体重(千克)/身高^2(米^2)。

(二) 评分表

(1) 单项指标评分表(附表 1-2—附表 1-15)。

附 录

附表 1-2　男生体重指数(BMI)单项评分表

单位：千克/米²

等级	单项得分	高一	高二	高三	大学
正常	100	16.5～23.2	16.8～23.7	17.3～23.8	17.9～23.9
低体重	80	≤16.4	≤16.7	≤17.2	≤17.8
超重		23.3～26.3	23.8～26.5	23.9～27.3	24.0～27.9
肥胖	60	≥26.4	≥26.6	≥27.4	≥28.0

附表 1-3　女生体重指数(BMI)单项评分表

单位：千克/米²

等级	单项得分	高一	高二	高三	大学
正常	100	16.5～22.7	16.9～23.2	17.1～23.3	17.2～23.9
低体重	80	≤16.4	≤16.8	≤17.0	≤17.1
超重		22.8～25.2	23.3～25.4	23.4～25.7	24.0～27.9
肥胖	60	≥25.3	≥25.5	≥25.8	≥28.0

附表 1-4　男生肺活量单项评分表

单位：毫升

等级	单项得分	高一	高二	高三	大一大二	大三大四
优秀	100	4 540	4 740	4 940	5 040	5 140
	95	4 420	4 620	4 820	4 920	5 020
	90	4 300	4 500	4 700	4 800	4 900
良好	85	4 050	4 250	4 450	4 550	4 650
	80	3 800	4 000	4 200	4 300	4 400
及格	78	3 680	3 880	4 080	4 180	4 280
	76	3 560	3 760	3 960	4 060	4 160
	74	3 440	3 640	3 840	3 940	4 040
	72	3 320	3 520	3 720	3 820	3 920
	70	3 200	3 400	3 600	3 700	3 800

续 表

等级	单项得分	高一	高二	高三	大一大二	大三大四
及格	68	3 080	3 280	3 480	3 580	3 680
	66	2 960	3 160	3 360	3 460	3 560
	64	2 840	3 040	3 240	3 340	3 440
	62	2 720	2 920	3 120	3 220	3 320
	60	2 600	2 800	3 000	3 100	3 200
不及格	50	2 470	2 660	2 850	2 940	3 030
	40	2 340	2 520	2 700	2 780	2 860
	30	2 210	2 380	2 550	2 620	2 690
	20	2 080	2 240	2 400	2 460	2 520
	10	1 950	2 100	2 250	2 300	2 350

附表 1-5 女生肺活量单项评分表

单位：毫升

等级	单项得分	高一	高二	高三	大一大二	大三大四
优秀	100	3 150	3 250	3 350	3 400	3 450
	95	3 100	3 200	3 300	3 350	3 400
	90	3 050	3 150	3 250	3 300	3 350
良好	85	2 900	3 000	3 100	3 150	3 200
	80	2 750	2 850	2 950	3 000	3 050
及格	78	2 650	2 750	2 850	2 900	2 950
	76	2 550	2 650	2 750	2 800	2 850
	74	2 450	2 550	2 650	2 700	2 750
	72	2 350	2 450	2 550	2 600	2 650
	70	2 250	2 350	2 450	2 500	2 550
	68	2 150	2 250	2 350	2 400	2 450
	66	2 050	2 150	2 250	2 300	2 350

续 表

等级	单项得分	高一	高二	高三	大一大二	大三大四
及格	64	1 950	2 050	2 150	2 200	2 250
	62	1 850	1 950	2 050	2 100	2 150
	60	1 750	1 850	1 950	2 000	2 050
不及格	50	1 710	1 810	1 910	1 960	2 010
	40	1 670	1 770	1 870	1 920	1 970
	30	1 630	1 730	1 830	1 880	1 930
	20	1 590	1 690	1 790	1 840	1 890
	10	1 550	1 650	1 750	1 800	1 850

附表 1-6 男生 50 米跑单项评分表

单位：秒

等级	单项得分	高一	高二	高三	大一大二	大三大四
优秀	100	7.1	7	6.8	6.7	6.6
	95	7.2	7.1	6.9	6.8	6.7
	90	7.3	7.2	7	6.9	6.8
良好	85	7.4	7.3	7.1	7	6.9
	80	7.5	7.4	7.2	7.1	7
及格	78	7.7	7.6	7.4	7.3	7.2
	76	7.9	7.8	7.6	7.5	7.4
	74	8.1	8	7.8	7.7	7.6
	72	8.3	8.2	8	7.9	7.8
	70	8.5	8.4	8.2	8.1	8
	68	8.7	8.6	8.4	8.3	8.2
	66	8.9	8.8	8.6	8.5	8.4
	64	9.1	9	8.8	8.7	8.6
	62	9.3	9.2	9	8.9	8.8
	60	9.5	9.4	9.2	9.1	9

续　表

等　级	单项得分	高一	高二	高三	大一大二	大三大四
不及格	50	9.7	9.6	9.4	9.3	9.2
	40	9.9	9.8	9.6	9.5	9.4
	30	10.1	10	9.8	9.7	9.6
	20	10.3	10.2	10	9.9	9.8
	10	10.5	10.4	10.2	10.1	10

附表 1-7　女生 50 米跑单项评分表

单位：秒

等　级	单项得分	高一	高二	高三	大一大二	大三大四
优秀	100	7.8	7.7	7.6	7.5	7.4
	95	7.9	7.8	7.7	7.6	7.5
	90	8	7.9	7.8	7.7	7.6
良好	85	8.3	8.2	8.1	8	7.9
	80	8.6	8.5	8.4	8.3	8.2
及格	78	8.8	8.7	8.6	8.5	8.4
	76	9	8.9	8.8	8.7	8.6
	74	9.2	9.1	9	8.9	8.8
	72	9.4	9.3	9.2	9.1	9
	70	9.6	9.5	9.4	9.3	9.2
	68	9.8	9.7	9.6	9.5	9.4
	66	10	9.9	9.8	9.7	9.6
	64	10.2	10.1	10	9.9	9.8
	62	10.4	10.3	10.2	10.1	10
	60	10.6	10.5	10.4	10.3	10.2
不及格	50	10.8	10.7	10.6	10.5	10.4
	40	11	10.9	10.8	10.7	10.6

等级	单项得分	高一	高二	高三	大一大二	大三大四
	30	11.2	11.1	11	10.9	10.8
不及格	20	11.4	11.3	11.2	11.1	11
	10	11.6	11.5	11.4	11.3	11.2

附表1-8 男生坐位体前屈单项评分表

单位：厘米

等级	单项得分	高一	高二	高三	大一大二	大三大四
	100	23.6	24.3	24.6	24.9	25.1
优秀	95	21.5	22.4	22.8	23.1	23.3
	90	19.4	20.5	21	21.3	21.5
良好	85	17.2	18.3	19.1	19.5	19.9
	80	15	16.1	17.2	17.7	18.2
	78	13.6	14.7	15.8	16.3	16.8
	76	12.2	13.3	14.4	14.9	15.4
	74	10.8	11.9	13	13.5	14
	72	9.4	10.5	11.6	12.1	12.6
及格	70	8	9.1	10.2	10.7	11.2
	68	6.6	7.7	8.8	9.3	9.8
	66	5.2	6.3	7.4	7.9	8.4
	64	3.8	4.9	6	6.5	7
	62	2.4	3.5	4.6	5.1	5.6
	60	1	2.1	3.2	3.7	4.2
	50	0	1.1	2.2	2.7	3.2
	40	−1	0.1	1.2	1.7	2.2
不及格	30	−2	−0.9	0.2	0.7	1.2
	20	−3	−1.9	−0.8	−0.3	0.2
	10	−4	−2.9	−1.8	−1.3	−0.8

附表1-9　女生坐位体前屈单项评分表

单位：厘米

等级	单项得分	高一	高二	高三	大一大二	大三大四
优秀	100	24.2	24.8	25.3	25.8	26.3
优秀	95	22.5	23.1	23.6	24	24.4
优秀	90	20.8	21.4	21.9	22.2	22.4
良好	85	19.1	19.7	20.2	20.6	21
良好	80	17.4	18	18.5	19	19.5
及格	78	16.1	16.7	17.2	17.7	18.2
及格	76	14.8	15.4	15.9	16.4	16.9
及格	74	13.5	14.1	14.6	15.1	15.6
及格	72	12.2	12.8	13.3	13.8	14.3
及格	70	10.9	11.5	12	12.5	13
及格	68	9.6	10.2	10.7	11.2	11.7
及格	66	8.3	8.9	9.4	9.9	10.4
及格	64	7	7.6	8.1	8.6	9.1
及格	62	5.7	6.3	6.8	7.3	7.8
及格	60	4.4	5	5.5	6	6.5
不及格	50	3.6	4.2	4.7	5.2	5.7
不及格	40	2.8	3.4	3.9	4.4	4.9
不及格	30	2	2.6	3.1	3.6	4.1
不及格	20	1.2	1.8	2.3	2.8	3.3
不及格	10	0.4	1	1.5	2	2.5

附表1-10　男生立定跳远单项评分表

单位：厘米

等级	单项得分	高一	高二	高三	大一大二	大三大四
优秀	100	260	265	270	273	275
优秀	95	255	260	265	268	270
优秀	90	250	255	260	263	265

续 表

等 级	单项得分	高一	高二	高三	大一 大二	大三 大四
良好	85	243	248	253	256	258
	80	235	240	245	248	250
及格	78	231	236	241	244	246
	76	227	232	237	240	242
	74	223	228	233	236	238
	72	219	224	229	232	234
	70	215	220	225	228	230
	68	211	216	221	224	226
	66	207	212	217	220	222
	64	203	208	213	216	218
	62	199	204	209	212	214
	60	195	200	205	208	210
不及格	50	190	195	200	203	205
	40	185	190	195	198	200
	30	180	185	190	193	195
	20	175	180	185	188	190
	10	170	175	180	183	185

附表 1-11 女生立定跳远单项评分表

单位：厘米

等 级	单项得分	高一	高二	高三	大一 大二	大三 大四
优秀	100	204	205	206	207	208
	95	198	199	200	201	202
	90	192	193	194	195	196
良好	85	185	186	187	188	189
	80	178	179	180	181	182
及格	78	175	176	177	178	179

续表

等　级	单项得分	高一	高二	高三	大一大二	大三大四
及格	76	172	173	174	175	176
	74	169	170	171	172	173
	72	166	167	168	169	170
	70	163	164	165	166	167
	68	160	161	162	163	164
	66	157	158	159	160	161
	64	154	155	156	157	158
	62	151	152	153	154	155
	60	148	149	150	151	152
不及格	50	143	144	145	146	147
	40	138	139	140	141	142
	30	133	134	135	136	137
	20	128	129	130	131	132
	10	123	124	125	126	127

附表1-12　男生一分钟引体向上单项评分表

单位：次

等　级	单项得分	高一	高二	高三	大一大二	大三大四
优秀	100	16	17	18	19	20
	95	15	16	17	18	19
	90	14	15	16	17	18
良好	85	13	14	15	16	17
	80	12	13	14	15	16
及格	78					
	76	11	12	13	14	15
	74					
	72	10	11	12	13	14

续　表

等级	单项得分	高一	高二	高三	大一大二	大三大四
及格	70					
	68	9	10	11	12	13
	66					
	64	8	9	10	11	12
	62					
	60	7	8	9	10	11
不及格	50	6	7	8	9	10
	40	5	6	7	8	9
	30	4	5	6	7	8
	20	3	4	5	6	7
	10	2	3	4	5	6

附表1-13　女生一分钟仰卧起坐单项评分表

单位：次

等级	单项得分	高一	高二	高三	大一大二	大三大四
优秀	100	53	54	55	56	57
	95	51	52	53	54	55
	90	49	50	51	52	53
良好	85	46	47	48	49	50
	80	43	44	45	46	47
及格	78	41	42	43	44	45
	76	39	40	41	42	43
	74	37	38	39	40	41
	72	35	36	37	38	39
	70	33	34	35	36	37
	68	31	32	33	34	35
	66	29	30	31	32	33

续　表

等　级	单项得分	高一	高二	高三	大一 大二	大三 大四
及格	64	27	28	29	30	31
	62	25	26	27	28	29
	60	23	24	25	26	27
不及格	50	21	22	23	24	25
	40	19	20	21	22	23
	30	17	18	19	20	21
	20	15	16	17	18	19
	10	13	14	15	16	17

附表1-14　男生1 000米耐力跑单项评分表

单位：分·秒

等　级	单项得分	高一	高二	高三	大一 大二	大三 大四
优秀	100	3'30"	3'25"	3'20"	3'17"	3'15"
	95	3'35"	3'30"	3'25"	3'22"	3'20"
	90	3'40"	3'35"	3'30"	3'27"	3'25"
良好	85	3'47"	3'42"	3'37"	3'34"	3'32"
	80	3'55"	3'50"	3'45"	3'42"	3'40"
及格	78	4'00"	3'55"	3'50"	3'47"	3'45"
	76	4'05"	4'00"	3'55"	3'52"	3'50"
	74	4'10"	4'05"	4'00"	3'57"	3'55"
及格	72	4'15"	4'10"	4'05"	4'02"	4'00"
	70	4'20"	4'15"	4'10"	4'07"	4'05"
	68	4'25"	4'20"	4'15"	4'12"	4'10"
	66	4'30"	4'25"	4'20"	4'17"	4'15"
	64	4'35"	4'30"	4'25"	4'22"	4'20"
	62	4'40"	4'35"	4'30"	4'27"	4'25"
	60	4'45"	4'40"	4'35"	4'32"	4'30"

续 表

等级	单项得分	高一	高二	高三	大一大二	大三大四
不及格	50	5′05″	5′00″	4′55″	4′52″	4′50″
	40	5′25″	5′20″	5′15″	5′12″	5′10″
	30	5′45″	5′40″	5′35″	5′32″	5′30″
	20	6′05″	6′00″	5′55″	5′52″	5′50″
	10	6′25″	6′20″	6′15″	6′12″	6′10″

附表 1-15　女生 800 米耐力跑单项评分表

单位：分·秒

等级	单项得分	高一	高二	高三	大一大二	大三大四
优秀	100	3′24″	3′22″	3′20″	3′18″	3′16″
	95	3′30″	3′28″	3′26″	3′24″	3′22″
	90	3′36″	3′34″	3′32″	3′30″	3′28″
良好	85	3′43″	3′41″	3′39″	3′37″	3′35″
	80	3′50″	3′48″	3′46″	3′44″	3′42″
及格	78	3′55″	3′53″	3′51″	3′49″	3′47″
	76	4′00″	3′58″	3′56″	3′54″	3′52″
	74	4′05″	4′03″	4′01″	3′59″	3′57″
	72	4′10″	4′08″	4′06″	4′04″	4′02″
	70	4′15″	4′13″	4′11″	4′09″	4′07″
	68	4′20″	4′18″	4′16″	4′14″	4′12″
	66	4′25″	4′23″	4′21″	4′19″	4′17″
	64	4′30″	4′28″	4′26″	4′24″	4′22″
	62	4′35″	4′33″	4′31″	4′29″	4′27″
	60	4′40″	4′38″	4′36″	4′34″	4′32″
不及格	50	4′50″	4′48″	4′46″	4′44″	4′42″
	40	5′00″	4′58″	4′56″	4′54″	4′52″
	30	5′10″	5′08″	5′06″	5′04″	5′02″
	20	5′20″	5′18″	5′16″	5′14″	5′12″
	10	5′30″	5′28″	5′26″	5′24″	5′22″

(2) 加分指标评分表(附表1-16—附表1-19)。

附表1-16 男生引体向上评分表

单位:次

加 分	高一	高二	高三	大一大二	大三大四
10	10	10	10	10	10
9	9	9	9	9	9
8	8	8	8	8	8
7	7	7	7	7	7
6	6	6	6	6	6
5	5	5	5	5	5
4	4	4	4	4	4
3	3	3	3	3	3
2	2	2	2	2	2
1	1	1	1	1	1

附表1-17 女生一分钟仰卧起坐评分表

单位:次

加分	高一	高二	高三	大一大二	大三大四
10	13	13	13	13	13
9	12	12	12	12	12
8	11	11	11	11	11
7	10	10	10	10	10
6	9	9	9	9	9
5	8	8	8	8	8
4	7	7	7	7	7
3	6	6	6	6	6
2	4	4	4	4	4
1	2	2	2	2	2

注:引体向上、一分钟仰卧起坐均为高优指标,学生成绩超过单项评分100分后,以超过的次数所对应的分数进行加分。

附表 1-18 男生 1 000 米跑评分表

单位：分·秒

加 分	高一	高二	高三	大一大二	大三大四
10	−35″	−35″	−35″	−35″	−35″
9	−32″	−32″	−32″	−32″	−32″
8	−29″	−29″	−29″	−29″	−29″
7	−26″	−26″	−26″	−26″	−26″
6	−23″	−23″	−23″	−23″	−23″
5	−20″	−20″	−20″	−20″	−20″
4	−16″	−16″	−16″	−16″	−16″
3	−12″	−12″	−12″	−12″	−12″
2	−8″	−8″	−8″	−8″	−8″
1	−4″	−4″	−4″	−4″	−4″

附表 1-19 女生 800 米跑评分表

单位：分·秒

加 分	高一	高二	高三	大一大二	大三大四
10	−50″	−50″	−50″	−50″	−50″
9	−45″	−45″	−45″	−45″	−45″
8	−40″	−40″	−40″	−40″	−40″
7	−35″	−35″	−35″	−35″	−35″
6	−30″	−30″	−30″	−30″	−30″
5	−25″	−25″	−25″	−25″	−25″
4	−20″	−20″	−20″	−20″	−20″
3	−15″	−15″	−15″	−15″	−15″
2	−10″	−10″	−10″	−10″	−10″
1	−5″	−5″	−5″	−5″	−5″

注：1 000 米跑、800 米跑均为低优指标，学生成绩低于单项评分 100 分后，以减少的秒数所对应的分数进行加分。

(3)《国家学生体质健康标准》登记卡(高中样表)(附表1-20)。

附表1-20 《国家学生体质健康标准》登记卡(高中样表)

姓名				性别		民族		学号			
年级						出生日期		学校			
单项指标	高一			高二			高三			毕业成绩	
	成绩	得分	等级	成绩	得分	等级	成绩	得分	等级	得分	等级
体重指数(BMI)/(千克/米²)											
肺活量/毫升											
50米跑/秒											
坐位体前屈/厘米											
立定跳远/厘米											
引体向上(男)/ 1分钟仰卧起坐(女)/次											
1 000米跑(男)/800 米跑(女)/(分·秒)											
标准分											
附加分	成绩		附加分	成绩		附加分	成绩		附加分		
引体向上(男)/ 1分钟仰卧起坐(女)/次											
1 000米跑(男)/800 米跑(女)/(分·秒)											
学年总分											
等级评定											
体育教师签字											
班主任签字											
家长签字											

学校签章:　　　　　　　年　月　日

注:中等职业学校参照本样表执行。

(4)《国家学生体质健康标准》登记卡(大学样表)(附表1-21)。

附表1-21 《国家学生体质健康标准》登记卡(大学样表)

姓　名				性　别			学　号				
院(系)				民　族			出生日期				
单项指标	大一		大二		大三		大四		毕业成绩	
	成绩	得分	等级	成绩	得分	等级	成绩	得分	等级	成绩	得分	等级
体重指数(BMI)/(千克/米^2)												
肺活量/毫升												
50米跑/秒												
坐位体前屈/厘米												
立定跳远/厘米												
引体向上(男)/ 1分钟仰卧起坐(女)/次												
1 000米跑(男)/800 米跑(女)/(分·秒)												
标准分												
加分指标	成绩	附加分		成绩	附加分		成绩	附加分		成绩	附加分	
引体向上(男)/ 1分钟仰卧起坐(女)/次												
1 000米跑(男)/800 米跑(女)/(分·秒)												
学年总分												
等级评定												
体育教师签字												
辅导员签字												

注：高等职业学校、高等专科学校参照本样表执行。

学校签章：　　　　　年　　月　　日

(5) 免予执行《国家学生体质健康标准》申请表样表(附表 1-22)。

附表 1-22 免予执行《国家学生体质健康标准》申请表样表

姓　　名		性　　别		学　　号	
班级/院(系)		民　　族		出生日期	
原因					
				申请人： 年　月　日	
体育教师签字		家长签字			
学校体育部门意见					
				学校签章： 年　月　日	

注：中等职业学校及普通高等学校的学生，"家长签字"由学生本人签字。

附录二　常见体质测试内容与方法

1. 身高

测试方法：受试者赤足,以立正姿势站在身高计的底板上(上肢自然下垂,足跟并拢,足尖分开成60°角)。足跟、骶骨部及两肩胛区与立柱相接触,躯干自然挺直,头部正直,耳屏上缘与眼眶下缘呈水平位。测试人员站在受试者右侧,将水平压板轻轻沿立柱下滑,轻压于受试者头顶。测试人员读数时双眼应与压板水平面等高,记录员复述后进行记录。以厘米为单位,精确到小数点后一位。

2. 体重

测试方法：测试时,杠杆秤应放在平坦的地面上,调整0点至刻度尺水平位。受试者赤足,站在秤台中央。测试人员放置适当砝码并移动游标直至刻度尺平衡。读数以千克为单位,精确到小数点后一位。记录员复述后将读数记录。

3. 肺活量

测试方法：房间保持通风良好；使用干燥的一次性口嘴(若非一次性口嘴,则每换测试对象须消毒一次,每测一人后倒出口嘴中的唾液,并注意消毒,且必须使其干燥)；将肺活量计主机放置在平稳的桌面上,检查电源线及接口是否牢固,按工作键,液晶屏显示"0"即表示机器进入工作状态,预热5分钟后测试为佳。

首先告知受试者不必紧张,并且要尽全力,以中等速度和力度吹气效果最好。令被测试者面对仪器站立、手持吹气口嘴,面对肺活量计站立试吹1至2次,先看仪表有无反应,还要检查口嘴或鼻处是否漏气,调整口嘴,并使用鼻夹(或自己捏鼻孔)；学会深吸气(避免耸肩提气,应该像闻花一样慢吸气)。受试者进行一两次较平日深一些的呼吸动作后；以较前者更深的呼吸动作吸一口气,屏住气向口嘴处慢慢呼出至不能再呼为止。此时要防止从口嘴处吸气,测试中不得中途二次吸气。吹气完毕后,液晶屏上最终显示的数字即肺活量值。每位受试者测三次,每次间隔15秒,记录三次的数值,选取最大值作为测试结果。以毫升为单位,不保留小数。

4. 50米跑

测试方法：受试者至少两人一组进行测试,以站立式起跑。受试者听到"跑"的口令后开始起跑。发令员在发出口令时要摆动发令旗。计时员视旗动(烟屏冒烟)开表计时,当受试者躯干部位到达终点线的垂直面时停表。以秒为单位记录测试成绩,精确到小数点后一位,小数点后第二位数按非0进1原则进位,如10.11秒记录成10.2秒。

5. 800米或1 000米跑

测试方法：受试者至少两人一组进行测试,以站立式起跑。受试者听到"跑"的口令后开始起跑。计时员看到旗动(烟屏冒烟)开表计时,当受试者的躯干部位到达终点线垂直面时停表。以分、秒为单位记录测试成绩。

6. 立定跳远

测试方法：受试者两脚自然分开站立,站在起跳线后,脚尖不得踩线(最好用线绳做起跳线）。两脚原地站立,同时起跳,不得有垫步或连跳动作。丈量起跳线后缘至最近着地点后垂直距离。每人试跳三次,记录其中最好的一次成绩。以厘米为单位,不计小数。

7. 引体向上

测试方法：受试者跳起,双手正向握杠,两手与肩同宽成直臂悬垂。静止后,两臂同时用力引体(身体不能有附加动作),上拉到下颌超过横杠上缘为完成一次,记录引体次数。

8. 坐位体前屈

测试方法：受试者坐在平坦垫物上,两腿伸直,脚跟并拢,脚尖分开 10~15 cm,踩在测量计平板上,然后两手并拢,两臂和手伸直,渐渐使上体前屈,用两手中指尖轻轻推动标尺上的游标使其前滑,直到不能继续前伸。保留一位小数,测试两次,取最好成绩。

9. 仰卧起坐

测试方法：受试者仰卧于垫上,两腿屈膝,小腿与地面呈 45°左右,两手贴于双耳侧,脚底与地面平行;另一同伴压住其踝关节,以固定受试者下肢。受试者坐起时两肘触及或超过双膝为完成一次。仰卧时两肩胛必须触垫。测试人员发出"开始"口令的同时开表计时,记录 1 分钟内完成次数。1 分钟结束时,受试者虽已坐起但肘关节未达到双膝者不计次数。

主要参考文献

[1] 邓树勋,王健,乔德才,等.运动生理学[M].3版.北京:高等教育出版社,2015.
[2] 姚鸿恩.体育保健学[M].4版.北京:高等教育出版社,2006.
[3] 张蕴琨,丁树哲.运动生物化学[M].北京:高等教育出版社,2006.
[4] 张钧,张蕴琨.运动营养学[M].2版.北京:高等教育出版社,2010.
[5] 李京诚.锻炼心理学[M].2版.北京:高等教育出版社,2017.
[6] 王正珍,徐峻华.运动处方[M].3版.北京:高等教育出版社,2021.
[7] 朱继华,潘志军.大学生运动与健康[M].北京:高等教育出版社,2011.
[8] 冯爱华,何秋华,李永平.乒乓球运动[M].2版.北京:高等教育出版社,2010.
[9] 闫希军.大健康观[M].北京:东方出版社,2017.
[10] 郎松亭,李坚.体育与健康[M].5版.北京:高等教育出版社,2020.
[11] 杨文轩,陈琦.体育概论[M].2版.北京:高等教育出版社,2019.
[12] 林笑峰.健身教育论[M].长春:东北师范大学出版社,2008.
[13] 贺道远.体能训练理论与方法[M].长春:吉林大学出版社,2020.
[14] 刘耀荣,于宁.体能训练[M].北京:人民体育出版社,2021.
[15] 王薇,黄德彬,轩志刚.球类项目教学与运动训练[M].长春:吉林人民出版社,2021.

郑重声明

高等教育出版社依法对本书享有专有出版权。任何未经许可的复制、销售行为均违反《中华人民共和国著作权法》，其行为人将承担相应的民事责任和行政责任；构成犯罪的，将被依法追究刑事责任。为了维护市场秩序，保护读者的合法权益，避免读者误用盗版书造成不良后果，我社将配合行政执法部门和司法机关对违法犯罪的单位和个人进行严厉打击。社会各界人士如发现上述侵权行为，希望及时举报，我社将奖励举报有功人员。

反盗版举报电话　（010）58581999　58582371
反盗版举报邮箱　dd@hep.com.cn
通信地址　北京市西城区德外大街4号　高等教育出版社知识产权与法律事务部
邮政编码　100120

教学资源服务指南

感谢您使用本书。为方便教学,我社为教师提供资源下载、样书申请等服务,如贵校已选用本书,您只要关注微信公众号"高职素质教育教学研究",或加入下列教师交流QQ群即可免费获得相关服务。

"高职素质教育教学研究"公众号

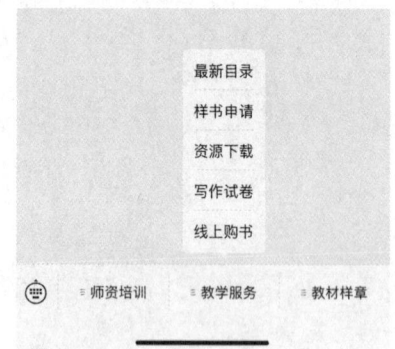

资源下载:点击"**教学服务**"—"**资源下载**",或直接在浏览器中输入网址(http://101.35.126.6/),注册登录后可搜索下载相关资源。(建议用电脑浏览器操作)

样书申请:点击"**教学服务**"—"**样书申请**",填写相关信息即可申请样书。

样章下载:点击"**教材样章**",可下载在供教材的前言、目录和样章。

师资培训:点击"**师资培训**",获取最新直播信息、直播回放和往期师资培训视频。

联系方式

职业素养和创新创业教师交流QQ群:310075759

联系电话:(021)56961310 电子邮箱:3076198581@qq.com